ポイントレクチャー 保険法

第3版

甘利公人
福田弥夫
遠山　聡

有斐閣

第3版 はしがき

2011年に本書を世に送り出してから，9年が経過しようとしている。おかげさまで，多くの皆様から温かく受け入れていただいたようである。初版のはしがきに記したように，これまでの保険法の教科書とは異なり，ケースメソッド方式の授業に利用できるように，裁判例の要旨を豊富に取り入れたことと，大学でのセメスター制の導入に伴い，15回の授業で保険法の授業が展開できるように工夫したことが大きいように思われる。また，15ユニットで保険法全体をカバーするために，従来の保険法の体系書とは異なる構成となっているのも特徴である。本年当初からの新型コロナウイルス感染症の感染拡大のために，全国の大学では対面授業を断念して遠隔授業を実施しているが，そのような中で本書の内容と構成が保険法の授業展開のお役に立てたとするならば幸いである。

甘利教授との共同作業でスタートした本書の発想の一つに，アメリカのロースクールで利用されているケースブックの存在がある。特に私が指導を受けたカリフォルニア大学ヘィスティングス法科大学院のウェラン教授が，ヨーク教授とお書きになったWest社のYork & Whelan, Cases and Materials on Insurance Law（現在はMartinez & Richmond）は，判例に加えて特色ある州法の抜粋や約款，あるいは論文の一部なども取り入れた重厚な内容であり，同様な保険法教科書の執筆が私の長年の夢でもあった。しかし，教科書という性質上，頁数には制約があり，これまで多くの保険法教科書が末尾に掲載していた標準約款等も本書では割愛している。もっとも，現在ではインターネットの利用によって約款等を入手することが容易であることからすれば，大きな問題ではないかもしれない。

今回の改訂は，前回同様に字句や記述の誤りを正すことに加え，2017年の民法（債権関係）改正，それに伴う商法の改正及び保険業法の改正，2018年の商法（運送・海商関係）改正に対応したものである。改訂に際してPOINTで取り上げている判例の入れ替えも検討したが，POINTに追加すべき重要な裁判例は見当たらなかった。なお，第2版から共同執筆者に加わっていただいた専修大学遠山聡教授には，特に改正関連事項の抽出などの作業をお願いした。これまでのような合宿による改訂作業はできず，遠隔会議システムを用いて作業を進めたが，第２版の改訂に続き，今回の改訂における遠山教授の貢献には極めて大きいものがある。

本書の第３版の刊行については，これまでと同様に有斐閣法律編集局校閲部長の高橋俊文氏から引き続き懇切丁寧な校正と貴重な助言をいただいた。衷心より感謝申し上げる。

令和２年８月

執筆者を代表して

福田弥夫

初版 はしがき

平成23年3月11日午後2時46分に発生した東日本大震災は，東北や関東の各地に甚大な損害をもたらしたばかりでなく，1万6千人近い人々の尊い生命を奪い，今なお行方不明の人々が多くいる。また，震災に伴って発生した原子力発電所の事故は，いまだ収束していない。このような状況のなかで，生命保険や地震保険を含む損害保険などの保険や各種の共済が果たした役割は，非常に大きなものがある。これらの保険契約の内容を規律するのが保険法である。

保険法（平成20年法律第56号）は，保険法の施行に伴う関係法律の整備に関する法律（同年法律第57号）とともに，平成20年5月30日に成立して，同年6月6日に公布され，平成22年4月1日に施行された。それは，改正前商法の第2編「商行為」の第10章「保険」の規定が，表記も片仮名・文語体のままであり，約100年間も実質的な改正がされてこなかったことから，社会経済情勢の変化に対応して，新たに保険契約に関するルールを定める単行法として制定されたものである。

今回の主要な改正点は，以下のとおりである。

① 共済契約にも適用範囲を拡大し，傷害疾病保険に関する規定を新設し，保険契約者等の保護として，契約締結時の告知義務についての規律を整備した。

② 保険給付の履行期についての規定を新設して，適正な保険金の支払に必要な調査のための合理的な期間が経過した時から，保険者は履行遅滞の責任を負担することになった。

③ 片面的強行規定の導入により，法律の規定よりも保険契約者等に不利な内容の約款の定めを無効とした。

④ 責任保険における被害者の優先権を確保して，被保険者が倒産した場合でも，被害者が保険金から優先的に被害回復を受けられるように先取特権の規定を新設した。

⑤ 保険金受取人の変更について，保険金受取人変更の意思表示の相手方は保険者であること，遺言による受取人の変更も可能であること等を明文で規定した。

⑥ 保険金詐欺などのモラル・リスクの防止策として，重大な事由があった場合に保険者が契約を解除できる旨の規定を新設した。

本書は，この新保険法について，ケースメソッド方式で講義することを念頭において執筆したものである。また，ほとんどの大学の講義回数が半期2単位15回の講義であることから，15のUNIT構成とした。1回の講義で1UNITの内容を論じれれば，15回で終了することになるが，判例の数が多いUNITは適宜に取捨選択していただければ幸いである。

保険法を学習する上で，判例の理解が重要となるため，本書では，リーディングケースとなる判例を*POINT*として取り上げて，事実の概要と判旨を紹介している。そこで展開されている判例法理を理解しながら読み進めていってほしい。なお，各*POINT*の判例には，『保険法判例百選』をはじめとする判例百選の番号を付記しているので，判例百選と共に本書を活用していただきたい。

本書は，著者2人の共同執筆によるものであり，当初は分担UNITを定めていた。しかし，それぞれのUNITの原稿を長い時間討議した結果，各UNITが2人の合作ともいうべきものになったので，あえて担当部分を明記していない。2人がこれまで発表した論文や判例評釈がもとになっているが，上智大学での保険法研究会や生命保険文化センター主催の保険事例研究会での議論が本書のいたるところで役立っている。各研究会のメンバーである保険実務家，弁護士，大学の研究者の方々にこの場を借りてお礼を申し上げる。

最後に，本書の刊行に際して，有斐閣書籍編集第1部の皆様には大変お世話になった。長い間辛抱強く待っていただいたばかりでなく，2人が合宿していた箱根の仙石原に大雪のなか差し入れに来られた高橋俊文氏と，執筆の間に結婚され今はかわいい一児の母となられた辻南々子さんと，本書が初担当の小林久恵さんには，大変懇切丁寧な校閲のほか貴重なアドバイスを戴き，心より厚くお礼を申し上げたい。

平成23年11月

甘利公人
福田弥夫

第2版 はしがき

本書は，東日本大震災が発生した2011年の初版の刊行から5年以上が経過したことを受けて，改訂を行ったものである。この間，幸いにも多くの大学で保険法の講義のテキストとして採用していただき，数多くの読者の支持をいただくことができた。

今回の改訂の趣旨は，字句や記述の誤りを正すことはもちろんのこと，新しい判例や学説の進化に伴い内容をアップツーデートにしたことにある。本書が，ケースメソッド方式の講義を念頭に置いていること，また大学の講義回数にあわせて15のUNITから構成されていること，さらに判例百選との併用を意図していることは，初版と変わるものではない。新たな判例としては，自動車保険の人身傷害特約，傷害保険における吐物誤嚥，消費者契約法10条と無催告失効条項などの事件を付加して，解説を行っている。

今回から，新進気鋭の保険法学者である熊本大学法学部の遠山聡教授に共同執筆者に加わってもらい，全体的な記述の齟齬などの指摘を受けたり，新たな記述の箇所を担当していただいたりした。そのうえで，また3人で箱根の仙石原で合宿をしながら改訂作業を進めて出来たのが本書である。遠山教授には，昨年の未曾有の熊本地震のあとで困難な状況にあるにもかかわらず多大な協力をいただいており，本書が成るにあたっての同教授の貢献は極めて大きいものがある。

第2版の完成までには，有斐閣法律編集局校閲部長になられた高橋俊文氏から引き続き懇切丁寧な校正と貴重な助言をいただいた。心よりお礼申し上げたい。

平成29年2月

執筆者を代表して
甘 利 公 人

著者紹介

甘 利 公 人（あまり　きみと）

1977 年　上智大学法学部法律学科卒業

現在，上智大学名誉教授・弁護士

〈主要著作〉

会社役員賠償責任保険の研究（多賀出版，1997 年）

生命保険契約法の基礎理論（有斐閣，2007 年）

新・保険学（共著，有斐閣，2006 年）

保険法の論点と展望（共編著，商事法務，2009 年）

福 田 弥 夫（ふくだ　やすお）

1981 年　日本大学法学部法律学科卒業

現在，日本大学危機管理学部長

〈主要著作〉

生命保険契約における利害調整の法理（成文堂，2005 年）

離婚時の年金分割と法――先進諸国の制度を踏まえて（共著，日本加除出版，2008 年）

逐条解説改正保険法（共編，ぎょうせい，2008 年）

Q & A 保険法と家族（共編著，日本加除出版，2010 年）

現代保険法（共著，成文堂，2011 年〔第 2 版〕）

遠 山　　聡（とおやま　さとし）

1994 年　熊本大学法学部法律学科卒業

現在，専修大学法学部教授

〈主要著作〉

生命保険の法律相談（共著，学陽書房，2006 年）

保険法の論点と展望（共著，商事法務，2009 年）

論点体系保険法 2（共著，第一法規，2014 年）

アクチュアル企業法（共著，法律文化社，2016 年〔第 2 版〕）

目　次

POINT 目次

凡　例――本書で使用する略称

1 法 令

以下の略語によるほか，おおむね有斐閣版六法全書の略語に基づいて表記した。

保険＝保険法（平成20年法律第56号）：他の法令との混同を避けるため必要な場合を除き，本書では，保険法の条文は条文番号のみで引用している。
改正前商法＝保険法の施行に伴う関係法律の整備に関する法律（平成20年法律第57号）による削除前の商法629条～683条（商法第2編第10章「保険」）を示す。

会社＝会社法
金融商品取引＝金融商品取引法
金融商品販売＝金融商品の販売等に関する法律（令和2年法律50号による題名改正後は，「金融サービスの提供に関する法律」）
自賠＝自動車損害賠償保障法
商＝商法
消費者契約＝消費者契約法
製造物＝製造物責任法
道交＝道路交通法
破＝破産法
保険業＝保険業法
民＝民法
民執＝民事執行法
民訴＝民事訴訟法

2 判例集，判例百選（本文中，百選○等とあるのは，当該百選の項目番号を示す）

民集＝大審院民事判例集／最高裁判所民事判例集
民録＝大審院民事判決録
高民集＝高等裁判所民事判例集
下民集＝下級裁判所民事裁判例集
新聞＝法律新聞
判時＝判例時報
判タ＝判例タイムズ
金判＝金融・商事判例
金法＝金融法務事情
裁時＝裁判所時報
交民＝交通事故民事裁判例集
損保企画＝損害保険企画
生保＝生命保険協会会報
生命保険判例集＝文研生命保険判例集（生命保険文化研究所）〔第7巻まで〕，生命保

険判例集（生命保険文化センター）〔第8巻から〕

自保ジャーナル＝自動車保険ジャーナル〔1812号まで〕，自保ジャーナル〔1813号から〕

事例研レポ＝保険事例研究会レポート

百選＝山下友信・洲崎博史編『保険法判例百選』(2010年)

交通百選＝新美育文・山本豊・古笛恵子編『交通事故判例百選〔第5版〕』(2017年)

生保百選＝鴻常夫編『生命保険判例百選〔増補版〕』(1988年)

損保百選＝鴻常夫・竹内昭夫・江頭憲治郎・山下友信編『損害保険判例百選〔第2版〕』(1996年)

保・海百選＝鴻常夫・竹内昭夫・江頭憲治郎編『商法（保険・海商）判例百選〔第2版〕』(1993年)

UNIT 1 保険法総論

われわれが現代社会において生活する場合，そのまわりには様々なリスクがある。通学や通勤において交通事故のリスクがあり，事故に遭った場合には，傷害の治療費や入院費の負担や，不幸にして死亡した場合には残された遺族の生活保障の心配がある。交通事故でなくとも，病気に罹り働けなくなったり，治療費や入院費の心配もある。また，住居が火災や地震・津波により損壊した場合には，再築のための費用や銀行のローン返済の心配などがある。このような様々なリスクに対応するものとして，保険が１つの解決策になる。

日常生活上の様々なリスクを，保険契約により保険会社に負担してもらい，そのリスク負担の対価として保険料を支払うのである。保険会社は，様々なリスクにさらされている者を集めて保険制度を運営して，保険契約者にリスクが顕在化した場合には，契約上定められている保険給付を行うことになる。これにより保険契約者は少額な保険料の負担によって，将来発生するかもしれないリスクを保険者に転嫁することにより，様々なリスクを回避することが可能となる。

保険類似の制度として，貯蓄，自家保険，賭博・宝くじ，保証，共済などがあるが保険とは異なる。貯蓄は，様々なリスクに対して事前に備えるもので，その点では同じであるが，発生したリスクに十分対応できるものではなく，個別にリスクに対応するものである。自家保険も，１つの企業が所有する企業設備のリスクに対して準備金を積み立てておく制度であり，その点では貯蓄と同様である。賭博・宝くじは，偶然性という点では同じであるが，リスクに対して事前に備えるものではない。保証は，債権者が債務者の債務不履行のリスクに対応する制度であるが，有償であることや多数の者が共同して行う必要がない。共済の中には，同じ職業や地域に住んでいる者が組合を作り，組合員の様々なリスクをてん補するものである点において保険と同じであるが，組合員の数が限定され，支払われる金額も見舞金程度のものもある。

Ⅰ　保険制度

1　保険とは何か

保険とは何かを定義するのは，きわめて難しい。古くから議論されてきたところによれば，保険は損害をてん補するものであるという「損害説」が一般的であった。しかし，生命保険が出現すると，保険事故である死亡や生存がどのような損害であるかを説明できなくなった。そこで，損害保険と生命保険を統一的に定義することが試みられ，保険とは，経済的入用を引き起こす出来事が発生した場合，その偶発的入用に必要な資金を最小の費用と十分な確実性をもって用意することを目的とするものであるという「入用充足説」が主張されるようになった。しかし，この説に対しても，稼得能力を失った者にどのような入用があるのかという批判がなされた。

次に主張されたのが，保険とは経済生活の安定・確保にあるという「経済生活確保説」であり，経済生活の安定・確保を可能にするための経済準備であるという「経済準備説」である。しかし，これらの説に対しても，経済生活の安定・確保というのは保険給付がなされる反射的効果に過ぎず，また経済準備といっても貯蓄と保険の区別ができないなどの批判がある。いずれにしても，保険とは何かについて，定説がないのが現状である。

2　保険の仕組み

保険は，その構造上数理的または技術的な要素から構成されている。これらの数理的または技術的な法則や原則には，次のものがある。

(1)　大数の法則

個々の経済主体にとって偶然かつ予見できないことも，多数の主体についてみると，そこには一定の確率があることがわかる。たとえば，1年間のうち東京で火災が発生する確率であるとか，30歳の男性が死亡する確率であるとかは，過去の統計から計算することができる。このように，個別に見れば偶然であると思われることでも，大量観察すれば確率という一定の法則があるという原理を，「大数の法則」という。保険制度は，この大数の法則のうえに成り立っている。

⑵　収支相等の原則

大数の法則により，構造上同じ建物が火災により焼失する確率が1000分の2であるとすれば，1000万円の家が1000軒あったとして，そのうち2軒が焼失するので，全体からみれば2000万円の損害が発生する。この2000万円の損害を1000軒で除すれば，1軒あたり2万円の支出で損害をてん補することができる。全体として，2000万円の保険料＝保険金となっているのである。これを「収支相等の原則」という。

⑶　給付反対給付均等の原則

収支相等の原則は，危険団体全体からみた場合の原則であるが，個別の経済主体からみれば，個々の保険料は，受け取るかもしれない保険金の数学的な期待値に等しいという「給付反対給付均等の原則」がある。1軒あたりの2万円は，住宅が焼失した場合に受け取る1000万円に確率の1000分の2を乗じたものであり，1000万円を受け取る期待値に等しい。

Ⅱ　保険の分類

1　保険法における分類

保険法では，保険契約の種類として，損害保険契約，傷害疾病損害保険契約，生命保険契約，傷害疾病定額保険契約をそれぞれ定義している（2条6号～9号）。しかし，傷害疾病損害保険契約は，損害保険の一類型として若干の特則（34条・35条・36条4号）があるだけなので，保険法における保険契約の種類は，損害保険契約，生命保険契約，傷害疾病定額保険契約の3種類である。

⑴　損害保険契約

保険契約のうち，保険者が一定の偶然の事故によって生ずることのある損害をてん補することを約するものをいう（2条6号）。この損害保険の一類型としての傷害疾病損害保険契約は，保険者が人の傷害疾病によって生ずることのある損害をてん補することを約するものをいう（同条7号）。その他に，火災を保険事故とする火災保険契約（16条）や被保険者が損害賠償の責任を負うことによる損害をてん補する責任保険契約（17条2項）などがある。

⑵　生命保険契約

保険契約のうち，保険者が人の生存または死亡に関し一定の保険給付を行うことを約するもの（傷害疾病定額保険契約に該当するものを除く）をいう（2条8号）。

⑶　傷害疾病定額保険契約

保険契約のうち，保険者が人の傷害疾病に基づき一定の保険給付を行うことを約するものをいう（2条9号）。

生命保険契約と傷害疾病定額保険契約は，いわゆる一定の金額を支払うという定額保険という点で共通している。その意味では，両者は人の死亡に関して保険給付を行うものが含まれている。そこで，これらのうち死亡の原因を一定の傷害や疾病に限定しているものを傷害疾病定額保険契約，このような限定をしていないものを生命保険契約としたうえで，このことを明らかにするため，上記の生命保険契約の定義では，「傷害疾病定額保険契約に該当するものを除く」としている。

2　その他の分類

保険契約は，上記のように保険給付の態様や保険事故の内容による分類のほか，種々の基準により分類することができる。

⑴　公保険と私保険

全体経済的見地から国の政策遂行のために行われるのが公保険，私経済的見地から行われるのが私保険である。経営の主体が国家やその他の公法人である公営保険と，私人である私営保険の分類とは理論的には異なる。公保険には，社会保険と産業保険とがあり，社会保険には雇用保険，厚生年金保険，船員保険，労働者災害補償保険（労災保険）などがあり，産業保険としては貿易保険などがある。

⑵　営利保険と相互保険

私営保険の事業方式としての分類である。営利保険は，商法502条9号に規定する営業的商行為としての保険の引受けである。相互保険は，保険加入者を構成員とする団体が保険者となり，その構成員との間で保険関係が成立するものであり，それは商行為ではなく，保険者も商人ではないが，相互保険には，利息請求権（商513条）などの規定が準用される（保険業21条2項）。

⑶ 物保険・財産保険と人保険

保険事故の生ずる客体が物（財産）であるか，人であるかによる分類である。火災保険，盗難保険，自動車の車両保険などは物保険であり，生命保険や傷害保険は人保険である。

⑷ 損害保険と生命保険

保険法や保険業法での分類によるものである。しかし，この分類は論理的ではない。損害保険は，保険給付の額の決定方法をいうものであるに対して，生命保険は保険事故の対象をいうからである。

⑸ 損害保険と定額保険

保険給付の内容が損害のてん補か，約定した一定の金額の給付であるかの分類によるものである。

⑹ 海上保険と陸上保険

保険事故の発生する場所による分類である。

⑺ 企業保険と家計保険

保険契約者が企業であるか，一般消費者であるかの分類である。保険法では，海上保険などの企業保険については，保険契約者等を保護する片面的強行規定（→Ⅲ 1）の適用を除外している（36条）。

⑻ 任意保険と強制保険

契約の締結が法律により強制されているものかによる分類である。公保険のうち社会保険は，その多くが強制保険であるが，産業保険は任意保険が多い。私保険でも，自動車損害賠償責任保険・共済（自賠責保険）は，強制保険である。

Ⅲ 法 源

1 制定法

保険に係る契約の成立，効力，履行および終了については，他の法令に定めるもののほか，保険法の規定が適用される（1条）。これは，保険法が保険契約に関する一般的な契約ルールを定めるものであり，他の法令に定められている場合を除いて，保険法の規定が適用されることを意味している。また，保険法の規定には，保険契約者または被保険者に不利な特約を無効とする旨が定められている（7条・12条・26条など）。これは片面的強行規定といい，保険者に比べて弱者である消費者を保護するために設けられた規定である。これらの片面的強行規定以外の規定は，契約当事者で特約として変更できる任意規定か，変更が絶対的に許されない強行規定である。この区別は条文には明記されていないので，解釈によることになるが，消滅時効（95条）などは，その性質上，強行規定である。

2　保険契約と約款

(1)　行政的規制

保険契約の締結においては，保険制度の趣旨から当然に保険契約の内容が定型化される必要があり，保険者の作成による保険約款（普通保険約款，特約条項）が使用されている。普通保険約款については，保険業法により，保険事業の免許を申請する者に対してはその添付を求めており（保険業4条2項3号），また，普通保険約款を変更する場合には，保険契約者等の保護に欠けるおそれが少ないものとして内閣府令で定める事項を除いて，内閣総理大臣の認可を受けなければならず（保険業123条1項），これに違反すると過料の制裁がある（保険業333条1項40号）。内閣府令で定める事項を変更しようとするときは，あらかじめ当該変更しようとする旨を内閣総理大臣に届け出なければならない（保険業123条2項）。

審査基準として，①保険契約の内容が，保険契約者，被保険者，保険金額を受け取るべき者その他の関係者（以下「保険契約者等」という）の保護に欠けるおそれのないものであること，②保険契約の内容に関し，特定の者に対して不当な差別的取扱いをするものでないこと，③保険契約の内容が，公の秩序または善良の風俗を害する行為を助長し，または誘発するおそれのないものであること，④保険契約者等の権利義務その他保険契約の内容が，保険契約者等にとって明確かつ平易に定められたものであること，⑤その他内閣府令で定める基準，以上のものがある（保険業5条1項3号）。これらの審査基準は，普通保険約款の変更についても同様である（保険業124条1号）。

(2)　主務大臣の認可のない保険約款の効力

このように，約款に対して行政的規制がなされている場合には，高い程度において約款の内容の妥当性を実際上期待することができる。そして，上記の規定に違反して，保険約款の変更について，主務大臣の認可を受けずに締結された保険契約が，私法上有効かどうかが問題となった最高裁判例がある。

POINT 1　主務大臣の認可のない改正保険約款の効力

最判昭和45年12月24日民集24巻13号2187頁（百選3）

【事実】

X会社（原告・控訴人・被上告人）は，Y保険会社（被告・被控訴人・上告人）との間で，Xがビルマ国（現在のミャンマー）法人ビルマ真珠貝採取養殖シンジケートのために使用するX所有の真珠貝採取船5隻について，協定保険価格および保険金額を各500万円とし，てん補の範囲を全損および救助費とする船舶海上保険契約を締結した。これら船舶は，真珠貝採取に従事中，凶器を持ったビルマ人浮浪者約30名から襲撃を受け，放火され沈没せしめられた。そこで，Xは，Yに対して船舶全損による保険金2500万円および遅延損害金の支払を求めた。ところが，本件保険契約の約款3条2項に，保険者の免責事由の1つとして「襲撃，捕獲，拿捕，又は抑留（海賊ニ依ル場合ハ之ヲ除ク）」と定められており，しかもこの記載の括弧書の部分は2本の棒線で抹消されていた。第1審はXの請求を棄却したが，原審はXの請求を認容した。Yが上告。

【判旨】（破棄自判，控訴棄却）

「海上保険についても，保険制度の公共性に基づき，その適正な運営のため保険業に対する国の一般的監督が必要とされることは勿論であるが，保険契約の内容を律する普通保険約款を公正妥当ならしめ保険契約者を保護するという点においては，行政的監督は補充的なものに過ぎず，主務大臣の認可を受けないでもそれだけでただちに約款が無効とされるものではないというべきである。してみれば船舶海上保険につき，保険業者が普通保険約款を一方的に変更し，変更につき主務大臣の認可を受けないでその約款に基づいて保険契約を締結したとしても，その変更が保険業者の恣意的な目的に出たものでなく，変更された条項が強行法規や公序良俗に違反しあるいは特に不合理なものでない限り，変更後の約款に従つた契約もその効力を有する。」

⑶　取締法規違反と契約の私法上の効力

主務官庁の認可を受けない約款による保険契約の私法上の効力について，従来からも下級審は，生命保険約款について，主務官庁の認可の有無と約款の効力とはまったく別個の観念であり，公益に反しない限りいかなる事項といえども有効に契約の内容とすることができるとしたり，貨物海上保険約款について，主務官庁の認可を受けなければならないという保険業法の規定はいずれも，いわゆる取締規定であることは明白であるから，その規定に違反したとしても，主務官庁に対して取締規定違反の責任があるというのはともかく，それ故に契約の私法上の効力にはなんらの影響もないとか，また，保険業法と同法施行規則に違反して認可がない条項を保険証券に記載したとしても，その私法上の効力の発生を妨げないと判示してきた。また，学説においても，私法上当然に無効となるものではないというのが現在の多数の見解である。

これに対して，認可を受けていない約款による保険契約には私法上の効力がないという見解がある。その理由として，とくに免責事由の変更は，被保険者の利害に重大な影響を及ぼすものであるから，当然に主務大臣の認可が私法上の効力発生の要件となる，という。また，認可を受けていない約款には行政機関による予審的判断に基づく肯定的評価が存在せず，司法判断を受ける前提が具備されておらず，その効力を否定すべきであるとする見解，さらには，主務大臣の認可を命令的行為と解する見解が多数であるが，これを講学上の認可すなわち形成的行為とする見解もある。

⑷　企業保険と家計保険による区別

本判決は，船舶海上保険における保険契約者の経済力と保険に関する知識を一般の火災保険や生命保険のそれと区別したうえで，前者の場合においては，保険事業に対する国の一般的監督はもちろん必要ではあるが，保険契約者を保護するという点においては，行政的監督は補充的なものに過ぎず，主務大臣の認可を受けないでもただちに約款が無効となるものではない，と判示した。本判旨については，船舶海上保険と火災保険等とを区別して，火災保険等の分野では無効になるという反対解釈の可能性も否定できなくはなく，現にそのように解する見解もある。

これに対して，多数の見解は，判旨の上記の部分は傍論であるとして，船舶海上保険と一般の火災保険等とを区別して約款の効力を論ずることには消極的である。そして，船舶海上保険と火災保険等とを区別することについて，次のように批判する。すなわち，約款利用者の一般的な経済的力関係という新たな視点から論ずる限り，各種の約款につき，個別的に，その当事者の一般的な経済的背景に応じた考察がなされなければならない。保険業法等の保険監督法は，海上保険と火災保険等との間に格別の差別を設けていない。保険契約者の経済力などの実質的地位を考慮して約款の有効性を判断するならば，その地位の検討は，企業が建物に火災保険を付けたときなどのように，保険の種類ではなく，個別の利用者ごとにする必要がある。経済的地位の相違という事実上のものを，法律の規定が存在しない場合に，一律に約款の有効性についての判断基準とすることの根拠が不明である，と。そして，本判決は，火災保険等他の種類の保険については別途考慮の余地がありうるので，少なくとも船舶海上保険についてみれば原則として有効と解するのが相当である旨を明らかにしているのであって，火災保険等の場合については判断を留保しているものといわなければならない。

また，判旨の本意は，火災保険や生命保険などの家計保険にあっては，顧客圏の性格からして，認可のない約款条項が強行法規違反，公序良俗違反あるいは特に不合理なものとして，裁判上その効力を否定される場合が，企業保険に比べてやや広くなるだけである。

3 普通保険約款の法的拘束力

保険取引は集団的契約であるから，その契約の内容を定型的に定めることが必要になり，普通保険約款によって保険関係が規整される。しかし，この普通保険約款は，保険者が一方的に作成したものであるから，実際上は保険加入者は約款の内容を十分認識して契約の内容とする意思がないのが通常である。このような場合にも，普通保険約款に法的拘束力があるということであれば，それはいかなる根拠によるものか。

POINT 2 普通保険約款の法的拘束力

大判大正4年12月24日民録21輯2182頁（百選2）

【事実】

X_1，X_2（原告・控訴人・被上告人）は，日本で火災保険事業を営んでいるＹ外国保険会社（被告・被控訴人・上告人）との間において，自己所有の家屋についてそれぞれ保険金額500円の火災保険契約を締結した。

明治44年5月12日頃，森林からの火災によりX_1ら所有の家屋が焼失した。そこでX_1らは上記の火災保険契約に基づきＹに保険金を請求した。しかし，Ｙの普通保険約款には，樹林火災または森林の燃焼による損害についてはてん補の責めに任じない旨の免責条項があり，Ｙは保険金の支払を拒否した。

第1審判決は，X_1 らの請求を棄却した。原審判決は，「Yの係争免責約款は，我内国会社の普通保険約款中に之を掲ぐる事例なき……を以て，Yが保険契約を締結するに当りて右免責約款の内容たらしめんとするには，予め右免責約款の存することを保険申込人に告知するか若くは保険約款を交付して知らしむるの方法を講ずることは，取引上信義の要求する所なるにYが本件保険契約につきこの手続を採りたるものと認め得ざる」と判示して X_1 らの請求を認容した。Yは上告した。

【判旨】（破棄差戻）

「其の会社の作成に係る書面にして其の会社の普通保険約款に依る旨を記載せる申込書に保険契約者が任意調印して申込を為し，以て火災保険契約を為したる場合に於ては，たとい契約の当時其の約款の内容を知悉せざりしときといえども，一応之に依るの意思を以て契約したるものと推定するを当然とす。」

本判決は，火災保険契約の当事者が特に普通保険約款によらない意思を表示せずに契約をした場合には，反証がない限りその約款による意思で契約したものと推定すべきであると判示した。わが国における普通保険約款の拘束力に関するリーディングケースである。その後も，約款による意思をもって契約したものと推定されるという本判決が踏襲され，今日に至っている。しかし，本判決に対して学説は批判的である。

普通保険約款の法的拘束力の根拠について，判例学説は次のように見解が対立している。

(1)　法律行為理論

本判決の原審は，保険契約を締結する場合に免責約款をその内容とするためには，あらかじめ免責約款の存在を保険申込者に告知するかまたは保険約款を交付しなければならないという。保険契約者が約款条項を知っており，かつ保険者と保険契約者の間で約款を契約内容とすることに合意があれば契約内容として当事者を拘束することになる。しかし，この見解によれば，当事者の主観的事情により法的拘束力の有無が決せられ，約款の使用が当然に要求される保険契約には妥当ではない。

(2)　意思推定理論

本判決は，保険加入者は普通保険約款による意思で契約するのが普通であるから，特に約款によらない旨の意思を表示しないで契約をしたときは，反証のない限り約款の内容による意思で契約したものと推定すべきである，と判示した。ただ約款による意思がないことが立証されたときには，その約款に拘束されないという不都合が生じてしまう。しかし，この推定を覆すためには，ある条項の存在を知らなかったという立証では足りず，その条項を含む約款による意思がなかったことを立証しなければならない趣旨であると解すべきことになる。

⑶ 自治法理論

「社会あるところに法あり」との法諺を援用して，団体の自主制定法として法規と同一の効力を認める。しかし，約款の規定自体に法源性を認めるのは困難であると批判されている。そこで，約款も設定者側（企業）の私的自治に基づく法規範創造であり，相手方はそれを放棄しているといえるから，私的自治の発現として法規範と解することができるという見解もある。

⑷ 商慣習法理論

当該取引圏において，「取引は一般に約款による」ということが，商慣習法または事実上の商慣習（白地商慣習法ないし白地商慣習）が成立していることが認められるに至って，初めて法律的意味において，その当然の適用が可能になる。学説の通説的見解である。

⑸ 新契約理論

従来の判例学説を批判して，新たな契約理論が主張されるようになった。その代表的なものとして，たとえば，保険約款の拘束力については，監督官庁の認可を得た保険約款と，保険契約者の保険取引における対価性確保の期待に向けられた客観的意思の合意だけで必要かつ十分条件であるとするものがある。

以上のように，普通保険約款の拘束力は，約款による意思によって，またはそれが商慣習法もしくは事実上の慣習となっていることから認められるとするのが従来の判例や通説的見解であるが，平成 29 年に改正された民法は，法律の明文の規定により約款の拘束力を認めている。民法 548 条の 2 第 1 項は，ある特定の者が不特定多数の者を相手方として行う取引であって，その内容の全部または一部が画一的であることがその双方にとって合理的なものを「定型取引」とし，定型取引において契約の内容とすることを目的としてその特定の者により準備された条項の総体を「定型約款」とした。そのうえで，定型取引の合意（定型取引合意）をした者は，①定型約款を契約の内容とする旨の合意をしたとき，または②定型約款を準備した者（定型約款準備者）があらかじめその定型約款を契約の内容とする旨を相手方に表示していたときは，定型約款の個別の条項についても合意をしたものとみなすと規定している。保険契約者が一般消費者である家計保険は定型取引に当たり，そこで用いられる普通保険約款は，定型約款の典型である。また，保険契約申込書には，保険申込者は普通保険約款の内容を承認して契約の申込みを行うとの記載があり，定型約款準備者である保険者は，普通保険約款を契約内容とする表示があるのが通例であるから，保険申込者が普通保険約款の個別の条項を認識していなかったとしても，普通保険約款の各条項について拘束力が生じることになる。

また，定型約款準備者である保険者は，普通保険約款を変更する場合に，①約款変更が，相手方の一般の利益に適合するとき，または②約款変更が，契約をした目的に反せず，かつ，変更の必要性，変更後の内容の相当性，定型約款の変更をすることがある旨の定めの有無およびその内容その他の変更に係る事情に照らして合理的なものであるときは，約款変更をすることにより，変更後の約款条項について合意があったものとみなし，個別に相手方と合意をすることなく契約の内容を変更することができる（民548条の4第1項）。すなわち，この①，②のいずれかに該当する場合には，個別の合意を要せず，普通保険約款を変更することができることになるが，保険者は，約款変更の効力発生時期を定め，かつ，約款を変更する旨および変更後の約款内容ならびにその効力発生時期をインターネットの利用その他の適切な方法により周知しなければならない（同条2項）。また，約款変更が上記②によるものであるときは，その効力発生時期が到来するまでに周知をしなければ，その効力を生じない（同条3項）。前述のように，普通保険約款については，これに加えて，内閣総理大臣の認可を受けなければならない（保険業123条1項）。

4　定型約款における不当条項規制

平成29年に改正された民法は，定型約款の法的拘束力を明文の規定により根拠づけるとともに，定型約款一般について，取引の相手方を保護するため，不当条項規制を設けている。民法548条の2第2項は，定型約款の条項のうち，相手方の権利を制限し，または相手方の義務を加重する条項であって，その定型取引の態様およびその実情ならびに取引上の社会通念に照らして民法1条2項に規定する基本原則に反して相手方の利益を一方的に害すると認められるものについては，合意をしなかったものとみなすと規定している。その基本的な枠組みは，消費者契約法10条と同様であるが，消費者契約に限定されず，広く定型約款一般に適用される規制である。いわゆる不意打ち条項については直接規定されていないが，保険取引の態様や実情，取引上の社会通念に照らして信義則違反に当たるか否かが総合的に判断されることから，普通保険約款においてその条項を設ける必要性や相当性に欠けており，一般的にその条項が設けられている例も少ないという場合には，相手方の利益を一方的に害すると認められる場合がある。

Ⅳ　保険者の説明義務

保険者は，その使用人や保険代理店などの保険募集人により保険契約を勧誘して，保険契約者と保険契約を締結する。この場合，保険者には，保険契約の内容すなわち保険約款の重要事項について説明する義務がある（保険業300条1項1号。UNIT 15 6(2)参照）。保険業法では禁止規定として規定しているが，一般的には保険者の説明義務と解している。

1　所属保険会社の損害賠償責任

所属保険会社とは，生命保険募集人，損害保険募集人または少額短期保険募集人が保険募集を行う保険契約の保険者となるべき保険会社（外国保険会社等を含む）または少額短期保険業者である（保険業2条24項）。所属保険会社は，生命保険募集人または損害保険募集人が保険募集について保険契約者に加えた損害の賠償責任を負わなければならない（保険業283条1項）。この所属保険会社の損害賠償責任は，使用者責任（民715条）と同じく特殊な不法行為責任である。生命保険募集人が営業職員であり，保険会社との間に雇用関係があれば，保険契約者は，民法715条および保険業法283条1項の規定により，所属保険会社に対して損害賠償請求できる。

保険代理店（代理商）の場合には，保険会社と保険代理店との間の代理店委託契約により定められる。したがって，保険契約締結の代理権を有する代理店（締約代理商）であれば，委任（民643条）である。また，保険契約締結の媒介の権利のみを有する代理店（媒介代理商）であれば，準委任（民656条）であるから，保険契約者は，民法715条により所属保険会社に対して損害賠償請求をすることはできないが，保険業法283条1項の規定により，請求できる。

所属保険会社は，選任，雇用，委託について，相当の注意をし，かつ，これらの者の行う保険募集につき保険契約者に加えた損害の発生防止に努めた場合には，損害賠償の責任を負わない（保険業283条2項）。

2　保険契約の締結・募集に関する禁止行為

保険業法は，生命保険募集人，損害保険募集人，保険仲立人等に対して，保険契約の締結または募集に関して，保険契約者保護のために一定の行為を禁止している（保険業300条）。

保険者の説明義務

保険業法では，保険契約の契約条項の重要事項を告げない行為は，保険契約者の判断を誤らせるものであるから，これを禁止している（保険業300条1項1号)。保険契約者または被保険者に対して虚偽のことを告げる行為が禁止され（同条1項1号前段），また，保険契約の契約条項の重要事項を告げない行為も，保険契約者の判断を誤らせるものなので禁止されている（同条1項1号後段）。

保険契約の契約条項の重要事項とは，保険契約者が保険契約をする際の合理的判断に影響を及ぼす事項であり，保険の種類ごとに判断される。この保険者の説明義務については，自動車保険の26歳未満不担保特約，火災保険における地震保険付帯について，次の判例がある。

POINT 3　損害保険代理店の説明義務

東京高判平成3年6月6日判時1443号146頁（百選6）

【事実】

X（原告・被控訴人（附帯控訴人））の長女A（当時20歳）運転の自動車が，B運転の原動機付自転車と接触し，これを負傷させ，さらに道路横の電話ボックス内で電話中の補助参加人Zに衝突し，これに重傷を負わせ，交通標識，公衆電話ボックスを損壊させるという交通事故が発生し，XはZらに対し，損害の賠償義務を負った。

Xは，Y損害保険会社（被告・控訴人（附帯被控訴人））の保険代理店であるEが，Xとの自動車保険更新契約締結に際し，長女Aや長男Fが普通自動車の運転免許を取得したことを知りながら，Xに対し，重要な告知事項である運転者の年齢制限について十分説明，告知しなかったので，Xは年齢制限のある本件保険契約を締結し，多額の損害の賠償につき保険金の給付を受けられなかったのであるから，保険募集の取締に関する法律第 11 条 1 項〔保険業法 283 条 1 項〕により，Y は X に対し，X が Z らに支払った損害賠償金につき，損害賠償責任があると主張した。

第 1 審は，Y は保険募集の取締に関する法律第 11 条第 1 項に基づく責任を負うが，X の過失割合は 6 割とみるのが相当である，と判示した。

【判旨】（**請求棄却**）

「本件特約のような運転者の年令制限に関する特約が付された場合には，保険契約者にとって，一方では保険料の割引による減額が施されるといった利益も受けるが，他方では保険契約の内容として担保範囲を著しく縮小させるものであるから，右特約に関する事項は，……保険契約の契約条項のうちの『重要な事項』に該当すると解される。……その告知の方法は，被告知者が実際それによって当該事項の内容を認識することができるような方法，態様，程度で行われるべきではあるが，その目的が達せられるものであれば，必ず文書又は口頭のいずれかによらねばならないとか，必ず両者を併用しなければならないというものではなく，また最初の保険契約の場合でも更新の場合でも一律に全く同じ態様，程度の方法で告知しなければならないものともいい難い。要するに，右告知は，特段の事情のない限り，相当の方法，態様，程度により，通常の常識をもった保険契約者等（保険申込者）に右事項を認識，理解させうるものであって，右認識，理解のもとに当該本件契約者（申込者）が契約につき任意の意思決定ができるものであれば足りるというべきである。」

「X は右満期ご案内通知の葉書を受領し，これをちらりと読み，あとの更新の手続は妻に委ねていたが，その都度送付された自動車保険証券は自宅に保管していたことが明らかである。そうであれば，本件保険契約の締結及び更新にあたって，X は本件特約について十分説明を受けこれを承知していたものというべきであり，その点について，Y 会社に告知義務の違反があったということはできない。」

X は，上告したが，最判平成 5 年 10 月 14 日（損保企画 529 号 6 頁）は上告棄却とした。

POINT 4　地震保険契約締結における情報提供・説明義務

最判平成15年12月9日民集57巻11号1887頁（百選7）

【事実】

Xら（原告・控訴人・被上告人）は家財と建物を所有または占有していたが，平成7年1月17日，阪神・淡路大震災が発生し株式会社Cの店舗から出火し，これが延焼，拡大し，本件建物および本件家財を含む85棟の建物等が全焼するなどの被害が発生した。Xらは，Y保険会社（被告・被控訴人・上告人）と，それぞれ火災保険契約を締結していた。

Xらは，Yに対し，(1)主位的請求として，本件地震後に発生した本件火災により本件各火災保険契約の目的物が焼失したと主張して，本件各火災保険契約に基づき，火災保険金の支払を求め，(2)予備的請求（その1）として，Xらは，Yに対し，本件各火災保険契約の締結にあたって，地震保険を付帯しない旨の有効な申出をしていないから，YとXらとの間で地震保険契約が締結されたことになるなどと主張して，同契約に基づき，地震保険金の支払を求め，(3)予備的請求（その2）として，Yは，本件各火災保険契約の締結をする際に，Xらに対し，本件地震保険に関する事項について情報提供や説明をすべき義務があったにもかかわらず，これを怠ったなどと主張して，保険募集の取締に関する法律11条1項〔保険業法283条1項〕，不法行為，債務不履行または契約締結上の過失に基づき，第1次的には，財産上の損害賠償として火災保険金相当額の支払または地震保険金相当額から保険料相当額を控除した差額金の支払を，第2次的には，精神的苦痛に対する慰謝料として地震保険金相当額から保険料相当額を控除した差額金の支払をそれぞれ求めた。

第1審および原審は，Xらの主位的請求，予備的請求（その1）および予備的請求（その2）のうちの上記第1次的請求（財産上の損害賠償請求）は，いずれも棄却したが，原審は予備的請求（その2）のうちの慰謝料請求については，Xらの請求を一部認容した。Yが上告した。

【判旨】（破棄自判）

「このような地震保険に加入するか否かについての意思決定は，生命，身体等の人格的利益に関するものではなく，財産的利益に関するものであることにかんがみると，この意思決定に関し，仮に保険会社側からの情報の提供や説明に何らかの不十分，不適切な点があったとしても，特段の事情が存しない限り，これをもって慰謝料請求権の発生を肯認し得る違法行為と評価することはできないものというべきである。

このような見地に立って，本件をみるに，前記の事実関係等によれば，次のことが明らかである。(1)本件各火災保険契約の申込書には，『地震保険は申し込みません』との記載のある地震保険不加入意思確認欄が設けられ，申込者が地震保険に加入しない場合には，その欄に押印をすることになっている。申込書にこの欄が設けられていることによって，火災保険契約の申込みをしようとする者に対し，①火災保険とは別に地震保険が存在すること，②両者は別個の保険であって，前者の保険に加入したとしても，後者の保険に加入したことにはならないこと，③申込者がこの欄に押印をした場合には，地震保険に加入しないことになることについての情報が提供されているものとみるべきであって，申込者であるＸらは，申込書に記載されたこれらの情報を基に，Ｙに対し，火災保険及び地震保険に関する更に詳細な情報（両保険がてん補する範囲，地震免責条項の内容，地震保険に加入する場合のその保険料等に関する情報）の提供を求め得る十分な機会があった。⑵Ｘらは，いずれも，この欄に自らの意思に基づき押印をしたのであって，Ｙ側から提供された上記①～③の情報の内容を理解し，この欄に押印をすることの意味を理解していたことがうかがわれる。⑶Ｙが，Ｘらに対し，本件各火災保険契約の締結に当たって，本件地震保険に関する事項について意図的にこれを秘匿したなどという事実はない。」

POINT 4 の判決は，結論として，本件各火災保険契約の締結にあたり，Ｙ側に，Ｘらに対する本件地震保険に関する事項についての情報提供や説明において不十分な点があったとしても，特段の事情が存するものとはいえないから，これをもって慰謝料請求権の発生を肯認し得る違法行為と評価することはできないものというべきであり，したがって，認定の事実関係の下において，ＸらのＹに対する保険募集の取締に関する法律11条1項（保険業283条1項），不法行為，債務不履行および契約締結上の過失に基づく慰謝料請求が理由のないことは明らかである，と判示した。

POINT 3 の判決は，保険者の説明義務の対象者とその程度について，特段の事情のない限り，相当の方法，態様，程度により，通常の常識をもった保険契約者等（保険申込者）に右事項を認識，理解させうるものであって，右認識，理解のもとに当該本件契約者（申込者）が契約につき任意の意思決定ができるものであれば足りるというべきである，と判示している。保険契約者のそれぞれの属性に応じた説明義務ではなく，通常人を対象としたものであり，しかもその程度は，保険契約の申込者が任意の意思決定ができるものであれば足りるといっていることは，保険契約者の保護に十分ではない。

また，Ｘは，本件保険契約の第2回目の更新の時期には，Ｘの長女や長男が自動車運転免許を取得し，最初の保険契約の締結時や翌年の第1回目の契約更新の場合とは，運転者の点からみたXの家族構成は異なる状態になっていたのであるから，Xの家族の年齢，運転免許の取得等を承知している保険代理店としては，本件保険契約の更新にあたって，特に本件特約の存在により生ずべき不利益を説明し，この特約を外すよう勧めるべき義務が生じていたのに，保険代理店はこれを怠ったと主張した。しかし，判旨は，どのような内容の契約を締結するかは，契約者が，その必要に応じ，その意思で決めるべきものであって，保険契約の募集にあたる者のすべきことではなく，特段の事情のない限り，後者の告知義務は，各契約の内容を誤りなく理解させるに必要な説明をすることに止まり，それ以上にどのタイプの契約が相手の家族構成に応じて最も適当であるかは，契約を勧めるうえでのサービスないしは営業上の配慮に止まるものと解さなければならない，と判示した。保険者は保険契約者の属性に応じた説明をすべきであるという，いわゆる適合性の原則を否定する趣旨であるが，保険契約者保護の観点からはなお問題がある。

また，*POINT 4* の判決は，申込者である保険契約者は，申込書に記載されたこれらの情報を基に，保険者に対し，火災保険および地震保険に関するさらに詳細な情報，すなわち両保険がてん補する範囲，地震免責条項の内容，地震保険に加入する場合のその保険料等に関する情報の提供を求め得る十分な機会があったとして，保険契約に関する情報は保険者が提供するのではなく，保険契約者が自ら積極的に保険者に対して情報の提供を求めることが必要となる旨を判示している。保険契約者側にとっては，厳しい判断がなされている。

UNIT 2 保険契約総論

保険法においても，保険の定義は置かれていない。損害保険や生命保険を１つの定義で説明するのは困難であるからである。そのかわりに，保険法では，保険契約の定義を定めて，保険法が適用される契約を明確にしている。改正前商法のときにも，損害保険と生命保険の定義はあったが，保険法では傷害疾病保険についても新たに定義した。また，商法から民事単独法になったことにより，従来は営利保険のみが適用対象となっていたが（相互保険は準用），営利保険ではない共済にも直接適用されるようになった。これにより保険契約者等の保護が一層図られることになる。

Ⅰ　保険契約の定義

保険法において，保険契約とは，「保険契約，共済契約その他いかなる名称であるかを問わず，当事者の一方が一定の事由が生じたことを条件として財産上の給付（生命保険契約及び傷害疾病定額保険契約にあっては，金銭の支払に限る。以下「保険給付」という。）を行うことを約し，相手方がこれに対して当該一定の事由の発生の可能性に応じたものとして保険料（共済掛金を含む。以下同じ。）を支払うことを約する契約をいう。」と定義している（2条1号）。

保険法は，全部で5章からなる96ヵ条の法律であり，第1章「総則」，第2章「損害保険」，第3章「生命保険」，第4章「傷害疾病定額保険」，第5章「雑則」により編成されている。第1章「総則」では趣旨規定と定義規定，第5章「雑則」には消滅時効と保険者の破産に関する規定があり，第2章から第4章までは，それぞれ第1節「成立」，第2節「効力」，第3節「保険給付」，

第4節「終了」について規定されており，第2章「損害保険」では，第5節「傷害疾病損害保険の特則」と第6節「適用除外」がある。傷害疾病保険については，傷害疾病定額保険契約に関する規定（66条〜94条）が新設され，これにより傷害疾病定額保険契約の定義規定（2条9号）がある。また，損害てん補方式の傷害疾病保険は，傷害疾病損害保険契約として損害保険契約の一種とされており（2条7号），人保険であることによる特則（34条・35条）がある。

1　保険法の適用範囲

商法の規定は，営業としてする保険（商502条9号），いわゆる営利保険を適用対象としており，この規定が相互保険にも準用されていた（改正前商法664条・683条1項）。これに対して，農業協同組合法，消費生活協同組合法，水産業協同組合法に基づく共済については，協同組合は商人ではなく商法の規定が直接適用されることはないが，契約として実質的に商法上の保険と変わらないものとして類推適用があるという見解が主張されていた。しかし，これらの共済は，上記の保険契約の定義規定に該当することになり，今後は直接に保険法が適用される。

2　保険給付

現物給付が損害保険に限られているのは，生命保険契約や傷害疾病定額保険契約で現物給付が行われるとした場合，保険契約者等を保護するための監督規制の整備が十分にされていないことが理由である。また，保険業法上，生命保険契約や傷害疾病定額保険契約では現物給付が許されていない（保険業2条1項）ので，保険法でも現物給付を規定しなかった。

3　当該一定の事由の発生の可能性に応じたものとしての保険料

保険法の適用対象となるためには，保険者が保険契約者等からの告知を受けて，保険給付の要件となる保険事故（火災，交通事故による損害や人の死亡，傷害）の発生の可能性（危険）に応じた保険料や共済掛金を算定するものでなければならない。大数の法則や共同的備蓄形成を含めた保険制度がその前提となる。

Ⅱ　保険契約の当事者と関係者

1　保険契約の当事者

保険者は，保険契約の当事者のうち，保険給付を行う義務を負う者をいう（2条2号）。保険会社や共済事業者，少額短期保険事業者が保険者である。保険契約者は，保険契約の当事者のうち，保険料を支払う義務を負う者をいう（2条3号）。

2　保険契約の関係者

これらの保険契約の当事者のほかに，保険契約に関係を有する者として，次の者がいる。

⑴　被保険者

①　損害保険契約では，損害保険契約によりてん補される損害を受ける者である（2条4号イ）。すなわち被保険利益を有する者のことであり，保険事故が発生すれば，保険者に対して保険給付請求権を有する者のことである。被保険者と保険契約者が同一人である契約は，自己のためにする損害保険契約であり，異なる場合には，第三者のためにする損害保険契約という。第三者のためにする損害保険契約は，民法の第三者のためにする契約（民537条）の一種であり，被保険者は受益の意思表示をすることなく（同条3項参照），当然に損害保険契約の利益を享受する（8条）。

②　生命保険契約では，その者の生存または死亡に関して保険者が保険給付を行うこととなる者である（2条4号ロ）。被保険者と保険契約者が同一人である契約は，自己の生命の生命保険契約であり，異なる場合には，他人の生命の生命保険契約という。

③　傷害疾病定額保険契約では，その者の傷害または疾病に基づいて，保険者が保険給付を行うこととなる者である（2条4号ハ）。

⑵　保険金受取人

保険給付を受ける者として生命保険契約または傷害疾病定額保険契約で定めるものをいう（2条5号）。保険契約者は，保険金受取人を指定するが，保険事故が発生するまでは，保険金受取人の変更をすることができる（43条）。生命保険契約の場合，保険金受取人と保険契約者が同一人の場合，自己のためにする生命保険契約といい，異なる場合には，第三者のためにする生命保険契約という。第三者のためにする生命保険契約の場合，保険金受取人は，当然に生命保険契約の利益を享受する（42条）。

Ⅲ　保険料の支払

保険契約者は，保険料支払義務を負う（2条1号・3号）。支払の方法として，一時払いと分割払いがある。最近は預金口座自動振替やクレジットカードによる支払が一般的である。

1　支払方法

POINT 1　分割払保険料と立証責任

最判平成9年10月17日民集51巻9号3905頁（百選14）

【事実】

X_1・X_2（原告・控訴人・上告人）らが，子のAの自動車事故による死亡について，AがY保険会社（被告・被控訴人・被上告人）との間で締結した自家用自動車保険契約に基づく自損事故保険金1400万円および搭乗者傷害保険金500万円の支払請求権を相続したと主張して，Yに対してX_1らに各950万円の支払を求めた事案である。

AとYは，平成元年3月3日，保険契約の締結と同時に第1回目の分割保険料1万1940円を支払い，第2回目以後の分割保険料については平成元年5月から同2年1月まで毎月26日に3980円ずつを支払う自家用自動車保険契約を締結した。

本件自動車保険約款には，「当会社は，保険契約者が第2回目以降の分割保険料について，当該分割保険料を払込むべき払込期日後1か月を経過した後もその払込みを怠ったときは，その払込期日後に生じた事故については，保険金を支払いません」という定めがある。

本件保険契約の第1回目の分割保険料1万1940円は支払われたが，同年5月26日および6月26日に支払われるべき分割保険料は払込期日までには支払われなかった。しかし，Yの代理店として本件保険契約の締結事務を取り扱ったBは，同年7月14日，同年5月から7月までの各月26日に支払うべき分割保険料の元本の合計額に相当する1万1940円を，本件保険契約に基づく保険料として，Aに代わって，Yに支払った。

Aは，平成元年7月11日の夕刻に自宅を出て以来行方が分からないでいたところ，同3年2月1日に海底において被保険自動車の中で白骨死体となっているのを発見された。

第１審および原審はＸらの請求を棄却した。Ｘらが上告。

【判旨】（上告棄却）

「約款の条項は，保険契約者が分割保険料の支払を１箇月以上遅滞したため保険会社が保険金支払義務を負わなくなった状態（以下『保険休止状態』という。）が生じた後においても，履行期が到来した未払分割保険料の元本の全額に相当する金額が当該保険契約が終了する前に保険会社に対して支払われたときは，保険会社は，右支払後に発生した保険事故については保険金支払義務を負うことをも定めているものと解すべきである。

けだし，右条項の趣旨は，保険契約者が保険料の支払を遅滞する場合に保険金を支払わないという制裁を課することによって，保険会社の保険料収入を確保するとともに，履行期が到来した保険料の支払がないのに保険会社が保険金支払義務を負うという不当な事態の発生を避けようとする点にあるが，履行期が到来した分割保険料が支払われたときには，右の制裁を課する理由がなくなるから，保険金支払義務の再発生を認めることが衡平であり，契約当事者の通常の意思に合致すると考えられるからである。」

「右約款の条項については，保険休止状態の発生による保険金支払義務の消滅を主張する者は保険休止状態の発生時期及びそれ以後に保険事故が発生したことを主張，立証すべき責任を負い，保険休止状態の解消による保険金支払義務の再発生を主張する者は保険休止状態の解消時期及びそれ以後に保険事故が発生したことを主張，立証すべき責任を負うものと解すべきである。

けだし，保険休止状態の発生は権利消滅事由であるから権利の消滅を主張する者に立証責任を負わせ，保険休止状態の解消はいったん消滅した権利の再発生事由であるから権利の再発生を主張する者に立証責任を負わせるのが，妥当であるからである。」

本判決は，分割払保険料について，第２回目以降の保険料が支払われないとき，(1)滞納された保険料が支払われた場合，保険会社の責任はどうなるか，(2)保険料滞納期間中に保険事故が起きたか，または遅滞解消後に保険事故が起きたか真偽不明の場合，保険金支払義務が認められるかについて，(1)滞納された保険料の元本相当額全額が支払われれば免責状態は解消され，(2)保険金請求者が保険休止状態解消後に保険事故が起きたことを証明しなければならない，と判示した。結論として，Ｘらの保険金請求は棄却された。

2　支払時期

保険約款では，保険期間が開始しても保険料領収前（分割払いの場合には第1回保険料領収前）に生じた保険事故については，保険金を支払わない旨を定めている。これが責任開始条項であり，保険料の迅速かつ確実な支払をさせるためのものである。

責任開始条項については，次のいわゆる「みまき荘事件」がある。

POINT 2　保険料の不払いと責任開始条項

最判昭和37年6月12日民集16巻7号1322頁（百選12）

【事実】

Y（被告・控訴人・被上告人）は，昭和29年12月25日，X保険会社（原告・被控訴人・上告人）との間でY所有の住宅店舗一棟延坪261坪5合，家財，家具，什器，衣類，寝具その他一式，および営業用什器類一式につき，保険金額1500万円，保険期間同日以降昭和30年12月25日まで1年間，保険料金19万5000円の火災保険契約を締結した。しかし，YはXの請求にもかかわらず保険料の支払をしないので，XはYに対し昭和30年7月11日内容証明郵便により，同年7月25日までに保険料を支払うよう催告し，もしその期日までに支払わないときは，火災保険契約を解約する旨の通告をなすとともに，解約の際は昭和29年12月25日より昭和30年7月25日までの既経過保険料金14万6250円を支払うよう請求したが，Yは期日までに右保険料の支払をせず，同日限り火災保険契約は解約されたので，既経過保険料金14万6250円とこれに対する本件訴状送達の翌日である昭和30年8月26日以降，完済に至るまで年6分の割合による損害金の支払を求めて本訴請求に及んだ。第1審はXの請求を認容したが，原審はXの請求を棄却した。Xが上告。

【判旨】（上告棄却）

「およそ損害保険契約においては，……本来保険者は保険契約者の保険料不払により民法541条に従い契約を解除することは許されるものと解するのが相当である。」

「Xは右約款2条2項によりYから保険料を領収しない間は損害填補責任を負わないのであり，また，契約を解除することなくして本件保険料を請求する権利を有していたのに，あえて自から保険料支払の催告及び条件付解除の意思表示を1回した上解除によつて失効した本件保険契約上の保険料支払債務の履行を求めているという本件事実関係の下では右解除を解約告知と解することはできない。」

本判決は，保険者は約款２条２項により保険契約者から保険料を領収しない間は損害てん補責任を負わないのであり，また，契約を解除することなくして保険料を請求する権利を有していたのに，あえて自ら保険料支払の催告および条件付解除の意思表示を１回したうえ解除によって失効した本件保険契約上の保険料支払債務の履行を求めているという本件事実関係の下では，解除を解約告知と解することはできない，と判示した。保険者からの契約解除については，遡及効のある解除であり，保険料を請求することはできない，という。

保険法では，保険契約の解除は，将来に向かってのみその効力を生ずる，と規定している（31条・59条・88条）。

Ⅳ　保険給付の履行期

保険者は，保険期間内に保険事故が発生した場合に保険金を支払う義務がある。この保険者の保険金支払義務の履行期については，改正前商法には規定がなかった。民法412条では，債務が確定期限か，不確定期限か，あるいは期限が定められていないかの３つの場合に分けて定めている。学説では，保険金債務について，当然には確定期限付きとはいえないから，特約がない限り，保険事故の発生という不確定期限付きの債務であるとして，保険者が保険事故の発生を知った時（改正前民412条２項）から遅滞の責任を負うと解する見解と，期限の定めのない債務として，保険者が履行の請求を受けた時（民412条３項）から遅滞の責任を負うと解する見解がある。平成29年改正民法412条２項は，不確定期限付きの債務については，債務者は，その期限の到来した後に履行の請求を受けた時またはその期限の到来したことを知った時のいずれか早い時から遅滞の責任を負うとの規定に変更されたが，期限の定めのない債務という見解が通説であることへの影響はない。ただし，民法412条は任意規定であるから，特約があればそれに従うことになる。

従前の生命保険約款では，保険金受取人が必要書類を保険者に提出して請求すべき旨を定めており，さらにその必要書類が会社の本社に到達した日の翌日から起算して５日以内に支払うものとしていたが，ただし書では調査が必要なときには5日を過ぎることがある，と定めていた。また，損害保険の約款でも，保険者は，被保険者が保険金請求の手続をした日から30日以内に保険金を支払う旨を定め，ただし書では，保険者がこの期間内に必要な調査を終えることができないときは，これを終えた後，遅滞なく，保険金を支払う旨規定していた。この損保の約款について，最高裁は次のように判示した。

POINT 3　損害保険の保険給付の履行期

最判平成9年3月25日民集51巻3号1565頁

【事実】

有限会社Aは，昭和59年12月26日，Y保険会社（被告・被控訴人・被上告人）との間で，自らを被保険者として本件建物および本件自動車につき「火災保険普通保険約款（一般物件用）」に従った内容の火災保険契約を締結した。

昭和60年1月3日，本件建物から出火し，本件建物および本件自動車が焼失した。Y川越支社長であるBは，A代表取締役のCから本件火災についての連絡を受け，同月5日，本件火災現場を視察した。警察署は，本件火災発生直後から非現住建造物等放火事件として県警本部と合同で捜査を開始し，目撃者やAの従業員らから事情を聴取するとともに，Cをその有力容疑者と目して，昭和60年7月18日，同人を別件の不動産侵奪の被疑事件により逮捕し，本件放火事件についての取調べも行ったが，結局，決め手を得るに至らなかったため，本件放火事件については，被疑者不詳のままとされ，平成4年1月2日の経過により公訴時効が完成した。

本件約款22条には，次のような条項がある。「当会社は，保険契約者または被保険者が第17条（損害または傷害発生の場合の手続）の規定による手続をした日から30日以内に，保険金を支払います。ただし，当会社が，この期間内に必要な調査を終えることができないときは，これを終えた後，遅滞なく，保険金を支払います。」

本件請求は，Aの本件保険契約に基づく保険金請求権を転付命令により取得したX信用組合（原告・控訴人・上告人）が，Yに対して保険金およびこれに対する昭和60年2月5日から支払済みまで民法所定の年5分の割合による遅延損害金の支払を求めるものであるが，Yは，本件火災はCの放火によるものであり，約款2条1項の免責事由が存在するなどと主張して，これを争った。第1審および原審はXの請求を認容したが，原審は，Yは公訴時効が完成するまで必要な調査を終えることができなかったとして，公訴時効が完成した平成4年1月2日までの遅延損害金の請求を棄却した。Xが上告。

【判旨】（破棄自判）

「約款22条本文は，右猶予期間の経過により保険金支払の履行期が到来することを定めた保険金支払時期についての約定と解することができる。

他方，約款22条ただし書は，保険会社が右猶予期間内に必要な調査を終えることができないときは，これを終えた後，遅滞なく保険金を支払う旨を定めている。しかし，右ただし書の文言は極めて抽象的であって，何をもって必要な調査というのかが条項上明らかでないのみならず，保険会社において必要な調査を終えるべき期間も明示的に限定されていない。加えて，保険会社において所定の猶予期間内に必要な調査を終えることができなかった場合に，一方的に保険契約者等の側のみに保険金支払時期が延伸されることによる不利益を負担させ，他方保険会社の側は支払期限猶予の利益を得るとするならば，それは前判示の損害保険契約の趣旨，目的と相いれないところである。したがって，保険契約者等が調査を妨害したなど特段の事情がある場合を除き，保険金支払時期の延伸について保険会社が全く責めを負わないという結果を直ちに是認すべき合理的理由を見いだすことはできない。以上を勘案すれば，同条ただし書は，これ自体では保険契約者等の法律上の権利義務の内容を定めた特約と解することはできず，保険会社において，所定の猶予期間内に調査を終えることができなかった場合にあっても，速やかにこれを終えて保険金を支払うべき旨の事務処理上の準則を明らかにしたものと解するほかはない。そうすると，危険防止のために被災現場への立入りが制限されていたなど，保険会社と保険契約者等のいずれの責めに帰することもできない理由により猶予期間内に所要の調査を終えることができなかった場合にも，保険会社は，保険金に猶予期間経過後の遅延損害金を付して支払わなければならないことになるが，さきに判示したところに照らせば，むしろ，このように解することが，当事者間の衡平にかなうとともに，損害保険契約における双方当事者の意思に沿うものというべきである。

これを要するに，約款22条は，保険契約者等が保険の目的物に損害が発生したことを保険会社に通知し，所定の書類を提出したときは，その日から30日の経過により保険金支払についての履行期が到来することを定めたものであって，保険会社は，右期間内に必要な調査を終えることができなかったとしても，右期間経過後は保険金の支払について遅滞の責めを負うものと解するのが相当である。」

福岡高判平成16年7月13日（判タ1166号216頁）は，生命保険約款における「保険金等の支払金は，必要な書類が会社の本社に着いた日の翌日から起算して5日以内に，会社の本社又は会社の指定した支社で支払います。ただし，

調査が必要なときは，5日を過ぎることがあります。」との規定の解釈について，本件約款の本文が保険金支払の猶予期間を定めたものであり，同ただし書は，保険会社と保険契約者等との間の法律上の権利義務の内容を定めた特約ではなく，保険会社において，所定の猶予期間内に調査を終えることができなかった場合であっても，速やかにこれを終えて保険金を支払うべき旨の事務処理上の準則を明らかにしたものと解するのが相当である，と判示した。

これらの保険金支払債務の履行期についての裁判例については，ただし書の猶予期間を超える部分については無効であるといっているのに等しく，約款の不当条項規制の観点から見れば，約款条項における透明性の原則に照らして問題があること，任意規定である民法の規定よりも合理的な理由なく保険契約者に不利益な内容となっていることから無効としたものとみられるが，具体的判断として，あえて無効とするまでの必要があるかは疑問の余地がある，という見解もあり，大方の学説は上記の裁判例に批判的であった。

1　保険法の規定

保険法では，保険給付の履行期について，損害保険（21条），生命保険（52条），傷害疾病定額保険（81条）とに分けて規定している。それぞれの条項は，基本的には同じであり，保険給付を行う期限を定めた場合（1項），保険給付を行う期限を定めなかったとき（2項）の2つに分けて規定しており，さらに保険契約者等が正当な理由なく保険者の調査を妨げたりした場合には，保険者は遅滞の責任を負わない旨を定めている。

2　保険給付の履行期を定めた趣旨

保険給付の履行期を定めた趣旨については，立法担当者から次のように説明がなされている。

民法では，期限の定めのない債務についての遅滞の責任は，請求が到達した（履行の請求を受けた）時から生じる（民412条3項）。しかし，たとえば損害保険契約において保険金請求がなされた場合，保険者が保険事故や損害発生の確認をしたり損害額の算定を行うことは，損害保険契約における保険金支払において必ず必要なものである。また，免責事由の有無や危険に関する告知における契約解除の可否等についても，確認をすることが適正な保険金の支払のために必要である。他方で，これらの保険金支払のための確認等を無制限に認めたうえで，その確認等に要した期間内は保険者が一切遅滞の責任を負わないのは，契約当事者間の公平を著しく害するおそれがある。そこで，保険金の支払時期について，このような保険契約の特性を考慮した合理的な規律を設けることにした。

3　保険給付を行う期限を定めた場合

損害保険については，当該期限が，保険事故，てん補損害額，保険者が免責される事由その他の保険給付を行うために確認をすることが損害保険契約上必要とされる事項の確認をするための相当の期間を経過する日後の日であるときは，当該期間を経過する日をもって保険給付を行う期限とする（21条1項）。

生命保険については，当該期限が，保険事故，保険者が免責される事由その他の保険給付を行うために確認をすることが生命保険契約上必要とされる事項の確認をするための相当の期間を経過する日後の日であるときは，当該期間を経過する日をもって保険給付を行う期限とする（52条1項）。

傷害疾病定額保険については，当該期限が，給付事由，保険者が免責される事由その他の保険給付を行うために確認をすることが傷害疾病定額保険契約上必要とされる事項の確認をするための相当の期間を経過する日後の日であるときは，当該期間を経過する日をもって保険給付を行う期限とする（81条1項）。

以上の規定は，片面的強行規定である（26条・53条・82条）。したがって，保険契約で定めた事項の確認をするための合理的な期間を超えて，保険者が遅滞の責任を負わないという旨を約款で定めても，当該合理的な期間を超える部分については無効となる。

⑴　相当の期間

立法担当者によれば，保険金の支払について期限の定めがある場合，原則として当事者間の期限の定めを有効としたうえで，その期限が保険金の支払にあたり確認が必要な事項に照らして相当な期間を超えるときは，その相当な期間が経過した時から保険者は遅滞の責任を負うものとしている，ということのようである。まず，保険者が保険給付を行うために必要な「相当な期間」があり，その期間が保険給付を行うことを定めた期限よりも前にある場合には，定めた期限ではなく，その期間が保険給付を行う期限となる。

これは，保険金の支払のための調査が必要な場合でも保険者がいつまでも遅滞の責任を負わないのは不合理との指摘や，一定の猶予期間は認め得るとしても，その後は保険者が遅延損害金を支払うべきとの指摘等があったことを踏まえたものであり，適正な保険金の支払のために必要な確認（免責事由の存否等を含む）を行う趣旨で当事者が期限の定めをした場合には，私的自治の原則の下，その合意を基本的に尊重するものとする一方で，その期限が不相当である場合には，損害保険契約の趣旨，目的に反する可能性があることから，一定の時期以降については，保険者は遅滞の責任を免れることができないとするものである。

(2) 確認事項と期限の定め

POINT 3 の最判平成 9 年は，保険金の支払にあたっては，これに先立って，保険会社において損害の範囲の確定，損害額の評価，免責事由の有無等について調査を行う必要があることを認めている。保険法は，損害保険については，保険事故，てん補損害額，保険者が免責される事由その他の保険給付を行うために確認をすることが損害保険契約上必要とされる事項について，保険者が確認をするための相当の期間は遅滞の責任を負わないものとした。生命保険の確認事項は，保険事故，保険者が免責される事由その他の保険給付を行うために確認をすることが生命保険契約上必要とされる事項である。また，傷害疾病定額保険の確認事項は，給付事由，保険者が免責される事由その他の保険給付を行うために確認をすることが傷害疾病定額保険契約上必要とされる事項が定められている。これらの事項は，それぞれの保険種類において，保険給付を行うために確認をすることが必要な事項であり，これらの事項に限定されるものではない。

4 保険給付を行う期限を定めなかった場合

保険給付を行う期限を定めなかった場合については，以下の定めがある。

損害保険では，保険者は，保険給付の請求があった後，当該請求に係る保険事故およびてん補損害額の確認をするために必要な期間を経過するまでは，遅滞の責任を負わない（21 条 2 項）。

生命保険では，保険者は，保険給付の請求があった後，当該請求に係る保険事故の確認をするために必要な期間を経過するまでは，遅滞の責任を負わない

(52 条 2 項)。

傷害疾病定額保険では，保険者は，保険給付の請求があった後，当該請求に係る給付事由の確認をするために必要な期間を経過するまでは，遅滞の責任を負わない（81 条 2 項)。

以上の規定は，期限の定めのない場合のいわゆる補充規定であり，任意規定である。

5　保険契約者等の調査妨害

損害保険では，保険者が保険給付の確認をするために必要な調査を行うにあたり，保険契約者または被保険者が正当な理由なく当該調査を妨げ，またはこれに応じなかった場合，保険者はこれにより保険給付を遅延した期間について，遅滞の責任を負わない（21 条 3 項)。

生命保険では，保険者が保険給付の確認をするために必要な調査を行うにあたり，保険契約者，被保険者または保険金受取人が正当な理由なく当該調査を妨げ，またはこれに応じなかった場合，保険者はこれにより保険給付を遅延した期間について，遅滞の責任を負わない（52 条 3 項)。

傷害疾病定額保険では，保険者が保険給付の確認をするために必要な調査を行うにあたり，保険契約者，被保険者または保険金受取人が正当な理由なく当該調査を妨げ，またはこれに応じなかった場合には，保険者はこれにより保険給付を遅延した期間について，遅滞の責任を負わない（81 条 3 項)。

以上の規定は，片面的強行規定である（26 条・53 条・82 条)。したがって，保険者の調査を妨害したり，協力しなかった場合には免責とする旨の約款等は無効となる。

POINT 3 の最判平成 9 年は，前述したように，保険契約者等が調査を妨害したなど特段の事情がある場合を除き，保険金支払時期の延伸について保険会社が全く責めを負わないということはできない，と判示した。

通常，保険事故は保険契約者側の生活圏で発生し，保険給付のための確認に必要な情報も保険契約者側が有していることが多いことから，保険者側の事情ではなく，保険金請求権者側の事情によってその確認が遅延することがあり，他方で，保険契約者側の事情によってその確認が遅延した場合に常に保険者がこれによる遅滞の責任を免れるとしたのでは，保険給付のための確認について保険契約者側に過度の負担を強いる結果となり，保険者が遅滞の責任を負うべき時期を定めた趣旨に反するおそれがあるから，保険契約者または被保険者が，保険者の保険給付の確認を故意に妨げ，またはこれに不可欠な協力を正当な理由なく拒んだことによって，その確認が遅延することとなった場合に限り，その遅延した期間について保険者は遅滞の責任を負わないとしたものである。

保険契約者等の妨害等の対象となるべき確認については，保険給付の期限を定めている場合には，保険事故の発生ならびに損害の有無および額の確認を指し，期限を定めていない場合には，保険金の支払にあたり必要な確認を指すことになる。したがって，これらの確認事項以外について調査妨害があったとしても，保険者は遅滞の責任を負うことになる。

解釈上問題となるのは，妨害の主体は誰か，正当な理由とは何か，である。条文上，損害保険では保険契約者と被保険者であり，生命保険と傷害疾病定額保険では保険契約者と被保険者の他に保険金受取人が加わっている。これらの者に限らず，病院や警察等の第三者の事情で確認が遅延した場合，保険者は遅滞の責任を負わないことになるであろうか。最判平成９年は，危険防止のために被災現場への立入りが制限されていたなど，保険会社と保険契約者等のいずれの責めに帰することもできない理由により，猶予期間内に所要の調査を終えることができなかった場合にも，保険会社は，保険金に猶予期間経過後の遅延損害金を付して支払わなければならないことになる，と判示している。すなわち，保険契約者等に調査妨害がない限り，保険者は遅滞の責任を負わなければならないことになる。しかし，このような解釈が妥当であるかは，なお慎重に検討すべきである。

また，正当な理由による調査妨害とは，どのような場合であろうか。調査の妨害を正当化できる正当な理由は，通常はないであろうが，最判平成９年の事案のように，保険契約者である法人の代表者が逮捕され放火事件について取り調べを受けている場合をいうのか，という問題がある。

V　重大事由による解除

1　趣　旨

保険契約は，保険金を取得する目的で保険事故を故意によって招致するなどといった行為，すなわちモラル・リスクを招来する危険性を内在しており，保険の健全性を維持するという観点からも，法律上，保険者による契約の解除を認める必要があることから，保険法30条・57条・86条では解除事由の例示を具体的にあげたうえで，これを受けた包括規定を定めた。

保険契約は，一方の給付が偶然な事由によるという射倖契約であり，かつ当事者の倫理性が求められる最大善意の契約であるから，保険契約者などが故意に保険事故を招致した場合や，保険事故の仮装による保険金詐取等の強度の不信行為をした場合にはモラル・リスクが問題となる。このように，保険者に保険契約の維持を期待することができない状況がある場合，保険者は，保険契約者に対する一方的意思表示により，催告期間をおかずに保険契約を解除できることは，これまでに学説において認められてきたところである。これを重大事由による特別解除権，またはたんに特別解除権ということがある。この重大事由による特別解除権は，ドイツの判例学説において，継続的債権関係が契約当事者の高度の誠実義務を要求することから，相互の信頼と継続的な協調が阻害されたときは阻害者の相手方は契約を即時に解除できるという特別解約権が認められていたものが，日本にもその導入が提唱されたものである。

重大事由解除の規定は，新設の規定であり，学説上重大事由による解除（特別解約権）といわれるものである。改正前商法には，重大事由に関する明文の規定はない。しかし，民法や改正前商法の規定（民628条前段，改正前商法540条2項等）の趣旨や，主に賃貸借契約において議論がされているいわゆる信頼関係破壊の理論等を参考にして，保険契約においても一定の場合には保険者による契約の解除が可能であるという学説があり，一般法理による契約の解除を認めた判例がある（大阪地判昭和60年8月30日判時1183号153頁〔生保百選追補19〕）。

生命保険の約款では，重大事由による解除の規定が設けられていた。生命保険業界は，モラル・リスクの対応策のひとつとして，昭和62年4月2日から医療保障保険（個人型）と既存の医療保険商品に，昭和63年4月2日から主契約約款に，重大事由による解除権の規定を導入したのである。このような約款規定と直接の関係なく，現行法の解釈論として認められる保険者の特別解約権を「理論上の重大事由による解約権」または「理論上の特別解約権」という。

重大事由解除の規定は，片面的強行規定である（33条・65条2号・94条2号）。保険者の任意解除権を定めたり，1号や2号以外の事由で，保険者との信頼関係を破壊するとまではいえない事由による解除を定めることは，保険契約者等の不利益になるので無効となる。また，保険契約者が保険者に保険給付を行わせることを目的とはしないで，故意に事故招致した場合にも，保険者は一律に保険契約を解除できるとする約款の規定は，無効になるという見解がある。また，重大事由解除の規定の適用について，保険者には，モラル・リスク事案には毅然として対処し，それ以外の事案については，解除の規定を悪用しないという姿勢が強く求められるという見解があるが，重大事由解除の規定の解釈そのものにも問題があり，どのような場合が悪用になるかの判断は難しい。

POINT 4　重大事由解除における「他の保険契約」の意義

東京地判平成14年6月21日事例研レポ182号1頁

【事実】

A社は，Y生命保険会社（被告）との間で，平成10年8月1日，被保険者B，保険金受取人A，死亡保険金額5000万円とする生命保険契約を締結した。

本件保険契約においては，被保険者が死亡した場合であっても，責任開始日から起算して1年以内に被保険者が自殺した場合には，保険金を支払わないものとされている。また，重大事由による解除の条項として，「保険契約者，被保険者または保険金の受取人が保険金（保険料払込の免除を含みます。また，他の保険契約の保険金を含み保険種類および保険金の名称の如何を問いません。）を詐取する目的もしくは他人に保険金を詐取させる目的で事故招致（未遂を含みます。）をした場合（本件約款20条1項1号）」または「その他保険契約を継続することを期待しえない第1号から前号までに掲げる事由と同等の事由がある場合」には，Yは，保険金支払事由が生じた後でも，保険契約を解除できると定められ，その場合には，Yは保険金を支払わないものと規定されている。

平成10年5月10日，Bは，Aの経営状況が悪化したことから，Aのクレーン台船を転覆させ深海に沈没させた。C海上火災保険株式会社は，原因が不明であるとして5750万円の保険金を支払った。Bはさらに A の経営が悪化し続けたので，平成11年6月3日にD海上火災保険株式会社とAが所有する本件船舶に保険金額1億8500万円の船舶保険契約を締結した。同年10月16日，Bは本件船舶が航行中に沈没するように工作して，

11 月 27 日に沈没した。海上保安部が，B に任意出頭を求めたが，B はマンションから飛び降りて自殺した。

そこで A に対して債権を有していた X_1（原告）と A の Y に対する保険金請求権の質権者である X_2 が，Y に対して保険金請求権 5000 万円の内金 3500 万円の請求を行った。

【判旨】

「イ　そして，上記のように，保険金詐取目的での故意の事故招致行為が，保険契約の基盤を破壊し，ひいては保険制度そのものの根本を揺るがす重大な非違行為であることに鑑みれば，当該生命保険契約継続中に，当該生命保険契約の保険者と締結した他の保険契約であるか，それ以外の保険者と締結した他の保険契約であるかを問わず，また，保険の種類に拘わらず，およそ保険制度を利用して『保険金』を詐取し，又は他人に詐取させる目的で保険事故を招致した被保険者等の者は，保険契約の射倖性を悪用し，保険制度の根幹を危うくしたものとして，原則として当該契約関係から排除するのが相当というべきであるから，本件約款 20 条 1 項 1 号は，保険者がこのような事態が生じた場合に，当該生命保険契約を解除できることとした規定であると解すべきである。

ウ　もっとも，同号における『保険金』の文言をこのように広く解するとすると，事案によっては，保険契約者と保険者との間の信頼関係が真に破壊されたとまではいえない場合であっても，被保険者等の事故招致行為が存するとして，形式的に同号に該当する場合があり得る。そうであるとすれば，当該保険契約ないし他の保険契約の保険金額，他の保険の種類，他の保険契約と当該保険契約の締結時期の遠隔性，事故招致に至る経緯，事故招致行為者の常習性及び事故招致行為から解除権行使までの期間等の諸般の事情に鑑み，保険契約者と保険者との信頼関係が破壊されたと認めるに足りない特段の事情がある場合には，例外的に同号に基づく解除は許されないものと解するのが相当である。」

本判決は，重大事由による解除権の趣旨について，保険者との信頼関係の破壊が生じた場合には，保険者が保険関係から離脱することを容易にするものである，と判示した。本件約款は，保険会社が将来に向かって保険契約を解除できる 4 つの重大事由を定めている。問題はその適用範囲であり，約款の解釈問題としては「他の保険契約」とは何かということになる。本判旨は約款の文言通り，およそすべての保険契約を含むものとして解釈している。しかし，本件約款をそのように解するのは保険者に対して絶大な解除権を付与することにな

り，その結果保険契約者側に不利益を強いることになるので妥当な解釈ではない。

この点について，すでに次のような見解が主張されていた。すなわち，解除できる保険契約について，たとえば，同一の保険契約者（兼被保険者）が自己所有の数棟の建物につき同一の保険者との間で各棟ごとに1個の火災保険契約を締結している場合において，保険契約者がその1棟につき故意の事故招致を行なったときは，保険者は他の火災保険契約も解除しうるかどうか。解除しうると解すべきではないかと思う。同種の保険契約の場合には，通常は他の保険契約についても信頼関係が破壊されると考えられる。被担保危険を異にする別個の保険契約，たとえば火災保険契約と自動車保険契約の場合については，なお検討を必要とする。また，特別解約権の本来の趣旨からいえば，保険契約者の背信行為により発生した道徳危険と関係のある保険契約だけが解除の対象となるのであり，保険契約の締結時期，保険契約の種類を問わず，すべての契約について解除の対象となりうるかについては疑問が残る。

問題はまさに信頼関係の破壊であるが，たんに被保険者が保険金の不正請求を行う蓋然性が高いと保険者が考えるのはやむを得ないという理由だけで特別解約権を行使できるものではない。本件ではすでに被保険者は自殺により死亡しているのであるから，特別解約権を行使して死亡保険金を支払わないというためには，それなりの信頼関係の破壊がなければならない。本件生命保険契約における被保険者が，船舶保険において不正行為をしたことは，確かに社会的に非難されるべきことであり，これを擁護すべき理由はまったくみあたらない。しかし，そうであるからといって，覚悟の自殺により死亡してしまった場合においても，信頼関係の破壊を理由に死亡生命保険金を支払わないというのは，本件約款の少なくとも1号の適用範囲を逸脱しているものといわざるを得ない。

保険法では，「当該」という文言により解除できる保険契約を限定しているのである。

2　解除事由

重大事由解除の規定は，1号と2号において，解除事由を具体的に示したうえで，さらに包括的な条項を設けている。1号と2号は，例示的列挙であり，これらに限られるものではない。本条により解除できる保険契約は，当該損害保険契約という限定がなされているので，解除事由が発生した損害保険契約のみである。このことは，傷害疾病定額保険の重大事由による解除（86条）でも同じである。しかし，生命保険の場合には，そのような限定がなされていないから（57条1号），保険者を共通にする他の契約または保険者を異にする他の契約において解除事由に当たる行為があった場合にも，解除事由とは関係のない生命保険契約も解除することが可能である。

(1)　1号事由

1号は，保険契約者または被保険者が保険金を取得し，または第三者に保険金を取得させる目的で故意に損害を生じさせ，または生じさせようとした場合，保険者は保険契約を解除できる旨を定めている。

保険契約者等が故意に損害を生じさせた場合，保険者は免責される（17条1項）。しかし，この場合であっても当該保険契約は存続するので，本条により保険契約を解除することにより，保険者は以後のモラル・リスクを排除できる。なお，「生じさせようとした場合」とあるので，これは未遂を含む趣旨である。未遂の場合であっても，保険事故を招致させるような行為自体には，保険者との信頼関係を破壊するものがあり，契約を存続させることを困難ならしめる要因がある。

(2)　2号事由

2号では，被保険者が保険金の請求について詐欺を行った場合を解除事由としている。詐欺とは，保険者を錯誤に陥らせ，保険金を支払わせる意思で保険者に対して欺罔行為を行ったという意味であり，実際に保険金の支払を受けることまでも要件とする趣旨ではない。行おうとした場合も含まれるので，未遂であっても解除事由に該当する。

(3)　3号事由

3号は包括的な条項（バスケット条項）であり，保険者の保険契約者または被保険者に対する信頼を損ない，当該損害保険契約の存続を困難とする重大な事由とは，どのような場合をいうのかが問題となる。保険者の保険契約者等に対する信頼とは何か，また，その信頼関係の破壊により，保険契約の存続を困難とする重大な事由とは何か，が問題となる。この点につき，生命保険約款における重大事由解除の「保険契約の継続を期待しえない事由」についての裁判例が参考となる。

POINT 5　保険契約を継続することを期待しえない事由

大阪地判平成12年2月22日判時1728号124頁（百選91）

【事実】

X（原告）とY生命保険会社（被告）は，本件保険契約を締結した。Xの1年間の収入（税等の控除前の金額）の合計は，154万834円であったが，Yら3社に対する保険料の支払額は，月額7万8003円（年額93万6036円）に達していた。

Xは，本件契約に基づき，Yに対し入院給付金の支払を請求し，これに対し，Yは，合計377万1436円の入院給付金を支払った。Xは，本件契約締結の直後にAおよびBとも生命保険契約を締結しており，2年1か月の間にYら3社から，合計1430万8450円の入院給付金の支払を受けている。

Xは，さらに，本件契約に基づき，平成9年4月13日以降の入院分についてYに対し，入院給付金の支払を請求したが，Yは，これらにつき，給付金の支払を拒否している（仮に，Xに同年4月13日以降の入院給付金が支給されれば，その合計金額は210万円となる。これがXが本訴請求で請求する金額である）。

Yは，平成10年3月13日にXに到達した同月11日付け書面により，Xに対し，本件契約は詐欺または公序良俗に違反して無効であると主張して，入院給付金を返還するよう請求し，Xの本件契約上の地位を争った。

【判旨】（請求棄却）

「本件疾病を一連の状況として勘案するならば，Xは，本件契約の締結後，まもなくして，事故招致（自傷行為）又は疾病を偽装する不正請求であるとの評価を受けても致し方ない行為をし，長期間の入院を繰り返し，頻繁に入院給付金を請求したものということができる。こうしたXの行動は，少なくとも，Xが……本件疾病に基づく前記各入院による入院給付金を請求した時点においては，Yとの信頼関係を損なうに足るものとして，本件契約書の主約款及び特約条項に共通する，（一）項（4）号所定の『その他保険契約を継続することを期待しえない第（1）号から前号までに掲げる事由と同等の事由がある場合』に該当するものと認めるべきである。」

上記判決のほかに，保険契約者が覚せい剤を使用し，保険契約によって自己の収入に比べて過大な入院給付金を受け取ることが可能であり，診療内容に不合理な点のある入院をしていることを認定したうえで，保険契約を継続する基礎となる契約当事者の信頼関係を破壊するものであるというべきである，と判示した裁判例がある（徳島地判平成8年7月17日生命保険判例集8巻532頁）。保険契約者が覚せい剤の常習者であることが，保険者の解除権を許容した主な理由である。さらに，保険契約者が入院・病歴について告知義務違反をしており，それらを原因とする入院給付請求について，保険契約者がした行為は，保険者が保険契約者との間の保険契約（特約を含む）を締結あるいは継続するか否か，および保険契約者に対し保険給付金を支払うか否かを判断するに際し，保険者の判断を誤らせ，不正に保険給付金を受領しようとしていたものということができるから，保険者と保険契約者との間の保険契約の締結および継続にとって重大な事由であって，当事者間の信頼関係を破壊するに十分なものということができる，と判示した裁判例がある（大分地判平成14年11月29日生命保険判例集14巻807頁）。

本号の趣旨は，直接には1号または2号に該当しないが，これらと同程度に強度の背信行為を行った場合は解除権を認めるものである。本号の適用においても，保険金の不正取得目的が存することが必要とする見解がある。しかし，保険金の不正取得目的がある場合は，1号または2号で解除できるのであるから，本号は不正取得目的がなくとも適用されるものと解される。

⑷ 他保険契約の累積

本号の解除事由の例として，保険契約者がごく短期間のうちに著しく重複した保険契約に加入したような場合には，1号や2号には直接当たらないものの，保険契約者側が明らかな信頼関係を破壊する行為を行っており，保険契約関係として極めて不自然な状態に陥っているものであるから，保険者に保険契約関係からの解放を認めることが適切であるとして，一般的には3号事由に該当する可能性が十分にあるという見解がある。しかし，ごく短期間に保険契約が著しく重複したというだけでは，保険契約者との信頼関係を破壊し保険契約の存続を困難とするという要件を満たすことにはならず，その適用範囲は明確ではない。このことは，生命保険契約法改正試案の重大事由解除について，既に指摘されていたところであるが，上記見解の趣旨は曖昧であり，具体的にどのような状態をいうのか明らかではないという指摘がなされていた。特に損害保険の場合には，発生した損害以上のてん補はないのであるから，定額保険の場合とは異なる。

⑸ 暴排条項と重大事由解除

さらに，3号事由の該当性について問題となる約款規定に，暴力団排除条項

（暴排条項）がある。民事介入暴力などの暴力団による不当な資金獲得活動をはじめとする暴力団の不当な活動への対策が強く求められる中で，「暴力団員による不当な行為の防止等に関する法律」（いわゆる暴力団対策法）が施行されたことを契機として，今日でも暴力団等の反社会的勢力を社会から排除していくことがますます重要な政策課題となっている。行政においては暴力団排除のための各種条例が制定されているほか，企業においても，政府の要請を受けて，反社会的勢力との関係遮断の取組みを定め，取引関係の解消が進められている。たとえば，銀行取引では，預金規定等において，預金者が暴力団等の反社会的勢力に該当することが判明した場合や，暴力的な要求行為等の一定の行為をした場合に，銀行が預金取引の停止や預金口座の解約ができるという内容の規定が置かれている。

保険取引においては，すでに存在していた各種約款の重大事由解除の枠組みの中で，暴力団等の反社会的勢力に該当することが解除事由として規定されている。保険約款における暴排条項は，一定の背信行為を解除事由とする1号や2号には該当しないため，包括的な条項である3号事由に含まれるものと解されている。しかしながら，保険契約者や被保険者等が暴力団や暴力団員等であるという属性だけで3号事由にいう信頼関係の破壊があったといえるか等の点で疑問があり，保険法における重大事由解除の規定が片面的強行規定とされていることからも問題がある。なお，保険約款における反社会的勢力と「社会的に非難されるべき関係を有している」ことを理由に，暴力団員と密接な関係にある者を被保険者とする保険契約の解除が認められた裁判例がある（広島高岡山支判平成30年3月22日判時2387号22頁）。

3　解除の効果

保険法では，重大事由が生じた時から解除がされた時までに生じた保険事故について，保険者は保険給付を行う責任を負わない旨が規定された（31条2項3号・59条2項3号・88条2項3号）。解除の効果の問題について，従来の学説では，理論上の特別解約権について遡及効を否定する見解が多いので，約款による重大事由解除についても同様と思われる見解がある。これに対して，契約締結まで遡及効を認める見解もある。また，解除の効果は原則として契約締結まで遡るが，解除事由が生ずるよりも前に生じている，信頼関係破壊の要素を含まない保険金・給付金の支払事由については，保険者は解除したときでも支払義務を負う，という見解も主張されていた。保険法の規定により，このような学説の対立は解消されたように思われる。

しかし，次のような見解が立法担当者から主張されている。すなわち，損害の発生の通知義務（14条・50条・79条）については，義務違反の効果は法定されていない。しかし，重大事由による解除の効力の規定（31条1項・2項3号，59条1項・2項3号，88条1項・2項3号）が片面的強行規定とされ，保険者が重大事由（たとえば，被保険者が保険事故発生後に保険給付の請求について詐欺を行おうとしたこと）による解除をした場合であっても，保険者が免責となるのは当該重大事由が生じた時以降に発生した保険事故についてだけとされているのであるから，損害の発生後にその通知義務を怠っただけで当該損害について保険者が免責となるような免責事由を約款等で定めたとしても，それは重大事由による解除に関する片面的強行規定により無効と解することになり，損害の発生後の過大請求を理由とする免責事由の定めについても同様である，というのである。

この立法担当者の見解に反対する見解は，改正前商法の下で，保険金詐取目的がある場合には，損害発生の通知義務違反の効果として，保険者の免責が認められることは，最判昭和62年2月20日（民集41巻1号159頁〔百選15〕）（UNIT 5 *POINT 1* 参照）も肯定するところであり，損害発生の通知義務を規定する保険法14条の下でもこの判例は効力を有すると考えられ，それと損害の不実申告による保険者免責の法理は同系列にある。重大事由解除の法理は，保険契約当事者間における信頼関係を著しく破壊する保険契約者側の行為がある場合に保険者を保険契約から解放することに主眼のある法理であり，これと保険給付過程における不正請求に対する制裁のための法理は，相互に背反的ではなく併存しうるものと考える。したがって，保険事故の発生には問題ないが保険給付の不正請求がされる事案について保険給付義務の免責の効果を発生させたいと考えるのであれば，保険者としては，保険契約に関する損害額についての不実申告や保険給付要件該当事実に関する不実申告により保険給付義務を免責されるとする約款の規定を置くことを考えるべきであろうし，それは可能であると考える，という。

この見解に賛成であるが，損害の発生後の過大請求については，その損害発生と不実申告による過大請求は密接不可分の関係にあり，これらは一体のものと考えられる。したがって，損害発生後に不実申告という重大事由が発生したものではないのであるから，重大事由による解除に関する片面的強行規定に反して無効となることはない。

POINT 6 不実申告と保険者の免責

大阪地判平成19年12月20日交民40巻6号1694頁（百選16）

【事実】

X_1（原告）とX_2（原告）が，四輪車相互の交通事故が発生したとして，被害車両の所有者であったX_1について修理費用，評価損，代車料および弁護士費用の物損が生じ，また，被害車両に乗車していた原告らについて通院慰謝料の人損が生じたと主張して，①加害車両の運転者であるY_1（被告）に対し，不法行為による損害賠償を請求し，②Y_1との間で自動車保険契約を締結していたY_2保険会社（被告）に対し，判決確定を条件とする直接請求に及び，③X_1との間で被害車両を被保険自動車とする自動車保険契約を締結していたY_3保険会社（被告）に対し，同保険契約に基づき車両保険金を請求した。

【判旨】（一部請求認容）

「本件自動車の前部損傷に関し，前車への玉突き追突は存しなかったか，或いは損傷の主要部分が本件事故以外の機会に生じたことが明らかといって良く，前記申告は，その重要部分に不実の内容を含むものであると認められる。

そして，前記の申告内容や不実の態様等に照らし，それが正当な理由なくなされた故意による不実申告であることは容易に推認できる上，不実の内容は事故申告の一部にとどまるとはいえ，全体として保険者による保険事故の実態把握を困難にし，損害算定に誤認を生じさせる可能性が高い事項であると思料されることから，前部損傷による損害のみならず，本件事故による全損害について保険者の免責を認めるのが相当である。」

保険契約者または被保険者は，保険事故による損害が生じたことを知ったときは，遅滞なく，保険者に対してその旨の通知をしなければならない（14条）。これは，保険者が損害の原因の調査，損害の種類・範囲の確定，損害防止などの善後自衛の措置を取れるように配慮したものである。損害保険の各種の約款では，この通知義務のほかに，保険契約者または被保険者に対して，事故発生事情の調査またはてん補責任の有無もしくはてん補額の確定に必要または有益と認められる事情について説明を行い，かつ，その証拠を提出する義務を負わせている。この説明義務，証拠提出義務も含めて，保険事故の通知義務といわれている。

前述の最判昭和62年2月20日（UNIT 5 *POINT 1*）は，事故通知義務は保険契約上の債務と解すべきであるから，保険契約者または被保険者が保険金を詐取しまたは保険者の事故発生の事情の調査，損害てん補責任の有無の調査もしくはてん補額の確定を妨げる目的等保険契約における信義誠実の原則上許されない目的のもとに事故通知をしなかった場合，保険者は損害のてん補責任を免れうるものというべきであるが，そうでない場合においては，保険者が前記の期間内に事故通知を受けなかったことにより損害のてん補責任を免れるのは，事故通知を受けなかったことにより損害を被ったときにおいて，これにより取得する損害賠償請求権の限度においてであるというべきである，と判示して保険者の免責を制限的に解している。

不実申告に関する従来の裁判例では，故意による事故招致の認定まではできないが，極めて悪質な不実記載であることが認定されており，単に不実申告の故意だけが免責の要件とはなっていない。このことは，保険者の免責を一部しか認めなかった裁判例でも，保険金を詐取しようとする積極的意図のもとに行われた，保険契約における信義誠実の原則からして許容されないような態様のものであったとまで認めることはできない，と判示していることからも明らかである。従来の裁判例では，専ら実際に生じた損害額と保険金請求のもとになる損害明細書（損害見積書）の金額の齟齬が問題となるか，または存在しない動産をあったかのように損害明細書に記載したものがある。存在しないものを存在するかのように損害見積書に記載するのは，明らかに不実記載であることに問題はない。金額にどの程度の乖離があれば，不実申告となるのであろうかという疑問が生ずるが，金額の齟齬は必ずしも保険者の免責の決定的要素とはいえないようである。

UNIT 3 被保険利益

損害保険契約が有効であるためには，金銭に見積もることができる利益が存在しなければならない（3条）。損害保険契約は被保険者に生じた損害をてん補する契約であり，保険事故が発生した場合に，被保険者は何らかの経済的な損害を被る可能性が必要である。被保険利益が存在しない契約は単なる賭博契約（公序良俗違反）となる。これに対して，生命保険契約では損害保険契約のような形での被保険利益の存在は要求されない。もっとも，これは生命保険契約の独自性によるものではなく，外国法制の中には，保険契約者と被保険者，または保険金受取人と被保険者の間に被保険利益が存在することを要求するところもある。保険加入の目的は，保険契約者・被保険者の経済的な需要を満たすところにあるから，そこには何らかの経済的な利益の存在が認められるのが通例である。

Ⅰ　被保険利益の意義

保険加入の目的と被保険利益

私たちが保険に加入するのはなぜであろうか。そこには，保険による何らかの保障の必要性が存在するからである。家屋の所有者が火災保険契約を必要とするのは，その家屋が火災によって焼失した場合，家屋を再建築する費用が必要となるからであり，家具や電化製品などの家財が焼失した場合は，それを再度購入する費用が必要となる。一家の担い手が生命保険に加入するのは，自分が病気や怪我などで死亡した場合，収入の道が閉ざされて家族が経済的に困窮するのを防ぐという目的がある。自動車保険に加入するのは，事故によって第三者を死亡させた場合などには，巨額の賠償金を支払う義務を負担し，自分の全財産を失う可能性があるため，それを防ぐという目的がある。傷害保険や疾病保険に加入するのは，手術や入院などに伴い，健康保険ではカバーされない費用などが発生する可能性があるからである。

このように，保険加入の目的には，常に何らかの経済的必要性の存在がある。保険契約が賭博と異なるのは，このような経済的必要性の裏打ちがあり，保険による保護を正当化する経済的な状況があるからである。このような保険加入を基礎づける経済的利益のことを「被保険利益」（Insurable Interest）と呼び，「利益なければ保険なし」という法諺が示すように，保険契約に不可欠の要素であるといえる。しかし，保険契約の種類によってその内容は異なり，法による規制もまた異なっている。

Ⅱ　被保険利益の法規制

1　損害保険契約

被保険利益は損害保険契約において特に重要である。損害保険契約は，火災や盗難などの一定の偶然の事故（保険事故）によって被保険者に生じることのある損害のてん補を約する契約である（2条6号）。火災保険であれば，建物や家財が火災によって焼失することによって，被保険者に生じることのある経済的損害を保険給付によっててん補することを意味し，この場合の建物や家財を「保険の目的物」という。保険法3条は，損害保険契約は，金銭に見積もることができる利益に限り，その目的とすることができると規定しているが，この目的とは，保険事故によって損害を被るおそれのある経済的利益，すなわち「被保険利益」を意味しており，保険の目的物とは異なる点に注意が必要である。

このように，損害保険契約では，保険の目的として被保険利益が要求され，それは金銭に見積もることのできる利益でなければならない。そして，金銭評価が不可能なものを保険の目的とする場合，そのような保険契約は無効となり，同様に被保険利益の存在しない保険契約も無効となる。

2　生命保険契約・傷害疾病定額保険契約

⑴　損害てん補

生命保険契約は，保険契約のうち，保険者が人の生存または死亡に関し一定の保険給付を行うことを約するものであり（2条8号），傷害疾病定額保険契約は，保険者が人の傷害疾病に基づき一定の保険給付を行うことを約するものである（2条9号）。この保険契約の定義から明らかなように，生命保険契約や傷害疾病定額保険契約は，損害保険契約のような損害をてん補するということが契約の定義内容に含まれていない。つまり，生命保険契約や傷害疾病定額保険契約は，あらかじめ約定した保険事故（死亡や入院など）が発生すれば，現実に保険金受取人に経済的な損害が生じたか否かに関係なく，予め約定した額の保険給付が行われる契約なのである。したがって，損害保険契約（3条）のように，金銭に見積もることのできる利益に限り保険の目的とすることも要求されず，被保険利益の有無およびその評価額は，契約の成立等に関して問題とされない。しかし，このことは，生命保険契約や傷害疾病定額保険契約が被保険利益と無関係であることを意味しない。

⑵　生命保険契約の定額性

生命保険契約は，被保険者の生死がもたらす経済的なリスクに備える制度だが，人の生死が実際にどれだけの損害をもたらすかを事前に予測することは難しい。また，生命保険契約の目的は多種多様であり，そのような損害のリスクだけに対応するものでもない。たしかに，交通事故によって第三者を死亡させた場合，加害者は被害者の遺族に対して損害賠償を行わなければならず，そこでは事故がなければ被害者が得ることができたであろう利益（逸失利益）を中心として被害者に対して賠償すべき金額が計算される。しかし，これは事故の発生後に，しかも交通事故という特殊性からある程度統一された方式によって算出されるものであって，現実に遺族が必要とする金額と一致するものではない。そこで保険法は，生命保険契約を損害てん補の契約としてとらえることは行わず，保険金額は定額とし，しかもその額の設定も保険契約者と保険者の契約に委ねることとしたのである。もっとも，これを自由に契約することを認めると，種々の弊害が生じることが予想されるため，悪用のため防止策を講じている。他人の生命を保険の目的とする保険契約においては，被保険者の同意が要求されるのがその一例である（38条）。

⑶　英米法における被保険利益

アメリカやイギリスなどには，制定法によって生命保険契約にも被保険利益の存在を要求する法制も存在するが，この場合，自己の生命について本人は無限大の被保険利益を有するとされ，一定範囲の親族（通常は2親等内）は，愛情や感情に基づく被保険利益を有するとされる。このような被保険利益は，損害保険契約のそれとは違って厳格な金銭評価の対象とはなりえない。もっとも，2親等外の親族や被保険者と身分的なつながりのない者については，債権者は債務者の生命に関し債権額を限度とした生命保険契約の締結しかできないというように，損害保険のそれと極めて類似した被保険利益の処理が行われている。

⑷　日本における被保険利益

日本ではどうかといえば，保険法は生命保険契約の被保険利益についての規定を有していないが，他人の生命の保険契約の締結に際しては，保険会社は被保険者の同意（38条）に加えて保険契約者や保険金受取人と被保険者との関係を調査する。さらに，保険金受取人の変更に際しても，保険会社は被保険者と新受取人の関係を調査する。損害保険契約のような厳格な被保険利益とは異なるが，保険契約者と被保険者・保険金受取人の関係，保険料や保険金額などが調査対象とされ，これらは英米法において被保険利益の存在を調査確認する際の調査対象とおおむね一致する。また，保険金額については，被保険者の収入と不釣り合いなほど高額な保険料や保険金額の契約が申し込まれた場合には，無条件でこれを受け入れることはしない。さらに，保険契約者と被保険者との間の親族関係の終了その他の事情により，被保険者が38条の同意をするにあたって基礎とした事情が著しく変更した場合に，被保険者が保険契約者に対して保険契約の解除を請求する権利（58条1項3号）も，生命保険的な被保険利益の消滅を理由とするものと考えることも可能である。このような形で，生命保険契約における被保険利益は存在していると考えられる。

⑸　未成年の子と被保険利益

保険法制定過程において，未成年の子を対象として親権者が生命保険契約を締結する場合の保険金の上限等の設定が議論されたが，条文化することは見送られ，業界のガイドラインによる自主的な規制が設けられている。

(6)　生命保険金と損害賠償金

生命保険契約や傷害疾病定額保険契約において損害保険契約のような被保険利益が要求されないのは，損害てん補を目的としたものでないことからも導かれるが，被保険者が交通事故で死亡したケースにおいて，生命保険金を損害賠償額から控除すべきかが争われた裁判例がある。

POINT 1　生命保険と損益相殺

最判昭和 39 年 9 月 25 日民集 18 巻 7 号 1528 頁（百選 89）

【事実】

X_1（原告・控訴人・被上告人）らの長男Ａは，Ｙ（被告・被控訴人・上告人）所有のトラックに衝突されて重傷を負い，死亡した。そこで X_1 らは自動車損害賠償保障法３条に基づいて，ＡがＹに対して取得した損害賠償請求権を相続し，さらにＡの治療費や葬祭費，さらに長男を失ったことによる慰謝料請求権を有するとして，それらの合計額からすでに受領した自賠責保険金を控除した 158 万 6357 円の支払をＹに対して求めた。第１審は，Ａが被保険者，X_1 らが保険金受取人となっていた生命保険金を損害賠償額から控除した。原審は理由を示さず X_1 らに対する損害賠償額を増額したので，Ｙは生命保険金は損害賠償額から控除されるべきであるなどと主張して上告した。

【判旨】（上告棄却）

「生命保険契約に基づいて給付される保険金は，すでに払い込んだ保険料の対価の性質を有し，もともと不法行為の原因と関係なく支払わるべきものであるから，たまたま本件事故のように不法行為により被保険者が死亡したためにその相続人たる被上告人両名に保険金の給付がされたとしても，これを不法行為による損害賠償額から控除すべきいわれはないと解するのが相当である。」

生命保険金を損害賠償額から控除しないというのは，確定した判例であると理解され，非控除説が通説・判例の立場だが，その理由については必ずしも一致していない。保険金の給付は，不法行為の原因とは別個の契約に基づくものであることを理由とする考え方や，本件判旨のように保険金はすでに払い込まれた保険料の対価であることを理由とする考え方，生命保険金は損害てん補を目的とするものでないことを理由とする考え方などがそれである。

Ⅲ　損害保険契約における被保険利益の要件

1　損害保険契約における被保険利益の意義

(1)　損害てん補

損害保険契約における被保険利益とは，保険事故が発生することによって被保険者が損害を被るおそれのある利益を意味する。損害保険契約は，保険事故の発生によって，経済的損害を被る可能性のある被保険者に対して，現実に保険事故が発生して経済的損害が生じた場合には，契約に従ってその損害の全部または一部をてん補する（穴埋めする）ことを約する契約であるから，てん補すべき損害発生の可能性が存在する場合に限って，契約は有効に成立する。保険事故が発生したならば，ある人について経済的損害が発生するような関係または経済的状態が存在するとき，その人は被保険利益を有することになる。言いかえれば，その保険事故が発生しないことについて，ある人が経済的利益を有する場合に，その人は被保険利益を有する。損害保険契約においては，被保険者が被保険利益を有することが必要とされるが，被保険利益が存在しない場合には，保険事故が発生しても被保険者に損害が発生せず，損害保険契約は成立する余地はない。

(2)　保険契約の目的と目的物

保険法３条は，損害保険契約は，金銭に見積もることのできる利益に限り，その「目的」とすることができると規定しているが，これは保険の「目的物」とは異なる。保険の「目的物」とは，火災保険における建物や家財，盗難保険における動産などのように，保険事故が発生する可能性のある客体のことを意味する。これに対して損害保険契約の「目的」とは被保険利益のことであり，保険事故が生ずることによって被保険者が損害を被るおそれのある利益である。すなわち，「目的物」が火災等の保険事故発生によって具体的な損傷を被ったことにより実際に被保険者が被るおそれのある経済的利益が，保険の「目的」なのである。

(3)　保険契約と利得禁止の原則

保険契約には，少額の保険料を支払い，保険事故の発生によって多額の保険金を取得する可能性があるが，損害保険契約では，保険事故の発生によって被保険者が現実に経済的損害を被る。しかし，実際には被保険者が現実に被った損害と比較して多額の保険金の給付を受ける可能性（不労の利得の可能性）は存在し，そのことに注目して保険契約者や被保険者などが保険事故を故意に発生させてしまう危険性も有している。

このような弊害を防止するために，保険法3条は，被保険者が「目的物」との関係において，金銭に見積もることのできる損害を被る可能性がある場合に限り，保険契約の締結を認める。損害保険契約は，損害のてん補（被った損害の穴埋め）を目的とする契約であると同時に，損害が発生した場合に，被保険者が実際に被った損害の額を超えない範囲で保険金の給付を行う契約でもある。あくまでも損害のてん補が目的であり，保険給付によって被保険者が利得をすることは許されない。これを「利得禁止の原則」と呼ぶ。

2　被保険利益をめぐる学説の争い

被保険利益についての考え方

被保険利益に関しては，損害てん補の性質（意味）をめぐって学説の対立がみられた。

絶対説によれば，損害保険契約は「損害のてん補」を目的とするものであるから，被保険利益の存在は損害保険契約における不可欠の要素であると理解し，被保険者が失う可能性のある経済的利益である被保険利益が，保険契約の絶対的要件であると考える。この立場を徹底すると，被保険利益がない部分の契約は無効となり，保険金の支払も被保険利益の経済的な評価額に制限される。しかし，そうすると建物を火災保険に付した場合，減価償却によって建物の価値は減り続けるため，保険事故が発生した時点の建物の評価額が極めて低くなっていた場合には，もはや保険金によって家屋を再建築することは不可能となってしまう。この見解では，再調達価格を保険の目的とする新価保険や，前もって評価額を確定しておき，保険事故が発生した場合にはその評価額を保険金として給付する評価済保険などは認められないことになる。

相対説は，保険の目的は金銭の給付ないしは金銭であるとし，被保険利益を欠く契約を必ずしも商法が無効としていないことから，被保険利益に絶対的な地位を認めるのは適切ではなく，被保険利益は保険契約が公序良俗に反しないための消極的要件の一つと考える。この相対説は，絶対説の下では容認することのできない新型の保険などを理論的に支持する基礎となった。

修正絶対説は，相対説に対する批判からスタートしているが，新しい保険の出現によって，損害保険契約の本質は変更されたと考え，「損害のてん補」には，損害てん補原則の質的例外が含まれるとする。そして，新価保険などにおいては，損害てん補原則を拡張的に適用することによって，時価を超えた部分についても被保険利益を認めるというように，被保険利益を柔軟に解釈する。

現在ではどの説によっても具体的な結論に差が生じないため，この論争は無意味なものになっており，学説の無用な対立を克服することが今後の重要な課題である。

3　責任保険・費用保険における被保険利益

損害保険契約にも色々な種類があり，火災保険や動産保険のように，所有している家屋や動産などの金銭による評価が可能なプラスの財産（積極的利益）を失った場合にそれをてん補する保険が中心を占めているが，責任保険や費用保険は異なる性格を有している。

責任保険の場合は保険事故が発生したことによって被保険者が負担する損害賠償債務を負担することに備える保険であり，費用保険も同様に保険事故が発生することによって費用の支出を余儀なくされることに備える保険であり，マイナスの財産（消極的利益）の発生に備えるものである。そのため，責任保険や費用保険などの保険には，火災保険や動産保険のように，たとえば家屋の被保険利益が1000万円というような被保険利益は存在しないし，保険事故発生前に算定することが可能な被保険利益は存在していない。

責任保険のように，賠償責任を負担することによって，被保険者の財産が減少することを防ぐ場合に備える消極保険における被保険利益は，不法行為や債務不履行によって被保険者が法的な債務を負担し，それによって被保険者の財産状態がマイナスに向かって大きく変動しないように備えることが，被保険利益であるといえる。

4　被保険利益の要件

損害保険契約が有効に成立・存続するためには，被保険利益がいくつかの要件を満たしていなければならない。

(1) 経済的利益であること

被保険利益は金銭に見積もることのできる利益でなければならない（3条）。損害保険契約に基づいて保険者が被保険者に対して行う保険給付は，損害のてん補を目的とするものであり，金銭のみに限らず，現物給付も認められている（2条1号）。被保険利益が経済的に評価可能でなければ，てん補すべき損害額の算定も不可能となり，実際の損害とかけ離れた保険給付が行われてしまう可能性もあるところから，経済的利益に限定する必要がある。したがって，金銭的評価になじまない精神的・感情的あるいは宗教的利益などは，被保険利益とはなりえない。父親の形見の腕時計などは，本人にとってみれば何物にも代えがたい貴重なものかもしれないが，被保険利益として評価可能なのは，その腕時計の市場価値のみである。

経済的利益は法律上の権利に限定されない。保険の目的物であるものについて，何らかの事実上の経済的利益関係が存在すれば足りる。客観的に評価ができるものであれば，保険契約締結の際に存在していることは必要ではなく，将来において生じる利益であってもよい。

(2) 適法な利益であること

被保険利益は，適法なものでなければならない。公序良俗に反する利害関係や法令に反する利害関係は被保険利益とはならない。

犯罪によって得られる利益（たとえば，盗んだものを売却して得られる利益）や，公序良俗に反する物の販売によって得られる利益（麻薬やわいせつ図書の販売による利益），あるいは刑事罰や行政罰によって科せられる罰金や反則金によって失う利益などがこれである。これらの利益に関する保険契約は，当事者の善意・悪意にかかわらず無効とされる（民90条）。

他人の知的財産権を侵害する商品にも被保険利益は認められるかという点が争われた裁判において，裁判所は被保険利益の存在は認めたが，その評価額を市場価格の20分の1とした裁判例がある（札幌地判平成7年11月30日判タ916号200頁）。

(3) 確実な利益であること

被保険利益は確定的ないしは確定可能であることが要求される。契約締結当時に現存し，かつ確定していることは必要とされない。利益の種類，価額そしてその帰属については，保険事故発生の時までに確定可能でなければならない。

したがって，荷物の送り主が，運送品が目的地に到達し，それを売却することによって得られるであろう希望利益は被保険利益として認められる。契約締結当時にいまだ発生していない利益や条件付利益なども被保険利益となりえる。

5　被保険利益の具体的内容

⑴　積極的財産に関する被保険利益

(i)　**所有者利益**　　ある物の所有者がその物について保有する利益を所有者利益と呼ぶ。建物や家財など，保険の目的物の所有権者の利益がこれである。もっとも，子供の所有する物に対する親権者のように，他人の所有物のうえに経済上の支配力を有し，所有権者と同一の地位にある者は所有者利益を有する。この所有権は，質権や抵当権などによって所有者の自由な処分が制限されていてもかまわない。

ところで，建物が二重譲渡された場合はどちらの譲受人が被保険利益を有するのかという問題が生じる。

POINT 2　建物の二重譲渡と被保険利益

最判昭和 36 年 3 月 16 日民集 15 巻 3 号 512 頁（損保百選 5）

【事実】

X（原告・控訴人・上告人）はY保険会社（被告・被控訴人・被上告人）との間で建物を目的とする火災保険契約を締結し，この建物は火災によって焼失した。建物の元所有者Aは保存登記をなし（第一の保存登記），さらに同じ建物について約３年後に二重に保存登記（第二の保存登記）を行っていた。Aからこの建物を購入したXは，第二の保存登記に基づいて所有権移転登記を受けたが，Aは訴外Bに対する貸金債務の代物弁済としてBに乙建物を二重に譲渡し，第一の保存登記に基づいて所有権移転登記を行った。XがYと火災保険契約を締結したのは，Bの所有権移転登記が完了した後である。Yは，Xは乙建物について被保険利益を有していないなどとして，乙建物の火災保険金の支払を拒絶した。

第１審は二重の保存登記がなされた場合，後に開始された登記簿に基づく登記は無効であって，これに基づいてなされた後の登記もすべて無効であるとして，Aが乙建物についてなした第二の保存登記は無効であり，これに基づいてなされたXのための所有権移転登記もまた無効であって，Bが乙建物をAから譲り受け，第一の保存登記に基づいて有効に所有権移転登記を経由して対抗要件を具備した以上，Xは無権利となり，XがYとの間で乙建物を目的とする火災保険契約を締結しても，被保険利益の欠缺により右火災保険契約は無効であると判示して，Xの保険金請求を退けた。Xは控訴したが控訴棄却となり，上告したのが本件である。上告理由は，保険の目的たる物件の滅失毀損について経済上の利害関係ある者は被保険利益を有し，また登記手続完了前でも被保険利益を有することは大審院判例（大判昭和 12 年 6 月 18 日民集 16 巻 940 頁）の示すところであるとして，X は A から建物を譲り受け所有するものであるから，登記の効力とは関係なく被保険利益を有するという点にあった。

【判旨】（上告棄却）

「原審の是認，引用した第一審判決……の趣旨とするところは，X は係争建物の所有権が自己にあるものとして保険契約を締結したのであるが，X は右建物につき登記をしていないため，第三者に対抗しうる所有権を有しておらず，従つて被保険利益を有していなかつたことに帰するから，右保険契約は，右建物に関する限り，無効であるというのである。右原審の判断は，原審の認定した事実関係の下においては正当であり，所論商法 630 条違反または理由そごの違法は認められない。」

「所論引用の大審院判例は，建物の所有権を有する者について登記が未了であり，他に第三者に対抗しうる所有権者が存在することが問題となつていない事案に関するものであるが，本件は，他に第三者に対抗しうる所有権者が存在し，有効な登記のない X は，その所有権を第三者に対抗しえない場合に関するものであるから，右判例は本件に適切でない。」

家屋の二重譲渡が発生した場合，第一の取引で当該家屋を取得した者が，真正な登記を経ていなくとも，当該目的物について火災保険契約を締結するための被保険利益を有していることは確かである。不動産登記簿には公信力はなく，登記は対抗要件の問題として理解される（民 177 条）。所有権の有無は登記の有無とは直接には関連しない。しかし，当該家屋について第二の取引で真正な登記を経由した者が出現した場合，その取引に先立って売買が行われたという事実や登記の過誤などを理由として，真正な登記を経由した者に対抗できないため，所有者としての被保険利益は失うことになる。もっとも，家屋の二重譲渡があり，双方の譲受人が共に対抗要件を具備しない間に，それぞれが目的物について所有者として保険契約を締結すれば，契約はどちらも有効ということになろう。そして，後日どちらかが所有権者として確定されると，他方の契約が無効となる。

なお，登記手続未了の段階であっても，実体的な所有権の取得があれば，所有者利益があると認められるのであり，対抗要件の具備が絶対的な基準となるわけではない。

(ii)　**所有権留保特約付売買**　　売買契約が締結されたが，目的物の所有権を直ちに買主に対しては移転しないで，売主に留保しておく場合がある。自動車の販売などでは，ローンの返済が完了するまで所有権は売主に留保し，買主をその自動車の使用者として登録する例が多い。この場合，売主と買主の双方がその自動車について別個に保険契約を締結することがあり，特に車両保険（車両本体が破損滅失した場合に備える保険）の被保険利益をめぐって問題となる。判例は被保険利益自体の存在は肯定するが，実際に保険事故が発生した場合の損害てん補額についての取扱いについては一致していない。名古屋高判平成11年4月14日（金判1071号28頁）は，所有権留保特約付きで売買された自動車の承継人は，上記売買の目的物である自動車につき保険事故が発生することによる経済上の損害を受ける関係にあり，上記売買の目的物である自動車につき自動車損害保険契約を締結するについて被保険利益を有するとして，買主の被保険利益を認めており，所有権の分属を基礎とした損害てん補は行うべきではないとしているが，大阪地判昭和55年5月28日（判タ427号183頁）は，同じ自動車売買の事案において，所有権が売主と買主の間で価値的に分離しており，双方に被保険利益は認められるから，買主を被保険者として締結した車両保険契約は有効であるとしたうえで，買主は既払金額の代金総額に対する割合分に限って損害てん補を受けることができるとしている。1台の車の全損に際して2つの車両保険がそれぞれ全額を支払うことは不合理であり，割合的てん補の立場が被保険利益の考え方に適合しているように思われる。

(iii)　**担保利益**　　保険の目的物について，債務者の債務返済を確保する目的で抵当権や質権などの担保物権を設定した者は，被保険利益を有する。住宅建設のために建物を担保として貸付けを行った金融機関は，その建物が火災などによって滅失した場合，貸付金の回収が難しくなるというリスクを有している。担保権者は，担保物の滅失などの結果，債権者が債権回収をできないという損失について被保険利益を有している。この担保利益は，所有者利益とは別個のものであり，同一の保険の目的物について別個に成立しうる。

ところで，ある家屋が譲渡担保の目的とされている場合，譲渡担保権者と譲渡担保設定者のどちらが，所有者利益を被保険利益として保険契約を締結できるのかという問題がある。譲渡担保に関しては，これを担保権的構成としてとらえるのが現在の一般的な解釈であるから，譲渡担保権者の有する被保険利益は，担保権者利益に過ぎないということになる。譲渡担保権者と譲渡担保設定者の両者が，それぞれ所有者利益を被保険利益として火災保険契約が締結された事案において，双方の契約を有効なものと判断した最高裁の判例がある。

POINT 3　譲渡担保と被保険利益

最判平成5年2月26日民集47巻2号1653頁（百選5）

【事実】

X（原告・被控訴人・被上告人）は，Aから賃借した土地の上に建物を建て建物の所有権を取得したが，保存登記は行っていなかった。Xの資金繰りにこたえるため，AはBから借入れを行い，これをXに対して貸し付けた。AによるBからの借入れに際しては，本件土地および建物を担保に供することが必要となったため，XとAは，XのAに対する債務を担保する趣旨で未登記であった本件建物をA名義で保存登記し，これにBのための抵当権を設定した。Aは，Bのために抵当権を設定するに際して，Bから本件建物について建物更生共済契約を締結するように要請されたので，Bとの間でAを被共済者，火災共済金額を2000万円とする建物更生共済契約を締結した。一方Xは，Y保険会社との間で，本件建物についてXを被保険者，保険金額を3000万円とする火災保険契約を締結した。本件建物が火災によって一部焼失したため，AはBとの共済契約にもとづいて1920万円強の共済金を受け取った。XがY保険会社（被告・控訴人・上告人）に対して火災保険契約にもとづく保険金の支払を求めた。Xは本件建物の所有者ではなく，本件火災保険契約は無効であるとYは主張したが，第1審，原審ともYの主張は退けられ，Yが上告した。

【判旨】（**上告棄却**）

「譲渡担保の趣旨及び効力にかんがみると，譲渡担保権者及び譲渡担保設定者は，共に，譲渡担保の目的不動産につき保険事故が発生することによる経済上の損害を受けるべき関係にあり，したがって，右不動産についていずれも被保険利益を有すると解するのが相当である。」

「譲渡担保権者と譲渡担保設定者が別個に同一目的不動産につき損害保険契約を締結し，その保険金額の合計額が保険価額を超過している場合には，その二つの保険は，被保険者を異にするため，商法所定のいわゆる重複保険に当たるものではないから，商法632条，633条の規定を適用することはできないといわなければならない。したがって，右各法条の特約を定めている火災保険普通保険約款の該当部分が，この場合に適用されるものでないことも当然である。」

「そうすると，この場合において，損害保険金をそれぞれの保険者の間でどのように分担させるかについては，特段の約定がない限り，公平の見地からこれを決定するほかはないところ，譲渡担保権者と譲渡担保設定者は同一の被保険者ではないとはいえ，両者が有する被保険利益はいずれも同じ対象物件に係るものであるから，同一の目的について重複して保険契約が締結された場合と同様の状態が現出することは否定することができないのであって，同時重複保険の場合の各保険者の負担額の算定を保険金額の割合に応じてすべきものとしている商法632条の規定の趣旨にかんがみれば，各損害保険契約の保険金額の割合によって各保険者の負担額を決定すべきものと解するのが相当である。」

最高裁は，被保険者が異なることを理由として重複保険とはならないと判示しているが，被保険者のみならず，被保険利益も異なる。確かに，利得禁止原則から見た場合，二つの被保険利益は別個のものとして取り扱うことはできない。また，このような結論をとることの理由を，商法や約款の規定ではなく，公平の見地に求めているが，これは厳密にはこのような被保険利益の状態が商法の規定する重複保険ではないからである。

もっともこの判例は，譲渡担保権者に担保権者としての被保険利益を認め，譲渡担保設定者に所有者利益としての被保険利益を認めるという点までは言及していない。被保険利益が異なるために，重複保険の問題ではないが，実際の保険会社の支払保険金額の算定に際しては，重複保険と同様の状態が生ずるので，各保険契約の保険金額の割合によって負担額を決定するとした。この判例が保険法の下で維持されるかは疑問である。

(iv)　**債権利益**　　債権者が債務者の債務不履行により被るおそれのある損害をてん補する被保険利益を，債権利益という。担保利益との違いは，前者が担保物権を設定し，その担保の対象となる物について有する利益であるのに対して，債権利益は担保物権を伴わず，債権債務関係に対する直接の利益である点である。なお，債務者が目的物に火災保険を付している場合には，債権者が火災保険金請求権に質権を設定する方法を採用すると，先ほどの譲渡担保の事例のような問題は生じない。

(v)　**収益利益**　　一定の収益や利潤が期待できていたが，保険事故によってそれを得ることができなくなると，財産上の不利益を被ることになる。収益利益とは，期待された収益の損失をてん補するための被保険利益である。店舗が火災に遭い，営業中断を余儀なくされたため失う利益や，家主が賃貸している家屋が火災にあったため，賃料収入が閉ざされる場合，あるいは商品が目的地に無事到達した場合に買主が転売によって期待できる希望利益などが，収益利益である。

⑵　責任保険における被保険利益

不法行為や債務不履行によって，第三者に対して損害賠償責任を負担することによって被る経済的損失についての被保険利益を責任利益という。これをカバーする保険が責任保険である。この保険は，倉庫業者の寄託者に対する賠償責任保険のように保険事故の対象が特定されている場合と，個人賠償責任保険や任意自動車保険のように保険事故の対象が特定されていない場合がある。

保険事故が特定されている場合には，責任を負担するに至る事故の発生対象を個別に特定でき，さらに賠償責任の限度額も予測することが可能となる。これに対して，保険事故の対象が特定されていない場合，保険契約時には，どのような対象にどのような額の賠償責任を被保険者が負担するのか未確定である。そのため，被保険利益についての被保険者の損害も特定できない。被保険者の損害は，被保険者の全財産に対する負担の増加として発生するから，火災保険などで重要な役割を果たす保険価額も存在しない。約款によって，保険によりてん補される額の上限を設定する場合のほか，自動車保険のように対人無制限というような設定もされている。

⑶　複数の被保険利益の関係

被保険利益には，所有者利益や担保権者利益などがあるが，一つの目的物に関連してこれらの被保険利益は併存することが可能である。しかし，保険給付の段階では，すべてが併存するわけではない。

ある家屋を目的物として，所有者が所有者利益に基づいて火災保険契約を締結し，その家屋に抵当権を設定している者が債権利益に基づいて債権保全火災保険契約を締結するとする。この保険契約は，債権者が抵当権者として有する固有の被保険利益（担保物の滅失破損によって抵当権者が被る弁済受領の可能性の減退）につき，債権者自身が被保険者となる保険契約である。火災保険の保険給付請求権に質権を設定する場合（Ⅲ 5⑴(i)）には，債務者自身が保険契約を締結し，保険料を負担し，さらに質権設定へ協力することが必要であることなどから，それらを解決するものとして考案された。この保険では，抵当権の目的物が，火災等によって損害を被った場合，債務者の弁済能力の有無にかかわらず，抵当権付債権が抵当物の損害割合と同じ割合で損害を被ったものとして保険金が給付される。ところで，抵当物が滅失して抵当権が消滅しても抵当権者の債権は失われないため，抵当権者である被保険者による二重の利得を防止する必要があるが，約款は保険金と同額の債務者に対する被担保債権を，被保険者から保険者が譲り受けるという構成により処理している。なお，類似の保険担保制度として，抵当権者の債権を保全する目的で，被保険者が火災保険金請求権を抵当権者に譲渡するとともに，その対抗要件として第三債務者である保険者が譲渡を承認する際に（民467条），保険者と抵当権者との間で主契約である火災保険契約に抵当権者特約を付帯する方式（抵当権者特約）もある。

この家屋が隣家からの延焼によって全焼した場合はどうなるか。所有者と債権者の利益はそれぞれ別個のものであり，保険金はそれぞれに給付される。なお抵当権者特約の場合には，抵当権者は保険金請求権から優先弁済を受けることができるが，優先弁済額は元本と2年分の利息等に限られる（民375条）。さらに，譲受人の抵当権に優先する他の権利があるときには，優先する被担保債権が控除される。

その建物が第三者に賃貸されており，賃借人が借家人賠償責任保険に加入しており，賃借人の過失によって全焼した場合はどうか。家屋の所有者が自分の火災保険からの保険給付と賃借人の賠償責任保険からの保険給付の双方を受けることができるとすると，実際の損害額を超えた保険給付が行われる。そのため，所有者の家屋に締結されている火災保険の保険者が所有者に対して保険給付を行い，賃借人の賠償責任保険に対して請求権代位を行う（賃借人は賠償責任保険の保険者に保険給付請求を行う）形で調整が行われる（UNIT 6 Ⅱ参照）。

UNIT 4
告知義務

保険契約は，保険契約者または被保険者が有しているリスク（危険）を保険者が引き受け，その対価として保険契約者は保険料を保険者に支払い，保険者は保険事故が発生した場合に保険給付を行う契約であるが，保険者が引受けをするか否かを判断するための重要な情報は，保険者側には存在しておらず，すべて保険契約者または被保険者の手にあるといってよい。その情報を保険者に対して開示するのが告知制度である。

保険法は保険契約者または被保険者に対して，保険者の質問に応答する義務として構成しており，これまでの商法が保険契約者または被保険者からの自発的な申告義務と定めていたのを変更した。もっとも，改正前商法のもとでも，実務的には保険者の用意した質問表に回答するという手法が採用されていたが，その質問表の効力自体が争われる場合もあった。

Ⅰ　告知義務とは

1　告知義務の意義

店舗併用住宅でレストランを開業している人がいる。火災保険に入ろうとしたが，専用住宅の場合と店舗併用住宅でレストランを営んでいる場合とでは，火災発生の危険性が異なるために，保険料に違いがあることが分かった。専用住宅とした場合，現在の店舗併用住宅と同程度の建物の再調達価額を 4000 万円とする火災保険契約の年間保険料は 4 万円であるが，店舗併用住宅に火災保険を付そうとすると，年間の保険料は 8 万円となる。保険料節約のために，専用住宅であるとして火災保険に加入したところ，調理場の火の不始末が原因で出火し，店舗併用住宅が全焼してしまった。その人は4000万円の保険給付を受けてよいのだろうか。火災の後に，保険料の差額を支払うだけで解決してよい問題なのであろうか。

がんの宣告をされ，余命半年と診断された人がいるとする。家族に残すことのできる財産は少ないため，家族の今後の生活を考えて，自らを被保険者とする死亡保険金3000万円の生命保険契約を締結し，その保険金を家族に残そうとする。保険料は1か月2万円。果たしてそのような契約締結を認めてよいのだろうか。生命保険は，健康状態に全く関係なく締結することが可能なのであろうか。がんの宣告を受けたことは本人しか知らず，健康状態に全く異常はないという被保険者の言葉を信じて，被保険者の死亡リスクを引き受けた保険会社は，6か月間で合計12万円の保険料を受け取り，3000万円の保険金を支払わなければならないのだろうか。これらが認められると，保険事業自体が成り立たなくなることがわかるだろう。

告知義務の問題は，保険契約締結に際して，保険者がリスクを引き受けるために必要な情報は，誰がどのように提供しなければならないのか，保険制度が成り立つためには，どのような情報が提供されるべきなのかという問題である。

2　保険法と告知義務

損害保険契約における告知義務とは，保険契約者または被保険者になる者が，損害保険契約の締結に際して，損害保険契約によりてん補することとされる損害の発生の可能性に関する重要な事項のうち保険者になる者が告知を求めたものについて，事実の告知をしなければならない義務をいう（4条）。同様に，生命保険契約における告知義務は，保険事故（被保険者の死亡または一定の時点における生存）の発生の可能性に関する重要な事項のうち保険者になる者が告知を求めたものについて，事実の告知をしなければならない義務である（37条）。そして，傷害疾病定額保険における告知義務は，給付事由（傷害疾病による治療，死亡その他の保険給付を行う要件として傷害疾病定額保険契約で定める事由）の発生の可能性に関する重要な事項のうち，保険者になる者が求めた告知事項について，事実の告知をしなければならない義務をいう（66条）。

3 告知義務の根拠

⑴ リスクの所在

保険制度は，保険者が引き受けるリスクの内容に応じて保険契約者が支払うべき保険料が計算され，給付反対給付均等の原則のもとで運営される経済的なシステムであり，保険者は，保険契約の締結に際してそのリスクを測定したうえで，契約を引き受けるか否か，引き受けるにしても，通常の保険料ではなく割増保険料を徴収したり，傷害疾病保険などのように，特定の部位を不担保とするなど，契約条件をどのように設定するか等の判断をする必要がある。しかし，リスクを測定するために必要な情報は必ずしもすべてが保険会社の手にあるわけではなく，むしろ保険契約者，被保険者の側にあるといってよい。

⑵ 保険契約と告知対象のリスク

火災保険であれば，契約の申込みを受けた家屋が存在する場所によって，保険会社は火災の発生率を知ることはできる。しかし，その家屋が置かれている個別的な状況（たとえば木造なのか，鉄筋鉄骨造りなのか，専用住宅なのか，店舗併用住宅なのかなど）は，保険会社には分からない。生命保険であれば，契約の申込みを受けた被保険者の年齢によって，生命表による平均余命を知ることはできるが，より重要な被保険者の実際の健康状態は保険者には分からない。これらの情報は，保険契約者，被保険者の支配領域に存在しており（これを情報優位，情報の非対称性，情報の格差という），保険者が正しい判断を行うために，保険契約者，被保険者にこのような情報を保険者に対し開示・告知する義務が課されると理解されている。さらに，偶然の事情によって保険給付が影響されるという保険契約の射倖契約性から，保険給付に影響を及ぼす事情を知っている保険契約者側が保険者にそれを隠して契約を締結することは，公平，公正を欠くことから，信義則上告知義務が課されるとする見解もある。

⑶ 逆選択の問題

同じリスクに直面している者が集まり，共通のファンドを形成してそのリスクを分かち合うというのが保険制度だが，すでにリスクの顕在化している者を顕在化していない者と同じ集団に入れてリスクを分配し合うことは公平ではない。生命保険を例にとると，健康状態を著しく損ねている者が，それを隠して自己の生命の保険契約を締結することを認めると，健康を損ねている者がもっぱら生命保険に加入するようになり，保険者の側でリスクを選択するのではなく，保険契約者の側で顕在化したリスクを選んで保険に加入するという，逆選択の問題が生じてしまう。健康な者が健康を損ねている者から経済的な負担を強いられる結果にもつながり，これを放置すると収支相等の原則が崩れ，保険制度の健全性を損なう。このように，保険制度を維持するためにも告知義務は必要とされる。

Ⅱ　告知義務の内容

1　告知義務者

保険法は，保険契約の種類に関係なく，保険契約者または被保険者になる者を告知義務者としている。損害保険契約に関する改正前商法644条は，告知義務者として保険契約者のみを規定していたが，保険の目的物や危険に関する情報は被保険者がよく知っていることから，立法論的には被保険者を含むべきであると指摘されていた。さらに，実務上は約款において被保険者にも告知義務を課しており，保険法はこのような考えを取り入れて，被保険者も損害保険契約における告知義務者と規定したのである。

保険契約者が複数の場合は，各人がこの義務を負うことになる。もっとも，同じ事実が告知義務の対象になっている場合には，告知義務を負う者の誰か一名が告知義務を履行すれば足りる。保険契約者が制限能力者の場合には，法定代理人について告知義務違反の有無を判断することになるし，法人の場合は，機関について告知義務違反の有無を考えることになる。このほかには，代理人による契約締結の場合は，告知義務違反の有無は代理人のみならず，本人についても考える必要があるし，代理権のない被用者による契約の際には，本人について告知義務違反の有無を考えることになる。

損害保険契約において告知義務が課される被保険者の範囲は，必ずしも記名被保険者に限定されない。損害保険契約における被保険者の範囲は生命保険契約のそれとは意味が異なると同時に，範囲が非常に広く，契約締結時には特定されていない場合もありうる。そのため，被保険者の範囲については，合理的な範囲でこれを制限する必要がある。

2　告知の相手方

(1)　保険募集と告知の相手方

告知の相手方は，保険者になる者またはそのために告知を受ける代理権を有する者である（民99条参照）。保険の募集に携わる者がこの告知を受領する権限があるかが問題となる例が多い。保険募集を行う者と保険会社との関係や募集形態は様々であり，生命保険と損害保険とで大きく異なっている。両者に共通するものとして保険募集を行う保険代理店があるが，これには締約代理店と媒介代理店がある。締約代理店には保険契約を締結する権限が与えられており，この場合には告知受領の権限が与えられていると考えられる。これに対して，保険の勧誘や申込みの取次ぎをするにすぎない媒介代理店には告知受領の権限がない。生命保険の募集人である外務員も同様であり，告知の受領権を有しないため，これらの者に告知をしたとしても，告知義務を履行したことにはならない。

(2)　生命保険と告知受領権

(i)　**診査医**　　告知受領権があるか否かは，生命保険において問題となる例が多い。それは，生命保険の募集形態に関係があり，募集人に加えて，診査医や生命保険面接士が関与する場合があるからである。

診査医とは，被保険者になる者の身体や健康状態について医的診査を行い，保険者が申込みを承諾するか否か，特別条件等を付加するか否かなどの判断を行うために必要な情報を調査して，保険者に報告する医師をいう。保険者に雇用されている社医と，保険者から委託を受けた嘱託医がある。診査医が告知受領権を有するかについては，その職務の内容と診査医が保険者の機関であることを理由として，学説と判例は一致してこれを肯定している（たとえば，大判大正5年10月21日民録22輯1959頁など。もっとも診査医は，契約締結権は有しない）。

(ii)　**生命保険面接士**　　生命保険面接士とは，特定の生命保険会社の使用人であって，被保険者になる者に面談して，告知義務者の回答した告知書の内容を確認するとともに，被保険者の身体や健康状態について面談および外観に基づいて調査報告書を作成し，所属する保険会社に報告する任務を負担する者をいう。国家資格ではなく，生命保険協会が独自にもうけた資格である。約款では保険募集人と並んで生命保険面接士には告知受領権が与えられていない。しかし，一定の能力を備えた者であることや，被保険者の身体や健康状態について診査医の報告事項と類似した情報を保険者に報告する任務を負っていることなどから，保険募集人と同列に置くことは妥当ではなく，一定の要件のもとにこれを肯定することも考えられる。

生命保険募集人は，単に生命保険契約の勧誘を行うのみであって，契約締結権や告知受領権は与えられていない。判例や学説も，これまで保険募集人は告知受領権を有しないと解することで一致していた。

POINT 1 外務員の告知受領権

大判昭和9年10月30日新聞3771号9頁（百選60）

【事実】

X（原告・控訴人・上告人）の先代Aは，自己を被保険者とする保険契約をY保険会社との間で締結したが，契約から約5か月後に自殺した。Aは契約の締結前においてすでに十数年精神上の既往疾患があり，自殺はその精神障害に基因するものであった。Yが既往疾患の不告知を理由に契約を解除したので訴訟となった。第1審，原審ともYの解除を有効とした。Xは，本件保険契約の勧誘を行ったYの社員であるBは，永年Aと同じ村に居住しており，Aの既往症を知っていた。BはYの代理人であり，Bの了知はYの了知である等と主張して上告した。

【判旨】（**上告棄却**）

「按ずるにXが被保険者の既往症を了知し居りたりと主張するBは，Y会社の外交員にして保険加入の勧誘及び其の申込の取次を為し，保険者に代り保険料を受領する権限を有したるに止まり，Y会社に代り被保険者の既往症に付告知を受くる資格を有せざりしものなることは原判決の認定したるところなり。然るに保険者が……生命の危険測定に重要なる事実を知りたるや否，又は之を知らざるに付過失ありたるや否やは，被保険者の健康状態を診査したる医師，若くは保険者に代り被保険者等より該事実の告知を受くる権限ある者又は契約締結の意思決定に関与したる者に付き之を決定すべく，単に保険者の外交員として保険加入の勧誘及び其の申込の取次をなし，保険者に代り保険料を受領する権限を有するに過ぎざる者が，この事実を了知し居りたればとて，之を以て保険者に故意又は過失の責ありと為し難きを以て，論旨は理由なし。」

外務員（生命保険募集人）は，判旨が述べるように，契約の勧誘や申込みの取次ぎ，保険料の領収等の行為を行うにすぎず，告知受領権は与えられていない。外務員が告知受領権を有しないことにつき，契約締結の代理権がないことを理由とする下級審裁判例もある（東京地判昭和26年12月19日下民集2巻12号1458頁）。確かに，契約締結権のある者は告知受領権があると考えてよいだろうが，診査医のように，契約締結権はないが，告知受領権を認めてよい者もある。保険者から告知受領権が与えられているか否かが重要である。

3　質問応答義務

⑴　自発的申告義務から質問応答義務へ

告知義務は，保険者になる者が告知を求めた事項について告知をする義務であり，保険者からの質問に対して告知義務者が応答する義務（質問応答義務）である（4条・37条・66条）。改正前商法644条は，この告知義務を，告知義務者が自ら重要な事実を告知しなければならない自発的申告義務として規定していた。ところが，重要な事実を告知義務者が告げなければならない自発的申告義務であるとすると，重要な事実とは何かが大きな問題となり，何が重要な事実であるかを十分に理解する能力を備えているとはいえない保険契約者，被保険者に重要な事実の判断を委ねることは，重要な事実とは何かをめぐって保険者と保険契約者との間の紛争を多発させることにもなる。そこで，危険測定に重要な事実とは何かを熟知している保険者が，告知すべき重要な事実とは何かを判断し，告知義務者に対して質問する形態の方が公平であることから，告知義務の性質は自発的申告義務から質問応答義務へと変更されたのである。

⑵　保険実務の状況

保険実務においては，白紙の用紙に，保険契約者の告知を求めるということは行われてきておらず，消費者向けの損害保険契約の場合は，保険契約の申込書と告知書が一体化されており，申込書の記載事項を告知事項とし，実際上は質問応答義務とする運用がなされてきていたし，生命保険契約の場合は，告知書（質問表）によって告知を求めていた。このような実務的取扱いを事実上追認するかたちで，告知義務は保険者からの質問に応答する義務と変更された。

4　告知の時期

(1)　保険法の規定

告知の時期について保険法は，保険契約の締結に際しと規定している。改正前商法644条1項および678条1項は，保険契約の当時と定めており，契約の申込時とするのか，それとも契約成立時を基準として判断するのかという問題があった。保険法は，保険契約の締結に際しであるから，保険契約者になる者が保険者になる者に対して保険契約の申込みを行った時期から，保険者が承諾するまでが告知の時期である。なお，保険法では質問応答義務とされているところから，保険者になる者から質問を受けた時に，その時点までに存在する事実を告知すればよい。しかし，告知の時点と保険者の承諾の時点との間に告知事項に関して事情が変化した場合には，告知義務者は追加告知をする義務を負う。したがって，申込時に完全に告知義務が履行されていなくても，契約成立の時までに追完ないしは訂正をすることは可能である。告知義務違反は，最終的には契約成立時点において履行されているか否かが判断される。

(2)　約款の規定

損害保険の約款には，契約の成立後，保険事故発生前であれば，保険会社に対して保険契約申込書の記載事項の更正を書面によって申し出ることが認められているものがある。そして，保険会社がこれを承認した場合には告知義務違反による解除を行わないとしている。

生命保険の約款では，告知の時期を，生命保険契約締結の際に保険者から書面または口頭で告知を求められた時としており，告知義務違反の有無は告知を行った時点を標準としている。したがって，損害保険と異なり，告知をした時点では健康状態に何ら問題はなかったが，保険会社が承諾をする前に健康状態を大きく損なったとしても，その事実を追加告知する必要はない。

5　告知の方法

告知の方法について保険法は規定を設けていない。したがって，書面でも口頭でもよく，明示的または黙示的であっても，保険者の質問に応答するものであれば告知の方法として十分である。もっとも約款は別であり，損害保険約款の場合は「保険契約申込書の記載事項」に関して質問が行われることから，書面によるということになる。生命保険約款の場合は，告知書の提出が要求されており，告知書扱いの場合にはこの告知書への回答によって承諾の可否を判断するし，医師などの審査を併用する場合には，告知書への応答に加えて，診査医などに口頭によって告知する形式が採用されており，実際上は診査医扱いの場合であっても，書面による告知がなければ承諾の可否の判断は行われない。会社の指定した医師が質問した事項については，その医師に口頭で告知することを要する旨の規定が約款に設けられているが，これは告知受領権を有しない保険募集人や生命保険面接士に対する口頭の告知の効力を否定する意味である。

Ⅲ　告知事項

1　危険に関する重要な事項

告知を求められる重要な事項とは何か。危険に関するあらゆる重要な事項について求められることになるが，その基準について考え方が分かれている。あらゆる保険者に共通する客観的な保険取引通念によるべきであるとする客観基準説と，各保険者が契約締結当時に準拠していた危険選択の基準によるべきであるとする主観基準説の対立がこれである。

保険法4条は，損害保険契約によりてん補することとされる損害の発生の可能性に関する重要な事項のうち保険者になる者が告知を求めたものが告知事項であると規定しているが，具体的に何が重要な事項であるかは規定していない。それは，損害保険契約といってもいろいろな種類があり，告知事項もいろいろなものが考えられるからである。ここでの重要な事項とは，保険者がその事実を知っていたならば当該契約を締結しなかったか，または締結したとしてもより高い保険料を求めたと認められる事実をいう。保険法は，その判断基準について，個別の保険者の危険選択基準によるとの立場を採用した。

保険法37条は，生命保険契約に関し，保険事故（被保険者の死亡または一定の時点における生存）の発生の可能性に関する重要な事項のうち保険者になる者が告知を求めたものが告知事項であると規定しているが，損害保険と同様に，具体的に何が重要な事項かは規定していない。ここでの重要な事項も，保険者がその事実を知っていたならば当該契約を締結しなかったか，または締結したとしてもより高い保険料を求めたと認められる事実をいうことになる。契約の締結の可否判断および契約内容や保険料計算への影響の有無が，重要な事項にあたるか否かの判断要素となる。

POINT 2　生命保険契約の告知事項

大判大正11年8月28日民集1巻501頁（百選59）

【事実】

Aは，Y生命保険会社（被告・控訴人・上告人）との間で自己を被保険者とする生命保険契約を締結していたが，契約は一時失効し，約1年4か月後に復活された。Aは，失効後に肝臓が肥大しかつ黄疸の兆候があり，入院治療を受けた。両側肋膜炎および胆石症であると診断され，肝臓病と胃病を伴い気管支カタルの症状も有していて，退院後は長期にわたって通院治療を受けていた。Aは契約の復活の約3か月後に肥大性肝硬変および気管支炎となり，復活から約5か月後に内出血により死亡した。X（原告・被控訴人・被上告人）が保険金の支払を求めたが，Yは，復活に際して，Aが失効から復活までの間に罹患した重要な既往症を告知しなかったとして，契約を解除した。Aの既往症は告知すべき重要事実に当たらないなどとして，原審がYの解除を認めなかったため，Yが上告した。

【判旨】（破棄差戻）

「保険契約に於て被保険者の告知すべき重要なる事実とは，生命の危険を測定するに付き影響ある素質を有する事実を謂ひ，必ずしも直接死の原因となりたるもの若くは死の転帰を見るべき性質のものたることを要せざるものにして，本訴契約のいわゆる重要なる事実も畢竟此の趣旨を指称するものに外ならず然り。しかして本件に於て被保険者Aは保険契約復活以前大正6年7月2日肝臓肥大し……治療を受けたりとのことは原審の確定する事実なるを以て，仮に被保険者Aが退院帰宅後の予後佳良なりしとするも又同人の死亡は直接右の疾病に基因せずとするも，前記の如く月余に亘り入院加療したる肝臓病又は気管支カタル等の併発せる肋膜炎及び胆石病の如きは，その程度軽微にして危険性を有せざりしことの反証なき限りは，被保険者の生命の危険を測定するに影響ある素質を有するものと推定すべきものなるが故に，被保険者Aが保険契約復活に際し之をY会社に告知せざりしは，即ち本訴契約上のいわゆる重要なる事実に付き告知せざりしものにして，契約違背の責めを負うべきものとす。」

本判決は，改正前商法678条についてのものであるが，重要な事項についての重要な先例であり，生命の危険を測定するにつき影響のある素質を有する事実であると判旨は述べている。もっとも，保険者の保険引受けや保険料算出などに影響のない事実については除外されるべきであって，もし保険者が保険契約締結の際にその事実を知ったとすれば，少なくとも同一の条件では保険契約を締結しなかったであろうと認められる事実が重要な事実であると理解されてきた。保険法は告知義務の重要な事実とは何かについての定義規定を設けていないが，改正前商法時代の解釈が維持されている。

2　重要事項の推定

質問応答義務となったところから，保険者によって作成された告知書に記載されている事項は，危険に関する重要な事項であると法律上推定されるかという問題がある。保険法の検討を行った法制審議会では，保険者が書面によって告知することを求めた事項や生命保険契約または傷害疾病定額保険契約において診査医が口頭によって告知を求めた事項については，危険に関する重要な事項と推定するという規定を設けるべきかの検討がなされた。しかし，このような規定を設けると，法律上の推定が働き，質問された事項が重要な事項であるか否かの争いが生じた場合に，重要な事項にあたらないことの立証責任が保険契約者の側に課せられることになる。これは，専門的な知識に欠ける保険契約者にとって著しく不利な結果をもたらすことから，推定規定は設けられなかった。したがって，質問された事項が重要な事項であるという事実上の推定にとどまるものであって，それ以上の効力は認められない。

3　質問事項

(1)　危険に関する重要な事項と技術の進歩

保険者が質問できるのは，危険に関する重要な事項であるが，それでは保険者は，危険に関する重要な事項であると考えられる場合には，何を質問してもよいのかという問題がある。これは，最近技術が進んでいる遺伝子診断とも関係がある。

血族（尊属親）の遺伝性疾患に関しては，これを重要な事項と判断した判例もあるが，現在では告知事項としないのが生命保険の実務である。なぜ親族の遺伝性疾患の有無を告知事項から除外したのかというと，血族が遺伝性疾患に罹患していたからといって，その人も発症することが確実であるとまではいえず，その人の責任に帰すことができないものを告知義務の対象として危険選択に利用することは不当な差別にもつながるからである。

⑵　遺伝子診断

これと同じことが遺伝子診断にもあてはまる。医療技術の進歩によって，遺伝子診断を行うことにより，未発症の疾病の発見や発症の予測がつくようになると，それを利用して危険選択を行いたいという希望が保険者には生じるし，将来発症が確実な疾病の遺伝子を有する者は，高額な生命保険や傷害疾病保険に加入して発症に備えようとする希望を持つ。この場合，保険契約者による逆選択の可能性が生じ，保険加入を無制限に認めると保険制度自体の崩壊にもつながりかねない。

日本ではこの遺伝子情報と告知義務の関係についての法規制は行われておらず，基本的には各保険会社の自主規制に委ねられている。しかし，外国のなかには遺伝子診断の結果を危険選択に利用することを禁止するところもあり，今後検討が必要な問題点である。

4　告知義務違反の要件

告知義務違反が成立するためには，客観的な要件として重要な事実についての不告知（黙秘すること）または重要な事実についての不実告知（嘘をつくこと）があることが必要である。

それでは，主観的要件はどうか。保険法28条は，保険契約者または被保険者が告知事項について故意または重大な過失によって事実を告知せず，または不実の告知をしたときは，保険者による解除を認めている。故意とは，保険者によって質問された事項に対して告知することが必要であることを知りながら，不告知または不実告知を行うことを意味する。重大な過失とは，告知すべきことを知らなかったこと，ないしは知らなかったことについて重大な過失があることをいう（55条・84条も同様）。

POINT 3　告知事項の重要性の判断基準

大判大正6年10月26日民録23輯1612頁（生保百選39）

【事実】

Aは，Y生命保険会社（被告・控訴人・上告人）に対して，自己を被保険者とする生命保険契約の申込みをした。A は契約締結の約 1 か月半前に胃病と診断され，治療を受けていた。しかし効果がないために別な病院で精査を受け，食道がんではないかとの疑いを持たれたものの，単に胃病の薬を与えられたままで，その後も通院および治療を続けていた。A はそのような胃部の症状や受診の事実を Y に告知しなかった。保険契約成立後，A は医師の診断によってはじめて食道がんであることを知らされ，症状が悪化して食道がんで死亡した。Y が保険金の支払を拒絶したため，X（A の相続人，原告・被控訴人・被上告人）が保険金の支払を求めて訴えを提起した。

原審は，保険契約当時，A は自分が食道がんに罹患していたことを自覚せず，また，これを自覚することができる症状にもなかったのであるから，A には不告知について悪意，重過失がなかったとして Y を敗訴させた。これに対して Y は，当時 A が自覚していた胃部の疾患そのものが告知すべき重要事実であり，さらに治療は継続中であり，それを告知しなかったことに当然重過失を推定すべきであると主張して上告した。

【判旨】（破棄差戻）

「裁判所に於て保険契約締結当時に於ける被保険者の現在症を保険者に告知せざりしに付き責任ありや否やを判定せんには，其の疾病が生命の危険を惹起すべき素質を有せざるものなるや否や，其の疾病は死の原因と為りたるや否や，其の疾病が危険の症状に陥るべき尋常一様の症状に非ざることを自覚したるや否や，自覚せざるとして自覚せざるに重大なる過失ありたるや否やを判断せざる可からず。今本件に付き原判旨を按ずるに原院は……A に於て保険契約締結当時食道癌の重症に罹り居る事を自覚せず又自覚せざるに付き重大なる過失なかりしことを判定したるに止まり，其の当時 A の病状が危険性を帯びたる事実，少くとも当時同人が自覚せる胃病が尋常一様の胃病に非ざることを自覚せるや否や，又其の自覚なきにつき重大なる過失なかりしや否かに付き，毫も判定する所なし。原判決認定に係る A が大正 4 年 3 月中発病してより，8 月初旬食道癌なることを告げられたる時に至る経過事実に依れば，同人は保険契約締結当時罹り居れる疾病が普通一時的胃の疾患に非ざることを知り居りしものの如き疑ありといえども，此の点に付き原院は明白なる判断を下さざるを以て，当院に於て判決を為すに由なし。之を要するに原判決は審理を悉さざる瑕瑾あり。此の点に於て破棄を免れざる……。」

本判決は，告知義務が自発的申告義務であった改正前商法の下でのものであるが，告知義務の主観的要件に関する判示が重要である。原審は被保険者が保険契約締結当時，すでに食道がんに罹患していることを知らないこと，またそ

れを知らないことについて重大な過失がないと判断したのに対して，本判決は，当時被保険者Aは胃病である旨は自覚しており，胃病であることは重要な事実であることを前提として，少なくともその症状から重要性を自覚していたか否か，また，その自覚をしていなかったことについて重大な過失がなかったかを審理すべきとして差し戻している。

5　告知義務違反の効果

(1)　解除権の行使と相手方

保険契約者または被保険者が告知義務に違反した場合，保険者は保険契約の解除をすることが認められる（28条1項・55条1項・84条1項）。この解除には遡及効はなく，将来効が認められるにすぎない。したがって，保険者はそれまでの間に受領した保険料を返還する必要がない。この解除権は，保険者の責任開始および保険事故発生の前後に関係なく行使することができる。

解除の相手方は保険契約者であるが，保険契約者が死亡している場合には，その相続人に対して解除権を行使する必要がある。被保険者または保険金受取人に対して解除の意思表示を行っても無効である。

POINT 4　告知義務違反と解除の相手方

最判平成5年7月20日損保企画536号8頁（百選101）

【事実】

Aは，Y保険会社（被告・控訴人・上告人）との間で被保険者をAとする海外旅行傷害保険契約を締結した。Aは海外旅行中に発病し，その後も現地で治療を続けたが，大動脈瘤破裂による出血性阻血性直腸壊死が原因で死亡した。Aの相続人X_1ら（原告・被控訴人・被上告人）は，Yに対して保険金を請求して訴えを提起した。Yは，Aが腹部大動脈瘤に罹患していたことは，告知義務の対象となる重要な事実である。Aが悪意または重大な過失によってこれを告げなかったことは告知義務違反であり，Yは保険契約を解除したとして保険金支払を拒絶した。なおYの解除通知は，Aの相続人X_1～X_3のうち，X_2に対してのみ行われた。第1審は，告知義務違反による解除の意思表示は，Aの地位の承継者であるX_1ら全員に対してしなければ効力を生じないとして，X_1らの請求を認めた。原審もYの控訴を棄却したためYが上告した。

【判旨】（上告棄却）

「亡Aを保険契約者兼被保険者とする海外旅行傷害保険契約につき，Yのした告知義務違反を理由とする解除の意思表示は，Aの相続人であるX_1ら全員に対してされたものでないからその効力を生じない。」

「保険会社は告知義務違反に係る事実に錯誤があったことを理由に保険契約が無効である旨の主張をすることも許されるとする所論の見地に立ったとしても，Aの病状についての所論は，要するに，Yが本件保険契約を締結するについての動機を問題にするものにほかならないのであって，X_2がAを代理してYの代理店に対し本件保険契約の申し込みをした際の状況等，原審の適法に確定した事実関係の下においては，このようなY側の動機が表示されていたものということはできず，右の動機の錯誤は法律行為の要素の錯誤とはいえない。」

本件では保険契約者が死亡しており，相続人が複数存在していたが，保険会社はそのうちの1名に対してのみ解除の意思表示を行っている。民法544条1項の解除権不可分の原則が厳格に適用され，そのような解除は有効とはされなかった。

⑵　解除権の制限

(i)　**会社知了・期間的制限**　保険者が告知義務違反の対象となった事実について知っていたかあるいは過失によって知らなかった場合（28条2項1号・55条2項1号・84条2項1号）には，保険者は解除権の行使を行うことができない。

また，期間的制限として，解除の原因を知った時から1か月以内に解除権を行使しなかったときには解除権は消滅し，契約の時から5年を経過したときにも解除権は消滅する（28条4項・55条4項・84条4項）。この期間を経過した後は，契約の効力をもはや争えないということから，不可争期間とも呼ばれる。なお，一般的な生命保険契約の約款では，この不可争期間を契約の時から2年間に短縮している。

(ii)　**告知妨害・不告知教唆**　保険媒介者が，保険契約者または被保険者が告知事項について事実の告知をすることを妨げたとき（28条2項2号・55条2項2号・84条2項2号），保険媒介者が，保険契約者または被保険者に対し，告知事項について事実の告知をせず，または不実の告知をすることを勧めたとき（28条2項3号・55条2項3号・84条2項3号）は，解除権の行使ができない。

前者を告知妨害，後者を不告知教唆という。告知妨害の例としては，保険媒介者が被保険者の告知書を改ざんしたり，被保険者が口頭によって既往症の告知をしたにもかかわらず，告知書に既往症なしと記載するように，保険契約者または被保険者が真実の告知の意思を有していたにもかかわらず，保険媒介者がその意思に従わず，真実とは異なる告知を作出する行為があげられる。不告知教唆の例としては，健康診断の結果等をそのまま正直に記載するのではなく，問題なしと回答するように保険媒介者が誘導するなど，保険契約者または被保険者を告知義務違反が成立するような方向へ誘導する行為があげられる。

保険媒介者とは，保険者のために保険契約の媒介を行うことができる者（28条2項2号括弧書き）をいい，契約締結の代理権のみを有する者は含まれない。具体的には，生命保険募集人や損害保険の媒介代理店がこれにあたる。契約の締結ができる代理店は含まれていないが，その者が告知妨害や不告知教唆を行った場合は，保険者本人のそれと解されるからである（民101条1項参照）。保険仲立人も保険媒介者には含まれない。保険仲立人が告知妨害等の行為に出た場合には，保険者による解除は認められ，保険仲立人が保険契約者または被保険者に対して損害賠償責任を負担する。

この解除権行使を制限する事由は，保険法が新たに設けたものである。これまでの告知義務違反をめぐる事件の中には，保険募集人が保険契約者または被保険者の告知義務違反に深く関与した例が少なくなく，保険募集人の報酬が契約成立の成功報酬等に大きく依存していることも関係があった。そして，保険会社に所属する募集人がそのような行為を行ったにもかかわらず，保険募集人には告知受領権がないことを理由として，保険者による解除権行使を認めることには疑問が提示された。

学説や判例は理論構成としての一致はみられなかったが，そのような場合の保険会社による解除権行使については否定的であり，立法によって解決が図られた。

告知妨害や不告知教唆といっても，具体的な事案は様々である。保険媒介者の妨害や教唆の有無にかかわらず，当初から告知義務に違反して保険契約の成立を意図する者や，保険媒介者と共謀して保険契約の成立を意図する者も存在する。そこで，保険媒介者の行為がなかったとしても，保険契約者または被保険者が告知義務違反をしたと認められる場合には，告知妨害や不告知教唆の解除権行使を制限する規定は適用されず，保険者は契約を解除できる（28条3

項・55条3項・84条3項)。

(3)　因果関係不存在の特則

(i)　**告知義務違反による解除と因果関係**　告知義務違反が成立し，保険者が契約を解除できる場合であっても，保険事故が保険契約者または被保険者が行った告知義務違反の事実と関係のない原因によって生じたときは，保険者は保険給付の義務を免れない（31条2項1号ただし書・59条2項1号ただし書・86条2項1号ただし書)。たとえば，ある疾病に罹患していることを隠して生命保険契約を締結したところ，それとはまったく関係のない事故で死亡した場合や，火災保険の契約締結に際して店舗として利用しているにもかかわらず住宅であると告知したところ，落雷によって全焼した場合などがあげられる。因果関係の不存在は，保険金を請求する側が立証することが必要である。

(ii)　**因果関係の不存在と問題点**　因果関係の不存在による保険者の保険給付義務は，保険者が特に告知義務違反によって不利益を被っているとはいえないことを理由とするが，問題点がある。

まず，保険事故の発生可能性と直接関係がないと思われるような告知事項の場合，因果関係の不存在の問題をどう考えるかである。保険法審議の段階で問題となったものに，自動車運転免許証の色がある。任意自動車保険の保険料は，いわゆるゴールド免許の保持者に対しては割引が行われるが，ゴールドであるか否かの違いは自動車事故を惹起する危険性と直接関連するものとはいえない。そのため，ゴールドでない者がゴールドであると嘘の告知をして保険料の割引を受けたところ，のちに事故を起こした場合には告知義務違反による解除はできないことになる。そうすると，むしろゴールドであるとの告知義務違反を行うインセンティブを与えてしまうことにもなりかねない。そのため，ここでの因果関係は緩やかなものと判断すべきだとの主張もある。また，正しく告知をしていた場合には契約締結を拒まれるような場合であったが，告知義務違反を行って契約を締結した者がいる一方，正しく告知をしたために契約が締結できず，保険による保障を得ることができなかった者が存在する場合，因果関係不存在を理由に告知義務違反を行った者が保険給付を受けることができるとすると，正直に告知をするインセンティブを損なう結果ともなりかねない。因果関係の不存在を理由に保険者に保険給付義務を負担させるのは，きわめて厳格に検討する必要がある。

因果関係不存在の特則は，片面的強行規定であるため，これを保険契約者側に不利に変更することは認められない（33条1項・65条2号・94条2号）。

POINT 5 因果関係の不存在と告知義務違反

大判昭和4年12月11日新聞3090号14頁（百選66）

【事実】

Aは，Y保険会社（被告・上告人）との間で被保険者をAとする生命保険契約を締結していたが，Aは尿毒症によって死亡した。保険金受取人のX（原告・被上告人）が保険金の請求をしたところ，Yは契約締結の際にAは黴毒性脊髄炎の既往症があることを告げていないため，告知義務違反があるとして契約を解除し，保険金の支払を拒絶した。Xは，Aの死亡原因となった尿毒症は，告知しなかった黴毒性脊髄炎に基づくものではないから，死亡と不告知事実の間の因果関係が不存在であるとして，Yを相手として保険金請求の訴えを提起した。原審は，Xの請求を認容したため，Yが上告した。なお，当時の商法429条2項および399条ノ3第2項但書の規定は，保険法施行前の改正前商法678条2項および645条2項但書と同じであり，保険法55条1項および59条2項1号に引き継がれている。

【判旨】（破棄差戻）

「右但書〔当時の商法429条，399条ノ3第2項但書の意味〕を適用するには事故と告げ又は告げざりし事実との間に全然因果関係なきことを必要とし若し幾分にても其の間因果関係を窺知し得べき余地存せんには右の但書は之を適用すべからざること論を俟たず，今本件について観るに原判決は保険契約者にして且被保険者たるAの死亡は契約締結の際告げさりし所の既往症黴毒性脊髄炎と何等関係なき尿毒症に因るものにして既往症を告げざりし事実と死亡との間には因果の関係なしと判示したれども之が後段に於て黴毒性脊髄炎に罹りし者が尿毒症に依りて死亡する場合には通常死期を早からしむる事実あることを認定せり。果して然らば該既往症はAの死亡と未だ全然因果の関係なしと断すべからず。けだし生命保険の見地よりすれば死亡と云ふ中には死期の如何をも包含して解すべければなり。畢竟するに原審は生命保険契約に於ける告知義務違反と事故との間に於ける因果関係の解釈を誤り以て本件事案に対し商法第399条ノ3第2項但書の規定を不当に適用せる違法あるものと云はざるべからず。」

保険事故と不告知事実の間に因果関係が全く存在しない場合には，保険契約者がそれを証明することによって保険金支払の請求は認められる。この大審院の判決は，因果関係の存在を窺わせる余地がある場合には，保険者は保険給付義務を免れることを明らかにしている。ここでの因果関係の有無の判断に関しては，相当因果関係説をとっていない。

⑷　告知義務違反と錯誤・詐欺

告知義務違反の効果に関する保険法の規定と，錯誤・詐欺に基づく法律行為の取消しに関する民法95条・96条の規定は，どのような関係に立つか。保険法の告知義務に関する規定以外に民法の規定が適用されるとすると，保険法によっては保険者が解除権を行使できない場合であっても，民法の錯誤・詐欺の規定により，保険者が取消しを主張できることになる（大判大正6年12月14日民録23輯2112頁〔百選67〕）。保険法が除斥期間を設けて保険契約者の保護を図っている趣旨と抵触する結果をもたらす。

この問題については，錯誤と詐欺を分けて考える見解が多い。すなわち，告知義務違反の場合には，対象となる事実が保険契約の要素であるということは通常考えられず，単にその縁由または動機にすぎないため，告知義務違反があっても直ちに民法の錯誤の規定によってその法律行為を取り消すことができると解されるわけではない。保険契約における告知義務は，保険者の動機の錯誤の特別規定と考えられるから，危険測定上の意義を持っている事実・事項に関する錯誤については，民法の錯誤の規定を適用しない（特別法の優位）。これに対して詐欺による法律行為の取消しは，錯誤とは異なって法律行為の要素について詐欺があった場合に限らず，告知義務違反の対象である事実が詐欺の対象となる事実となることもある。もっとも，詐欺による取消しのためには主観的要件として相手方を欺罔する目的が要求されるから，告知義務違反が直ちに詐欺となるとは限らない。ただし，詐欺に該当する場合には，保険契約者，被保険者を保護する必要性は存在せず，民法の規定を適用して取消しを認める。

⑸　他保険契約の告知義務

（i）**モラル・リスクと重複契約**　　保険契約締結に際して，保険によるてん補を同じくする保険契約を締結しているか否かを尋ねられる場合がある。損害保険契約の約款では，この「他保険契約」の告知を要求する例が多い。保険事故の発生の危険性自体には直接には関係していないが，重複保険の場合の保険者負担割合の決定に際して必要となる（20条）。さらに，故意に保険事故を惹起したり，保険事故を仮装したりするなどの保険金不正請求事件においては，集中的かつ多重的に保険契約を締結する例が多い。収入と不釣り合いな傷害疾病保険や生命保険に加入する場合や，同一の建物を目的物として多重的に火災保険契約を締結し，保険金額の総額が目的物の価額を大幅に超過するような場合には，モラル・リスクの存在が強く疑われる。このような場合，保険者が他保険契約の存在を事前に知っていれば，保険契約を締結しないことが可能であり，後に他保険契約の存在を了知した場合には，契約を解除することも可能である。

(ii)　**約款規定**　　他保険契約の存在は保険者がてん補すべき損害の発生の可能性に影響を及ぼす客観的な事実ではない。しかし，実際の訴訟においては不正請求のおそれがあるものの，保険者が不正請求であることの立証に成功しない場合，保険金を支払わざるをえないため，保険者はそのような危険に関する事実を知る正当な権利があり，それを要求する約款は有効であるとの見解が有力である。

他保険契約の存在に関する告知義務違反があり，保険事故が発生した場合には，因果関係不存在の特則によって保険者は保険給付の義務を免れることができないが，この義務違反などが保険者の保険契約者に対する信頼関係を破壊するような場合には，重大事由解除が可能となる（30条3号・57条3号・86条3号）。

POINT 6　他保険契約の告知義務・通知義務

東京高判平成5年9月28日判時1479号140頁（百選105）

【事実】

Aは Y 保険会社（被告・控訴人）との間で，自己を被保険者，X（原告・被控訴人）を死亡保険金受取人とする保険期間1年間の普通傷害保険契約を締結していた。その傷害保険の約款には，他保険契約の告知義務および他保険契約の通知義務に関する規定があり，同一の被保険者についてすでに締結されている傷害保険契約があれば，それを保険契約申込書に記載することが要求されていた。さらに約款の規定によれば，保険契約者または被保険者は保険契約締結の際に保険契約申込書の記載事項について知っている事実を告げることを要し，保険契約者または被保険者が故意または重大な過失により事実を告げないかまたは不実のことを告げたときは，保険者は保険契約を解除して保険金支払義務を免れることができると定められていた。

Xは，Aを被保険者とした本件傷害保険契約締結の前日に，B保険会社との間で，Xおよびその家族（A を含む）を被保険者とする家族傷害保険契約を締結していたが，Y にはこの契約を告知しなかった。後に A は何者かに殺害された。

X からの保険金請求に対し，Y は他保険契約の告知義務違反を理由として保険契約を解除したので，保険金支払義務を負わないと主張した。第 1 審は，他保険契約の告知・通知義務違反による解除は，不正な保険金取得目的等の社会通念上公平かつ妥当な場合に限られるとして X の請求を認めたため，Y が控訴した。

【判旨】**（原判決取消し，請求棄却）**

「その不告知ないし不通知が不正な保険金取得の目的に出た場合をはじめ，事案の全体を眺めて，不告知ないし不通知を理由として保険契約を解除することが，保険会社による解除権の濫用とならないと認められる場合に限ってその効力を認めるのが相当である。……X は，本件傷害保険契約締結にあたり重複保険の不告知が契約解除事由となることを知った上で，故意または重過失により第一保険の存在を告知しなかったものと認めるのが相当であ（る)。……以上認定の本件傷害保険契約締結の経緯……等を総合すると，Y の第一解除は解除権の濫用とならないというべきである。」

他保険契約の告知義務については，損害保険と生命保険とでは異なった取扱いがなされている。損害保険では約款上求める例が多いが，生命保険ではこれを求めないのが一般的である。もっとも，生命保険では保険契約者から申込みがあった場合に，生保業界の契約内容登録制度を利用して，承諾の参考とすることがある。

本判決は，約款が定める解除権の成立要件を制限的に解しており，さらに解除権行使が権利濫用とならないと認められる場合に限り行使が認められるとする，きわめて制限的な解釈となっている。保険者側の立証の内容や程度も含めて，理論的な検討が必要な問題である。

UNIT 5 損害保険契約総論

保険法は，損害保険契約を「保険契約のうち，保険者が一定の偶然の事故によって生ずることのある損害をてん補することを約するものをいう。」（2条6号）と定義している。さらに，「損害保険契約のうち，保険者が人の傷害疾病によって生ずることのある損害（当該傷害疾病が生じた者が受けるものに限る。）をてん補することを約するもの」を，傷害疾病損害保険契約（2条7号）と定義している。このように，保険法は，損害保険契約としてこの2つの契約の定義をしており，実際に販売されている損害保険商品の個別の定義規定は設けていない。

現在，一般人を対象として販売されている損害保険商品には，火災保険を中心とする，物を保険保護の対象とする保険や，賠償責任の発生に備える責任保険，そして傷害や疾病に備える傷害疾病保険などがある。保険法はこれら各種の損害保険契約に共通する基本的なルールを定め，保険法3条以下の規定を設けており，傷害疾病損害保険契約については，34条と35条に特則を置いている。

損害保険契約は，損害のてん補を目的とする保険契約であり，生命保険契約のように保険事故が発生した場合に自動的にあらかじめ約定した金額が支払われる定額保険とは異なる。そのため，定額保険では用いられない用語や制度が用いられ，あるいは同じ用語であっても異なる意味で用いられている場合がある。また，生命保険商品は長期間にわたる契約が中心であるが，損害保険商品は短期間の契約が中心である。さらに，保険商品の販売形態にも差異がみられ，生命保険では，保険会社に所属する保険募集人が関与するのが中心であるが，損害保険は代理店による販売が中心となっている。これらの違いが，争点や解釈の違いにも現れてくることになる。

I　損害保険契約と損害のてん補

1　損害保険契約の目的

損害保険契約の目的は，被保険者に偶然に生じた一定の事故による損害を，保険者によっててん補するところにある。同様に，傷害疾病損害保険契約の目的も，被保険者について偶然に生じた傷害または疾病による損害を，てん補するところにある。

2　損害のてん補と被保険利益

損害保険契約において保険者が給付すべき保険金の額は，てん補すべき損害額である。損害保険契約は，このように損害をてん補することを目的としているので，実際に保険の目的物に生じた損害額を超えててん補することは原則としてない。また，そのてん補される額も保険金額によって限界が設定されている。生命保険契約があらかじめ約定した金額の定額給付を目的とするものであるのと異なる。さらに損害保険契約では，締結に際して被保険者が保険の目的物について被保険利益を有することが要求される（被保険利益の詳細については*UNIT 3* 参照）。

II　損害保険契約における保険金額と保険価額

損害保険契約の総論的課題を検討するに際して，1つの火災保険契約をモデルとし，それぞれの問題点を考えることとする。

◆設例◆

Aさんは15年前に2500万円で床面積が50坪の自宅（木造）を新築した。建物の価値は年を経るにつれて減少していくのが通常であり，この減価率による現在の建物の価値は800万円であるとする。万が一，Aの自宅が火災によって焼失した場合，Aの損害は火災保険によって完全にてん補されるであろうか。現在の物価で同じような床面積の自宅を新築しようとすると，3000万円必要であるとする。

1　保険金額の意義

保険契約を締結するに際し，保険給付の限度額（上限）として保険者と保険契約者との間で約定される金額を保険金額という（6条1項6号）。損害保険契約は生命保険契約のような定額保険ではなく，損害てん補を目的とする。そのため，いかに高額な保険金額を設定したとしても，給付される保険金の額は実際に生じた損害の額を上回ることは原則としてない。保険金額は保険の目的物の客観的な価値を意味する保険価額と一致するか，それを下回ることが求められるから，保険価額を超えた保険金額の設定は原則としてできない。

そのため，実際に損害が発生した場合に重要な役割を果たすのは，上限としての保険金額よりも損害の額を確定するための保険価額となる。

この設例のもとでは，Aの実際に被る損害の上限が建物の現在の価値であるとするならば，800万円が保険金額ということになる。しかし，このような設定では再建築をする場合に問題が生じる。Aは家を完全に失ったとしても，再建築のためには3000万円が必要であり，保険金だけでは同じような家を再度建てることはできないからである。

2　保険価額の意義

上記のように保険の目的物の価額を保険価額と呼ぶ（9条）。保険の目的物とは，火災保険契約における家屋などのように，保険事故が生じた場合に損害が生じることのある物として，損害保険契約で定めるものをいう（6条1項7号）。保険価額は被保険利益の評価額であり，保険事故が発生した際のてん補すべき損害額の基準となる。保険価額は原則として保険事故が発生した際に被保険者が給付を受けることができる法律上の最高限度額であると同時に，保険者が給付する額の最高限度額となる。つまり，保険価額は被保険者による利得の有無の判断基準となるのである。

この設例においてAが火災保険契約を締結する場合のように，被保険利益が所有者利益である場合には，建物の価額が被保険利益の額であり，それは保険価額と一致する。しかし，その家屋に抵当権を設定している金融機関が債権保全火災保険契約を締結する場合のように，被保険利益が債権利益の場合には，必ずしも建物の価額とは一致しない。

保険価額を基準として，契約取消しの問題が生じる超過保険，保険給付額算定の問題が生じる一部保険が判断される（Ⅳ 2 参照）。なお，責任保険や費用保険には保険価額は存在しない。

それでは，この保険価額はどのように算定されるのであろうか。現時点ではAの建物は経年による減価によって800万円であると評価されている。

3　保険価額の評価基準

保険事故が発生し，全損（保険の目的物の完全な滅失または修繕等の費用が保険価額を超えるような場合）であると判断されると，保険価額と保険金額が等しい場合には保険金額の全額が給付される。そして，保険価額が保険金額に満たない場合には，保険価額が保険金の給付限度となる。このように，保険価額は給付される保険金額の決定基準ないしは上限としての重要な機能を果たすため，客観的な評価基準によることが必要となる。

保険の目的物が物である場合には，その物について所有者として有する利益が被保険利益であるから，時価によることが必要である。時価の意味であるが，商品などの交換財の場合には市場価格による。建物や家財等の継続使用財については複数の計算方法が考えられるが，火災保険実務では現在同じ規模の家の新築に際して必要とされる金額から，経年減価額（経年変化や使用によって価値の減じた分）を差し引くことによって決定する。この設例では，Aが新築のために必要な費用は3000万円であり，3000万円から800万円まで減価したのだから，減価分は2200万円となる。この建物の場合，時価基準による保険価額は800万円であり，同じような家を再建築するために必要な金額である再調達価額を基準とすると，保険価額は3000万円となる。

4　保険価額と時価等の変動

保険価額は時価で評価されるため，物価の変動や市場の状況などによって変動するが，保険金額は固定されているため，保険価額の評価時期をどの時点にするかは保険契約者側の利害に大きく関わる。保険契約締結時，保険会社の責任開始時，保険事故発生時等が考えられるが，何を目的として保険価額を評価するかによって異なる時期が採用される。

損害てん補の額を決定する場合には，原則として損害の発生した地および時における価額である（18条1項）。

保険金額が保険価額を超える超過保険であるとして，保険契約者が超過部分について保険契約を取り消す場合には，保険契約締結時における保険価額が基準となる（9条）。

保険価額が著しく減少し，保険契約者が保険者に対して保険金額，約定保険価額，保険料の減額を請求する場合には，契約締結後で保険事故発生前の保険期間中のあらゆる時点となる（10条）。

Ⅲ　評価済保険と新価保険

1　評価済保険

評価済保険とは，保険契約者と保険者との間で，あらかじめ保険価額を約定する保険契約をいう。保険事故が発生した場合，この約定した保険価額に基づいて損害額が算定され，全損の場合には約定した保険価額がてん補損害額となる（18条2項本文）。ただし，約定した保険価額が損害発生時の保険価額を著しく超えるときは，約定した保険価額に基づいた損害額の算定は行わず，損害発生時の実際の保険価額によって算定することになる（18条2項ただし書）。

この評価済保険は，たとえば航海中の船舶や貨物を保険に付す場合のように，実際に損害が発生した場合に保険価額を算定することが困難になるような場合に利用される。

2　新価保険

損害が発生した場合の保険価額は，再調達価額から減価控除額を差し引くという，複製評価方法で算定される。そのため，たとえ全損が生じても，同じものが調達できない場合が考えられる。そこで，再調達価額そのものを損害額として保険金を給付する保険が新価保険であり，たとえば，家屋を火災保険に付す場合に多くみられる。

この設例では，Aは，自宅の再調達価額を保険金額とする新価保険契約を結べば，万が一全焼したとしても保険金によって自宅を再建築することが可能となる。分損（全損に至らない場合）の場合は，再調達価額を基準として給付される保険金額が決定される。

Ⅳ　保険価額と保険金額の関係

1　損害額の算定

てん補すべき損害の額は，損害が発生した地におけるその時の価額によって算出される（18条1項）。そして，その損害額の算定に必要な費用は保険者が負担する（23条1項1号）。

ところで，そのようにして算出された損害額全額が必ずしも給付されるのではない。保険価額を保険者と被保険者が約定した評価済保険の場合には，全損であればその約定保険価額が原則としててん補損害額となり，分損のときには，約定価額と残存価額との差額がてん補損害額となる。しかしながら，約定保険価額が保険価額を著しく超えている場合には，保険価額によって算定されることになる。なお，保険価額を約定した場合は，契約締結時の書面に記載する必要がある（6条1項8号）。評価済みでない保険の場合には，全損のときには保険価額が，分損のときには保険価額と残存価額の差額がてん補損害額となる。

2　一部保険，超過保険，重複保険

保険金額と保険価額が等しい保険を「全部保険」といい，保険金額が保険価額に満たない保険を「一部保険」という（19条）。また，保険金額が保険価額を超過する保険を「超過保険」という（9条）。さらに，同一の目的物について期間を共通にする保険が複数存在する場合を「重複保険」という（20条）。

ここでの問題は，給付すべき保険金の額をどのように算定するかということであり，全部保険の場合は問題が生じない。一部保険の場合は，たとえば1000万円の保険価額の目的物に保険金額500万円とする保険契約が締結されており，分損が発生した場合に問題となる。保険価額の上からは2分の1の損害が生じ，残存価値が500万円であるとする。損害額は500万円であるから保険金額の上限である500万円を給付すべきか。しかし，1000万円を保険金額として契約を締結した人と，保険料を節約しようとして保険金額を500万円とした人との間で，実質的に同じ損害が生じたから同じ保険金を給付するのでは

不公平になる。そこで，後者のような一部保険となっている場合には，保険金額と保険価額の割合に従った比例てん補を行うこととなる。つまり，保険価額の2分の1しか保険が付されていないのであるから，損害額の2分の1をてん補する。このケースでは，250万円のみが給付されることになる。

超過保険について改正前商法631条は，超過部分を無効とする規定を設けていたが，保険法9条は超過保険であっても保険契約を有効とし，保険契約者および被保険者が善意無重過失の場合には，保険契約者に超過部分についての取消しを認めている。

重複保険での問題は，複数の保険会社がどのように保険金を分担するかという点である。保険法は，複数の会社間において重複保険となっている場合には，重複保険の超過部分もすべて有効であるとしたうえで，各保険者がそのてん補すべき損害額の全額を給付する義務を負い（独立責任額全額主義），20条2項においててん補損害額の調整規定を設けている。

具体例をあげよう。Bが，保険価額1000万円の目的物について，甲保険会社との間で保険金額1000万円，乙社との間で保険金額800万円，丙社との間で保険金額200万円の損害保険契約を締結していたとする。保険事故が発生したが，全損ではなく800万円の損害であるとする。

保険法20条の規定では，各保険会社がそのてん補損害額の全額を給付する義務を負うから，甲社は800万円（全部保険であるから実際の損害額全額），乙社は640万円（一部保険であるから，800×0.8＝640），丙社は160万円（一部保険であるから，800×0.2＝160）がそれぞれの独立した責任額となる。したがって，Bからの請求がなされた場合には，それぞれの保険会社はこれらの金額を支払う責任を負う。しかし，3社の保険金の額を合計すると1600万円となり，実際の損害額を上回る。そこで，3社の合計額が800万円となるように調整する必要がある。この場合，実際の損害額の2倍となっているから，各保険会社の負担部分は独立責任額の2分の1となり，甲社は400万円，乙社は320万円，丙社は80万円となる。仮に甲社がBから800万円の給付請求を受けた場合には，甲社は800万円全額を給付しなければならないが，乙社に対して320万円，丙社に対して80万円を求償することができる（20条2項）。ところで，この規定は任意規定のため，重複保険で独立責任額全額主義以外の調整方法を採用することは可能である。したがって，仮に甲社が独立責任額全額主義を採用しているが，乙社と丙社が独立責任額按分主義（重複保険がなかった場合に各保険者が行うべき割合による損害てん補を行う方式。先ほどの各社の調整後の責任額が給付すべき保険金の額となる）を採用していた場合，甲社が全額を支払った場合に乙社と丙社に求償できるかという問題がある。しかし，これは公平の観点からも当然求償ができると理解される。

V　損害保険と通知義務

1　危険の増加の通知義務

保険法29条1項は，「損害保険契約の締結後に危険増加……が生じた場合において，保険料を当該危険増加に対応した額に変更するとしたならば当該損害保険契約を継続することができるときであっても，保険者は，次に掲げる要件のいずれにも該当する場合には，当該損害保険契約を解除することができる。」とし，1項1号において「当該危険増加に係る告知事項について，その内容に変更が生じたときは保険契約者又は被保険者が保険者に遅滞なくその旨の通知をすべき旨が当該損害保険契約で定められていること。」，2号において「保険契約者又は被保険者が故意又は重大な過失により遅滞なく前号の通知をしなかったこと。」，と規定している。

危険の増加については，告知事項についての危険が高くなり，損害保険契約で定められている保険料が当該危険を算定の基礎として算出される保険料に不足する状態になることと定義されており，保険料に影響を与えるものが危険の増加ということになる。改正前商法656条は「著しい増加」と表現し，その程度が明確にはされていなかったが，保険法では明確に保険料に影響を与えるものが，ここでいう危険の増加となる。

約款によって保険契約者または被保険者に対し，危険増加に際しての通知義務が課されており，危険が増加したにもかかわらず，保険契約者または被保険者が故意または重大な過失によって遅滞なくその旨の通知をしなかった場合には，保険者は当該保険契約を解除することができる。したがって，約款においてそのような通知義務の規定がない場合には，保険者は保険法29条に基づく契約の解除をすることは認められない。なお約款では，保険の目的である「建物の構造の変更」，「建物の用途変更」など，具体的に危険の増加となる場合を通知を要する場合として例示している。

2　損害発生の通知義務

保険契約者または被保険者は，保険事故による損害が生じたことを知ったときは，遅滞なく，保険者に対してその旨の通知を発しなければならない（14条）。この通知義務は，保険者に対して事故原因の調査や損害の種類や範囲の確定，あるいは損害の拡大の防止などの措置を取る機会を与えるためである。通知義務を負う者は，保険契約者または被保険者であり，両者が重ねて通知をする必要はなく，どちらか1人の通知で足りる。通知の相手方は保険者であるが，保険者によって通知を受領する権限を与えられている者でもよい。損害発生の通知義務は，保険契約者および被保険者が損害の発生を知った場合に生じるのであって，過失によって知らない場合には義務は発生しないし，保険者がすでに損害の発生を知っている場合にも，通知は不要である。

通知の方法について保険法には規定がないため，書面による通知ではなく，口頭による通知でもよいが，約款の中には，書面による通知を要求するものがある（自賠責保険普通保険約款7条1項1号）。なお，保険契約者側の通知義務は通知を発すれば足りるとされる。発信主義による。

この損害発生の通知義務に加えて，約款には，被保険者に対して保険事故発生の事情調査や保険金給付義務の有無，さらには給付額の確定に必要または有益とされる資料を提出する義務や，説明義務を負わせるものがある（傷害保険普通保険約款27条1項など）。

通知義務に違反した場合の効果について，保険法は規定を有していないが，保険者は保険金給付義務を免れると考える立場もある。しかし，これは被保険者に対してあまりにも過酷な取扱いであり，通知義務違反によって生じた損害がある場合には，保険者は給付すべき保険金の額からその損害額を控除することができるにすぎないと解するのが妥当である。

POINT 1　損害発生の通知義務

最判昭和 62 年 2 月 20 日民集 41 巻 1 号 159 頁（百選 15）

【事実】

A 社は自社保有の普通乗用車を被保険自動車とし，A を記名被保険者とする自家用自動車保険契約を Y 保険会社（被告・控訴人・上告人）との間で締結した。本件保険約款によれば，保険契約者または被保険者は，事故の発生を知ったときは，Y に対して，事故の発生の日時等や被害者の住所や氏名，事故や損害の状況等を遅滞なく書面で通知すべきものとなっていた。そして，対人事故の場合には，事故の発生から 60 日以内に通知をしない場合には，保険会社は損害をてん補しないとされていた（本件保険約款 14 条）。

A の代表取締役 C の長男 D は，A の従業員 B，E と飲酒をしていたところ口論となり，D は B を本件被保険自動車でれき過して死亡させ，事件発生から 1 年 7 か月後に D は傷害致死の罪が確定した。その直後に A は Y にこの対人事故についての通知を行った。

B の相続人 X ら（原告・被控訴人・被上告人）は，A，D，E を相手として損害賠償請求訴訟を提起し，さらに Y に対して訴訟告知を行ったが，Y は参加しなかった。ついで X らは Y に対して A が無資力であるとして，債権者代位権に基づいて A の保険金請求権を行使する旨の訴訟を提起した。第 1 審，原審とも X らが勝訴。Y は約款所定の期間に通知がなかったので Y には保険金を支払う義務はないとして上告した。

【判旨】（上告棄却）

「右各規定（本件自家用自動車保険普通保険約款）が，保険契約者又は被保険者に対して事故通知義務を課している直接の目的は，保険者が，早期に保険事故を知ることによつて損害の発生を最小限度にとどめるために必要な指示を保険契約者又は被保険者等に与える等の善後措置を速やかに講じることができるようにするとともに，早期に事故状況・原因の調査，損害の費目・額の調査等を行うことにより損害のてん補責任の有無及び適正なてん補額を決定することができるようにすることにあり，また，右事故通知義務は保険契約上の債務と解すべきであるから，保険契約者又は被保険者が保険金を詐取し又は保険者の事故発生の事情の調査，損害てん補責任の有無の調査若しくはてん補額の確定を妨げる目的等保険契約における信義誠実の原則上許されない目的のもとに事故通知をしなかつた場合においては保険者は損害のてん補責任を免れうるものというべきであるが，そうでない場合においては，保険者が前記の期間内に事故通知を受けなかつたことにより損害のてん補責任を免れるのは，事故通知を受けなかったことにより損害を被つたときにおいて，これにより取得する損害賠償請求権の限度においてであるというべきであり，前記 14 条もかかる趣旨を定めた規定にとどまるものと解するのが相当である。

……本件事故は被害者であるBの即死に近い事故であつて，被保険者等において損害の拡大をくいとめる余地は殆どないうえ，右事故に基づく損害の額はXらとAとの間の別件訴訟の確定判決により適正に算定されたというのであり，また，Yは，原審において，本件保険契約の保険契約者であるA及び被保険者が前示のような目的のもとに本件事故につき通知しなかつたものであることについても，また，本件事故についての通知義務が懈怠されたことによつて損害を被つたことについても主張・立証していなかつたところであるから，Yは，右事故通知義務が懈怠されたことを理由として，本件事故による損害についてのてん補責任を免れないものというべきであ」る。

本件は自動車保険の事案であり，約款の特則は事故発生後60日を経過した事故通知につき保険者免責を定めていたが，保険契約者または被保険者が保険金を詐取したり調査を妨げたりするなどの目的によって通知義務を履行しなかった場合に限り，免責の主張が許されると判断した。現在この60日条項は削除されている。

3　損害防止義務

保険契約者および被保険者は，保険事故が発生したことを知ったときは，これによる損害の発生および拡大の防止に努めなければならない（13条）。この損害防止義務は，保険事故が発生したにもかかわらず，保険があることを理由として，被保険者が何らの行動もとらないことによって，損害が拡大するのを防止するところに目的がある。簡単な消火活動によって火が消しとめられるのに，火災保険があることから，何らの消火活動も行わない例が考えられる。損害防止義務の根拠については，保険事故の偶然性に求める見解や，公益保護に求める見解もあるが，衡平もしくは信義則の見地から，被保険者に課されたものと理解される。もっとも，保険契約者および被保険者のそのような不作為は，損害の拡大に直接つながり，損害の範囲を考えた場合には偶然な事故による損害とはみられない。被保険者の故意または重過失による事故招致の免責規定（17条）とも関連し，この免責規定を保険事故発生後の損害の発生または拡大にまで及ぼしたものと理解することもできる。

保険法13条は，保険契約者および被保険者をその義務者としている。改正前商法660条が被保険者に限定したものを変更したが，他人のためにする損害保険契約の場合，保険契約者のほうが損害防止をできる地位にある場合も考えられる。そのため約款では，被保険者に加えて保険契約者にもこの義務を課していた。

損害防止義務をいつの時点から負うかについて，保険法は，「保険事故が発生したことを知ったとき」と定め，保険事故の発生後であり，かつそれを知ったときとした。したがって，保険事故発生前の損害防止義務は，故意・重過失による事故招致の問題として理解され，免責の問題となる。

損害防止義務の内容であるが，保険契約がなかった場合に自己のためにする程度の努力を尽くせば足りると解される。したがって，努力をしたが損害の発生および拡大の防止が果たせなかったとしても，損害防止義務違反は問われない。なお，保険者が免責される保険事故によって生じた損害については，損害防止義務は発生しない。

保険法には義務違反の効果についての規定はないが，義務違反がなければ，防止または軽減することができたと認められる額を，損害の額から差し引いた額が保険者の損害てん補額となる。いわば，損害防止義務違反によって発生または拡大した損害について，保険者が被保険者に対する損害賠償請求権を取得し，保険金支払債務と相殺をする形になる。

4　目的物の譲渡と通知義務

火災保険約款が，保険の目的物が譲渡された場合には，保険契約者または被保険者は，事実の発生がその責めに帰すべき事由であるときはあらかじめその旨を保険会社に通知し，保険証券への承認裏書を請求すべき旨を定めていた場合において，火災保険が付された建物の所有者（譲渡人）と，それを購入した者（譲受人）のいずれもが，保険会社に通知を行っておらず，通知がないままに火災が発生し，保険会社が通知義務違反を主張して保険金の支払を拒絶したという裁判例がある。

POINT 2　目的物の譲渡と保険者への通知義務

最判平成5年3月30日民集47巻4号3384頁（百選10）

【事実】

訴外Aは，自己の所有する建物を目的物とする住宅火災保険契約をY保険会社（被告・被控訴人・被上告人）との間で締結した。後にX（原告・控訴人・上告人）はその建物をAから買い受け，売買契約の翌日にXへの名義に所有権移転登記がなされた。登記の翌日に本件建物は類焼被災した。本件火災保険契約には，保険契約の締結後に保険の目的物が譲渡された場合には，保険契約者または被保険者は，事実の発生がその責めに帰すべき事由であるときはあらかじめその旨を保険会社に通知し，保険証券への承認裏書を請求すべき旨の規定があった。しかし，AもXも火災発生前にYに対する通知を行っていなかった。Xが保険金の請求を行ったところ，Yは約款に規定する「当会社が承認裏書を受領するまでの間に損害が生じたときは，当会社は保険金を支払いません」を援用して，保険金の支払を拒絶した。第1審，原審ともXが敗訴。Xが上告した。

【判旨】（破棄差戻）

「保険の目的の譲渡は，火災の危険を変更又は増加する可能性を有する事実であるから，保険者には，保険の目的が譲渡された場合に，譲渡が危険を変更又は増加したか否か，変更又は増加したときはその程度を調査の上，当該保険契約につき，従前の内容で継続することとするか，追加保険料を請求して継続することとするか，保険料のうち，残存期間相当部分を返還して解除することとするか，の検討の機会を留保する正当な利益があるものというべきである。」

「しかし，保険の目的である建物が譲渡された場合において，本件約款8条1項は，保険契約者又は被保険者に対して譲渡後遅滞なく右譲渡の事実を通知すべき義務を課したものと解するのが相当であり，したがって，同条2項は，保険契約者又は被保険者が保険者に対して譲渡後遅滞なく右通知義務を履行しないでいる間に保険事故が発生した場合に保険者が免責されることを定めているものと解するのが相当である。」

「……本件火災が発生したのは，AからXに対する本件建物譲渡の2日後のことであり，本件建物の所有権が移転した後であるとしても，A又はXがYに対して遅滞なく右通知義務を履行しなかったということはできないことが明らかであり，本件約款8条2項を適用する場合ではないものというべきである。

そうすると，更に進んで，Xにおいて本件保険契約上の権利の譲受について民法467条に規定する対抗要件を具備しているか否か，Xが本件火災によって被った損害の額などについて審理すべきものであり，本件約款8条2項を適用してYの免責を肯定した原審の判断には，同項の解釈を誤った違法があり，この違法が判決に影響することは明らかであるから，論旨は理由があり，原判決は破棄を免れない。」

本件は，保険の目的物が譲渡されると保険契約上の権利も譲渡されたものと推定し（改正前商法650条1項），著しい危険の変更または増加の場合に限って保険契約は失効する（同条2項）との規定のもとにおける判例である。保険法は改正前商法650条に相当する規定を設けていないため，目的物の譲渡が行われると，保険契約は原則として失効する。もっとも，保険者が譲受人を新たな被保険者とすることを承諾すれば，保険契約は存続する。最近の火災保険約款の中には，目的物の譲渡等につき，①譲渡，②相続・合併の2つに区分し，前者は「あらかじめ」通知と承認の請求を必要とし，後者は「遅滞なく」通知を必要としているものがある。

保険の目的物の譲渡に伴う保険債権の移転については，保険者に対しても効力が生ずるとする民法467条の対抗要件不要説が多数であるが，本判決は指名債権譲渡の方式をとる対抗要件必要説に従ったものである。対抗要件不要説が妥当である。

5　他保険契約の通知義務

保険契約締結後，保険契約者等が他の保険者との間で同種の保険契約を締結する場合，その旨を保険者に通知すべきかについて，保険法は規定を設けていない。他の保険契約の存在が重大事由解除にあたるような信頼関係の破壊と認められる場合に，重大事由解除の問題として考慮する。なお損害保険契約の約款では他保険契約に関する事項を告知事項としているのが通例である。

6　危険の増加と危険の減少

(1)　危険の増加

専用住宅の建物に火災保険契約を締結した後に，専用住宅をレストランへ改装すると，火災発生の危険性は当然のことながら増加する。このように，被保険者に生ずべき危険が著しく変動した場合について，保険法はその危険増加が保険料の増加で契約が継続できる程度のものであるか否かに分けている。保険料の増加で対応できない場合には，保険者は保険契約を解除できるが，保険料の増加で対応できる場合には，原則として保険者は契約を解除できない。しかし，危険の増加に際しての保険者に対する通知義務が約款上定められているにもかかわらず，保険契約者または被保険者が故意または重大な過失によって通知をしなかった場合には，保険契約を解除できる（29条）。したがって，保険者が解除できるためには，約款において保険契約者または被保険者の保険者に対する通知義務が規定されている必要がある。保険料に影響を与えない程度の危険の増加は，契約締結時点での保険料算定に織込み済みであって，保険法29条に規定する危険の増加には該当しない（1参照）。

保険者は，29条1項1号および2号の要件に該当する場合に，保険契約を解除できるが，この解除は将来に向かってのみ効力を生じる（31条1項）。危険が増加したときから解除がされたときまでの間に保険事故が発生した場合には，保険者は保険給付の責任を負担しない（31条2項2号）が，保険事故の発生原因が危険増加の事由と因果関係がない場合には，たとえ保険契約者または被保険者に通知義務違反があったとしても，保険者は保険給付責任を負担する。これは因果関係不存在の特則によるものである（31条2項2号ただし書）。

保険料を増加したとしても保険契約を継続できないほどの危険の増加である場合について，保険法は規定を設けていない。そのため，約款や特約条項によって規律されることとなる。保険者がこれを理由として保険契約を解除するためには，約款や特約条項に明記されている必要があり，危険の増加後に発生した保険事故に対する保険者の免責も，同様に約款や特約条項に明記されている必要がある。

危険の増加が生じたが，保険料の増額によって契約継続が可能な場合，保険者には保険料の増額請求権が当然に認められるかという問題がある。保険法にはこれに関する規定を有しないため，約款や特約条項に明記されている必要がある。なお，約款・特約条項に基づいて保険者が増額保険料の支払を求めたが，保険契約者がこの支払を拒否する場合には，保険者は保険料支払義務違反として保険契約の解除ができる。

(2)　危険の減少

危険が著しく減少した場合，保険契約者は将来に向かって保険料の減額を請求できる（11条）。告知事項についての危険が高くなり，損害保険契約で定められている保険料が当該危険を計算の基礎として算出される保険料に不足する状態になることを危険の増加と保険法29条1項は定義し，「著しい」危険の増加を要件とはしていないが，危険の減少については，「著しい」危険の減少であることが，保険料減額請求権の要件とされている。これは，危険の増加とは異なって，危険の減少についての定義規定を設けていないために，「著しい」という表現を用いて保険料の減額請求が認められる場合を示したものである。

著しい危険の減少とは，保険料の変更をもたらすような減少をいう。もっとも，保険契約者にとっては，どのような危険の減少が「著しい」危険の減少であり，保険料減額請求が可能な程度のものであるのかを知ることは困難である。また，危険の減少を保険者の側から直接知ることも困難であり，保険契約者の側から，著しい危険の減少が生じたことの通知と保険料の減額請求がなされる必要がある。なお，保険契約者からそのような通知と請求がなされた場合，保険者はその確認を行う必要があり，保険契約者からの通知および請求によって，自動的に減額の効果が発生するのではない。

保険法11条は片面的強行規定であり，著しい危険の減少の要件を満たすにもかかわらず，保険料の減額を認めない旨の約款の規定は無効となる。

Ⅵ　火災保険

1　火災保険の意義と保険の必要性

火災保険は，火災という事故によって生じた損害をてん補することを目的とする保険である。損害保険の典型的な契約の1つであるが，現在一般に販売されている火災保険では，純粋に保険事故を火災に限定するものは少数である。保険会社によって提供されている商品内容は千差万別であり，火災のほかに落雷，破裂または爆発をも保険事故とするもの，さらに航空機の墜落，もしくは接触または航空機からの物体の落下，車両またはその積載物の衝突または接触，盗難，風水雪害などの場合にも，一定の条件のもとで保険給付を行うこととするものなどがある。保険給付の内容も，住宅について生じた損害のてん補に限らず，臨時費用，失火見舞費用などを給付するものもあり，現在の火災保険は，住宅に関連する幅広いリスクを担保する内容のものへと変化してきている。

ところで，このような火災保険はなぜ必要なのであろうか。自らの過失によって自分の家を火災で失ったような場合には，自己行為責任が働き，自らの損害は自らが補てんする必要がある。そこに本人の過失によって生じた損害をてん補する火災保険の必要性があるわけだが，隣の家からの貰火によって自己所有の家が焼失した場合には，火元に損害賠償請求をすれば済みそうである。もっとも，隣家に賠償資力がない場合には，泣き寝入りせざるをえなくなり，そこにも自分を守るための火災保険の必要性は認められる。しかし，隣家に十分な賠償資力がある場合には，そこから不法行為責任に基づく損害賠償をしてもらえばよいはずである。ところが，民法709条の特則として，失火の責任に関する法律（以下，失火責任法）というものがあり，「民法第709条の規定は失火の場合にはこれを適用せず。ただし失火者に重大なる過失ありたるときはこの限りにあらず」と規定している。そのため，火元が故意または重大な過失によって火を出した場合に限って損害賠償は認められるが，通常の失火の場合には火元から損害賠償を得ることは認められないのである。したがって，火災による損失は原則として自らがてん補する必要があり，そのようなリスクをヘッジする手段が火災保険なのである。

失火責任法の立法には，木造が中心である日本の家屋の特徴，消防技術の未発達そして何百件もの家屋が焼失する大火の可能性と，その場合の損害賠償の実効性が考慮されたという歴史的背景があり，明治時代から一貫して火元に対する損害賠償請求権を制限するという考え方となっている。

2　火災の意味

火災保険は，「火災」によって生ずる損害について保険給付をすることを目的とし，保険事故は火災である。それでは火災とは何か。保険法も火災保険約款も火災についての定義規定を設けておらず，解釈によることとなる。外国の約款例であるが，ドイツ普通火災保険約款1条2項は，「火災とは，ある一定の火床なく発生した火またはそれを離れかつ自力で広がりうる火（損害火）をいう」と規定し，さらに「火災によらずに発生した焦損ならびに用益火，加工またはその他の目的（たとえば燻蒸・焙焼・煮沸・油揚げ・乾燥・アイロンかけ）にさらされることにより，保険の目的物に生じた損害は，保険保護とはならない」と規定している。

単なるくすぶりや焼け焦げは，自力で延焼する力を有しないから，これによる損害は火災保険の対象とならないし，たばこの火でジュータンを焦がした場合などは火災保険の対象とはならない。この他にも，ストーブの輻射熱によって家具などが焼け焦げた場合にも，火災保険の対象とはならないことになる。これに対して，暖房器具が転倒してその火によって家具などが焼け焦げた場合には，火災による損害ということになろう。また，特約によるが，家財が火災保険の目的物となっており，建物に火災が発生し，そのために家具などに焦げ損や変色などが生じた場合には，保険による保護の対象となる。

実務的には，火災による損害であるか否かは，個別具体的な事例ごとに，保険者の責任の有無という観点から判断されることになる。

3　火災保険の対象（目的物）

火災保険の対象（目的物）となるものについては原則として制限がないが，建物または建物内の動産が一般的な目的物である。火災によって損害を被る可能性のあるものであれば，動産であっても不動産であっても保険の目的物となりうる。ただし，有体物に限られるのはいうまでもない。なお，改正前商法668条は，火災保険証券の記載事項として建物および建物内の動産を予定していたが，通常の場合を規定したにすぎず，木造の橋などの建物以外の構築物や立木，建物外の物品なども保険の目的物となると一般に理解されていた。保険法にはそのような規定はない。

専用住宅を火災保険の目的物とした場合，建物の従物は自動的に保険の目的物に含まれる。具体的には畳や建具がこれである。電気，ガス，暖房，冷房，その他の付属設備，そして，門や塀などの付属物のうち，被保険者の所有に帰属するものは原則として保険の目的物に含まれる。

専用住宅が火災保険に付された場合，同時に家財も保険の目的物とすることがほとんどである。その場合は，被保険者と生計を共通にする親族の所有物で，火災保険契約締結時の書面に記載された建物内に収容されているものは，特約がない限り保険の目的物となる。貴金属や書画・骨董品などは，道徳的危険が生じやすかったり，高価品であり客観的な価値を算定することが困難であることなどから，火災保険契約締結時の書面に明記する必要がある。これは，契約当事者で保険の目的物としたかどうかの紛争が生ずる恐れがあるからである。

4 火災保険金の請求と立証責任

⑴ 保険期間と保険事故

火災によって生じた損害が火災保険によっててん補されるためには，保険期間内に保険事故が生じる必要がある。現在の火災保険約款は，保険期間はその初日の午後4時から始まり，末日の午後4時に終了すると規定するのが通例であるが，これは，保険会社の営業終了時刻が午後4時であったことによる。そのため，その期間終了直前ないし期間開始直前に火災が発生した場合の取扱いが問題となる。すなわち，午後3時55分に火災が発生し，保険の目的物である家屋に火が移り炎上し始めたのが午後4時5分であるような場合，保険期間内の保険事故といえるかが問題となる。

期間終了直前から考えてみよう。学説には争いがあるが，多数説は現実に引火した時点を基準に考えるため，引火したのが午後4時5分であれば，たとえ火災の発生が保険期間内であって，類焼が不可避であろうとも，保険期間終了後に引火したこととなり，保険金は給付されない。これに対して，少数説は，類焼することが不可避と判断される場合には，目的物の家屋に引火した時点ではなく，実際に火災が発生した時点を基準に考えるため，午後3時55分に火災が発生しているのであるから，保険期間内の保険事故であり，保険金は給付される。期間開始直前の場合はどうなるかといえば，多数説は実際に引火した時点を基準として考えるので，保険金は給付されるが，少数説は火災発生時点を基準と考えるので，保険金は給付されないという結論となる。多数説，少数説とも，保険期間の関係で担保される場合と不担保の場合が生じるため，これをどのように調整するのかという課題が提示されている。

⑵ 火災保険における立証責任

火災保険は損害保険契約の1つであり，保険法2条6号は，損害保険契約を「保険契約のうち，保険者が一定の偶然の事故によって生じることのある損害をてん補することを約するものをいう」と規定していることから，火災保険が担保する火災は「偶然に」生じたものであることが必要である。そして，17条は，被保険者・保険契約者の故意または重大な過失によって生じた損害を免責としている。

火災保険の保険金請求で問題となるのは，その火災が「偶然なものである」

ことの立証責任を負担するのは，保険金請求者であるのか，それとも保険会社であるかという点である。これは，実際に火災が発生したが，それが被保険者または保険契約者の故意または重大な過失でないことまでも保険金請求者側で立証することが必要なのか，それとも被保険者または保険契約者の故意または重大な過失であることを保険者側で立証することが必要なのかという形で現れる。

この点について，保険者に火災保険金の支払を請求する者は，火災発生が偶然のものであることを主張・立証すべき責任を負わないものと解すべきであるとした裁判例がある。

POINT 3　店舗総合保険契約と偶然性の立証責任

最判平成16年12月13日民集58巻9号2419頁（百選28）

【事実】

輸入雑貨・服飾の販売を営むX（原告・被控訴人・被上告人）が，自己所有の土地に建物を所有し，その建物に居住するとともに，店舗，倉庫として使用していた。XはY保険会社（被告・控訴人・上告人）との間で保険の目的物を本件建物，家財一式および商品・製品等一式とし，保険金額を建物2億円，家財一式7000万円，商品・製品等一式2億円，保険料を年間48万6300円とする店舗総合保険契約を締結した。保険約款には，火災によって保険の目的物について生じた損害に対して損害保険金を支払う旨が規定されていた。なお，保険契約者，被保険者またはこれらの者の法定代理人の故意もしくは重大な過失または法令違反によって生じた損害に対しては損害保険金を支払わない旨が規定されていた。

保険期間内に火災が発生し，本件建物の4階の居室20㎡が焼損し，他の部屋にも消火活動による被害が生じたほか，家財および店舗の商品等についても一部に焼損または水損等の被害が生じた。

Xが保険金の支払を求めたところ，Yは本件火災が偶然に発生したものではなく，Xの放火によるものであることを主張して訴訟となった。第1審，原審ともYの主張を斥けたため，Yが上告した。上告理由は多岐にわたるが，偶然性の立証責任の帰属が中心争点である。

【判旨】（**上告棄却**）

「商法は，火災によって生じた損害はその火災の原因いかんを問わず保険者がてん補する責任を負い，保険契約者又は被保険者の悪意又は重大な過失によって生じた損害は保険者がてん補責任を負わない旨を定めており（商法665条，641条），火災発生の偶然性いかんを問わず火災の発生によって損害が生じたことを火災保険金請求権の成立要件とするとともに，保険契約者又は被保険者の故意又は重大な過失によって損害が生じたことを免責事由としたものと解される。火災保険契約は，火災によって被保険者の被る損害が甚大なものとなり，時に生活の基盤すら失われることがあるため，速やかに損害がてん補される必要があることから締結されたものである。さらに，一般に，火災によって保険の目的とされた財産を失った被保険者が火災の原因を証明することは困難でもある。商法は，これらの点にかんがみて，保険金の請求者（被保険者）が火災の発生によって損害を被ったことさえ立証すれば，火災発生が偶然のものであることを立証しなくても，保険金の支払を受けられることとする趣旨のものと解される。」

「したがって，本件約款に基づき保険者に対して火災保険金の支払を請求する者は，火災発生が偶然のものであることを主張，立証すべき責任を負わないものと解すべきである。」

傷害保険の保険金請求に関して最高裁は，保険事故の要件の1つである「偶然性」の立証責任は保険金請求者側にあると判断しており（最判平成13年4月20日判時1751号171頁〔UNIT 14 *POINT 1*〕），本件のY保険会社もこの最高裁判決を引用して上告していたが，最高裁は本件とは事案を異にするとした。この判決によって，火災保険に関しては，保険金請求者側でその損害が火災によるものであることを主張・立証すれば足り，火災発生の偶然性いかんに関係なく，火災の発生によって損害が生じたことが火災保険金請求権の成立要件であり，保険金請求を否定するためには，保険者側で免責事由を主張・立証しなければならないということが確定したといえる。なお，「すべての偶然な事故」を保険事故とするテナント総合保険の保険契約者が，火災による什器等の消失および休業が保険事故に該当するとして保険金を請求する場合，事故発生の偶然性についての主張・立証責任の帰属について争われた裁判において，最高裁は本件保険約款における「偶然な事故」とは，保険契約成立時に発生するかどうかが不確定な事故をすべて保険事故とすることを明らかにしたものと解するのが相当であり，保険事故の発生時において保険契約者等の意思に基づかないものであること（事故の偶発性）をいうものと解することはできないとしたうえで，保険金請求者は事故の発生が保険契約者等の意思に基づかないものであることについて主張・立証すべき責任を負わず，保険契約者等の故意または重過失に

よって保険事故が発生したことは，免責事由として保険者の側で主張・立証する責任を負うとしている（最判平成 18 年 9 月 14 日判時 1948 号 164 頁）。

(3)　立証責任の問題

立証責任の所在が問題となるのは，真偽不明の場合（これをノンリケットという）であり，立証責任を負担する側が最終的に不利益を被ることとなる。火災保険金の請求がなされ，保険者が被保険者の放火による免責を主張する場合を想定してみよう。証拠によっても放火であるか否かは不明であったとする。保険金請求者の側で請求原因として「偶然性」を立証することを必要とする考えをとれば，放火でないことまで立証する必要があるから，その立証に成功しない限り保険金請求権は認められない。それに対して，保険会社にその立証責任があり，被保険者による「放火」（偶然でないこと）を立証することを必要とする考えを取れば，保険会社が抗弁事由として放火であることの立証に成功しない限り，保険金請求を拒むことはできない。

最判平成 13 年 4 月 20 日以降，偶然性などの立証責任が保険金請求者側にあると主張して，保険金請求を拒もうとする手法を保険者側が採用した例が散見されたが，最高裁は傷害保険の保険金請求と火災保険の保険金請求とでは立証責任の帰属が異なるとの態度を明らかにした。もっとも，保険法の規定のもとでは，この最高裁判決も再検討が必要であるとの見解もある。

Ⅶ　地震保険と地震免責

1　地震保険とは

火災保険に付帯する保険として地震保険がある。これは地震もしくは噴火またはこれらによる津波を直接または間接の原因とする火災，損壊，埋没または流出によって，居住用建物および生活用動産（家財）の損傷の程度が全損・半損・一部損となった場合に保険金が給付される。

地震保険の損害の認定は，通常の火災保険の場合と異なる。地震保険における全損とは，建物では主要構造物の損害額が建物の時価の 50% 以上，または焼失，流出した床面積が建物の延床面積の 70% 以上の場合であり，家財では，損害額が時価の 80% 以上の場合である。契約金額の 100%（時価が限度となる）

が保険金として給付される。

地震保険では，分損をさらに半損と一部損に分けている。半損とは，建物では主要構造物の損害額が建物の時価の 20% 以上 50% 未満，または焼失，流出した床面積が建物の延床面積の 20% 以上 70% 未満の場合であり，家財では，損害額が家財の時価の 30% 以上 80% 未満の場合である。契約金額の 50%（時価の 50% を限度とする）が保険金として給付される。

一部損とは，建物では主要構造物の損害額が建物の時価の 3% 以上 20% 未満の場合，または全損・半損に至らない場合で，建物の床上浸水または地盤面から 45 cm を超える浸水を受け損害が生じた場合であり，家財では，損害額が家財の時価の 10% 以上 30% 未満の場合である。契約金額の 5%（時価の 5% を限度とする）が保険金として給付される。

このように，地震保険が実際に生じた損害をてん補するのではなく，損害の程度により三段階に分けて保険給付額を決定するのは，大規模でかつ広域にわたるという地震による損害発生の特殊性に理由がある。対象となる家屋等を細かく査定すると，早期の保険金給付が困難となるため，鑑定人が家財全体を調査して損害の程度を速やかに判定し，保険給付を行う仕組みになっている。なお，平成 23 年 3 月 11 日に発生した東日本大震災における津波の浸水による建物の損害（火災，損壊，埋没または流出に該当しないもの）については，別途判定基準を設け，鴨居（かもい），または長押（なげし）または扉の上端に至る床上浸水の場合には全損とし，床上浸水または地盤面より 45 cm を超える浸水の場合には半損，基礎の高さ以上の浸水を被った場合で，全損または半損に至らない場合を一部損と判定した（給付される保険金額は，津波以外による損害と同じである）。

この保険契約の特徴は，単独では締結できず，必ず普通火災保険，住宅火災保険等の家計火災保険に付帯させる必要があることである。ここでの契約締結に際しては，地震保険契約は自動付帯されるが，契約者は自らの判断で地震保険に加入しないことを選択できるという手法を採用している（UNIT 1 *POINT 4* 参照）。保険金額にも制限があり，主契約である火災保険の保険金額の 30%～50% に制限され，かつ建物については 5000 万円，生活用動産については 1000 万円の限度額が設定されている。なお，地震は巨大な損害をもたらすことなどから，政府による再保険制度が用意されている。そして，1 回の地震による保険金の支払総額が一定額以上に達したときは，個々の被保険者に対して支払われる保険金が減額されるというシステムになっている。

2　地震保険の必要性

地震保険が用意（原則として自動付帯）されているのは，火災保険が地震による損害をてん補しないためである。地震によって建物が倒壊した場合に限らず，地震を原因として火災が発生し，そのために建物が焼失した場合であっても，火災保険では担保されない。それは，保険約款が地震，噴火またはこれらによる津波による損害を免責としているからである。

地震による免責の対象となる損害には，①地震によって生じた損害，②地震等によって発生した事故が延焼または拡大して生じた損害，③発生原因のいかんを問わず事故が地震等によって延焼または拡大して生じた損害，以上の3類型がある。

このように，火災によって損害が発生したにもかかわらず，その原因が地震にあるということで火災保険による保護が受けられないのは，一般の市民にとっては理解しがたい内容であることは確かであり，火災保険の締結に際して十分な説明および情報が保険契約者に対して与えられる必要がある。この説明義務が問題となった裁判例に，大阪高判平成13年10月31日（判時1782号142頁）があり，説明義務違反があったとして保険会社に慰謝料の支払を命じたが，上告審の最判平成15年12月9日（UNIT 1 *POINT 4* 参照）では，慰謝料請求は認められなかった。

阪神大震災時の火災保険契約における地震免責条項の適用が争われた裁判例がある。

POINT 4　地震免責条項と地震によって生じた火災

大阪高判平成11年11月10日判タ1038号246頁（百選17）

【事実】

X（原告・被控訴人＝控訴人）の所有する建物およびその建物内の家財は，Y_1 および Y_2 損害保険会社（被告・控訴人＝被控訴人）との間でXが締結した火災保険の目的物であった。阪神大震災発生の2～3時間経過後，その建物内で火災が発生し，建物は全焼した。本件火災保険約款には，①地震によって生じた火元の火災が保険の目的に与えた損害，②

地震によって発生した火災が延焼または拡大して保険の目的に与えた損害，そして③発生原因のいかんを問わず火災が地震によって延焼または拡大して保険の目的に与えた損害，以上については保険金を支払わない旨の免責規定が設けられてあった。Xの保険金請求に対してY_1らは本件火災による損害は，免責条項の①または③に該当する損害であるとして免責を主張した。Xが保険金の支払を求めて訴えを提起した。第1審がXの保険金請求を一部認めたため，X・Y双方が控訴した。

【判旨】**（原判決変更，Xの請求一部認容）**

「本件火災が電気火災であることを認めるには足りないというほかない。 結局本件火災の原因は不明というほかはない。

……本件火災は本件地震による影響がなければ二階天井裏又は子供部屋1及びその周辺の焼燬による比較的小規模の段階で鎮火した蓋然性が高いと認められ，これに本件建物の規模構造や消火作業による汚損，水損により生じたであろう損害も考慮すると，本件地震により拡大した損害は，後記認定の全損害の五割程度であると認めるのが相当である。

第一審被告らは，当審においても，免責はその火災による損害の全部に認めるか認めないかであり，その火災の一部の損害についてのみ免責を認めることはあり得ない（オールオアナッシング論），オールかナッシングかは，地震がその延焼拡大による全焼に火元火災と地震とのいずれが決定的な影響を与えたかどうかで定めるべきであると主張する。

……保険約款の解釈は文言中心になすべきところ，『地震によって延焼または拡大して保険の目的に与えた損害』という表現からすると，免責されるのは火災による全損害ではなく，地震により延焼または拡大した部分の損害に限られることは明らかである。」

本件では，免責条項のうち，「③発生原因のいかんを問わず火災が地震によって延焼または拡大して保険の目的に与えた損害」が問題となっている。これまでの判例は，地震と延焼・拡大との間に因果関係が肯定されると，保険者の全部免責が認められている。第1審は上記の免責条項③に該当するとしたが，地震と相当因果関係のある損害部分についてのみ免責を認めた。それに対して本判決は，約款をそのようには解釈せず，地震により拡大した損害を全損害の5割程度であると認定して，保険金の支払を命じている。このような判断を示した裁判例はほかにはみあたらず，多くの裁判例は地震免責の解釈において，火元の火災が地震により生じたもので，これが延焼したと認定されて保険者免責とするにとどまらず，地震と火災の因果関係の有無によって判断する傾向にある。なお，同じく阪神大震災時に発生した火災であるが，地震発生後6日後に発生した火災によって家屋が損害を被った事案では，本件火災の発生が当然に地震と相当因果関係にあるものと推定することはできないとし，出火原因を特定することは困難であるといわざるをえないとして，火災共済金の支払を命じた裁判例がある（神戸地判平成10年4月27日判時1661号146頁）。

Ⅷ　損害保険と担保

1　保険金と物上代位

債権者は，その債権の確実な回収のために，債務者に対して債務者の建物等の不動産に抵当権を設定させても，火災等の災害によってこの建物が滅失または毀損した場合には，抵当権を実行できず，あるいは実行できても一部の弁済しか得られないおそれがある。債務者が，抵当権を設定した建物を目的物とする火災保険契約を締結し，この建物が滅失または毀損した場合，抵当権者である債権者は，保険金請求権に対して物上代位権（民372条・304条1項）を行使して優先弁済を受けることができるかが問題となる。判例（大判明治40年3月12日民録13輯265頁等）および通説は，保険金請求権に対して物上代位が及ぶことを認めている。これに対して，保険金請求権は，目的物の滅失または毀損によって事実上または法律上当然に生ずるものではなく，これとは別に存在する保険契約に基づいて生ずるものであって理論的には否定されるべきとする見解もあるが，抵当権者保護の要請や抵当権設定の関係者の合理的意思を考慮するかぎり，保険金請求権について物上代位を認めるべきであろう。

2　物上代位の要件としての差押え

抵当権者が物上代位権を行使して保険金の支払を受けるためには，物上代位の対象となる金銭の「払渡し又は引渡しの前」，つまり保険事故発生後，保険金が抵当権設定者である被保険者に支払われる前に，差押えまたは仮差押えをしなければならない（民304条1項ただし書）。この差押えは抵当権者自身によりされる必要があるのか，抵当権者の差押えに先行して他の債権者が転付命令を得ていた場合などにも物上代位をなしうるのかは争いがある。抵当物が滅失し保険金債権に変化した場合には抵当権の登記は公示方法として十分であるとはいえない。差押えは，優先権を保全するための登記に代わる公示方法であるから，抵当者自身がしなければならず，また他の債権者による転付命令の前に差押えをしなければ物上代位はなしえないと解される（大連判大正12年4月7日民集2巻209頁〔百選26〕)。これに対して，物上代位の要件としての差押えは，抵当物の特定性を保全し，一般財産への混入を防ぐためのものであると解し，差押えは抵当権者自身が行う必要はなく，また弁済がなされる前であれば転付命令の後であっても物上代位の要件を具備しうるという見解もある。

このように，抵当権者は保険事故発生前にあらかじめ差押えをしておくことはできず，また保険金が被保険者に支払われたり，他の債権者による差押えがされた場合には物上代位権を行使できず，優先弁済権を確保できないという不安定な立場に置かれる。そこで，実務では，債権者は，目的建物に抵当権を設定するとともに，目的建物に付された火災保険契約に基づく保険金請求権に質権を設定するという方法がとられている。

3　物上代位権と質権の競合

同じ保険金請求権について，物上代位権と質権とが競合する場合には，いずれが優先すると解すべきか。上述のように，差押えを優先権を保全するための公示方法と解する立場からは，質権の第三者対抗要件である確定日付と物上代位による差押えの先後によって決定されるべきものと解される。これに対して，差押えを抵当物の特定性を保全するためのものと解する立場からは，抵当権の対抗要件である登記と質権の対抗要件である確定日付の先後により決定されるべきことになる。下級審裁判例には，前者の解釈をとるものがある。

POINT 5　物上代位権と質権の優劣

福岡高宮崎支判昭和32年8月30日下民集8巻8号1619頁（百選27）

【事実】

Y_2（被告・被控訴人）は，Y_1（被告・被控訴人）に対する債務を担保するため，自己所有の建物につき極度額200万円の根抵当権を設定しその旨の登記も行った。ついで，Y_2

は，Y_3 保険会社との間で，上記建物とそこに存する機械設備を目的とする保険金額 200 万円の火災保険契約を締結するとともに，X 銀行（原告・控訴人）の債務を担保するため，この保険契約に基づく保険金請求権の上に質権を設定し，Y_3 から質権設定の承認を得た。Y_3 からの承認の証書に確定日付も得た。その後，上記建物とそこに存する機械設備の一部が火災によって損害を受けた。そこで，Y_1 は，自己の有する根抵当権の物上代位権の行使としてこの保険金請求権を差押え，さらに転付命令を得た。他方，X は，この保険金請求権については，自己が質権を有しかつ保険事故が発生したときは Y_2 の X に対する債務の弁済期が到来すると特約で定められていることを理由に，X が当該保険金につき取立権を有すると主張した。Y_3 は債権者の不覚知を理由に保険金 50 万円を供託した。第 1 審は X の請求を棄却したことから，X が控訴。

【判旨】（**原判決変更**）

「民法第 372 条，第 304 条第 1 項によれば，抵当権は，債務者が抵当不動産の売却滅失等により，他人より金銭その他の物を受くべき債権に対してもこれを行うことができる旨規定し，他に何等の制限規定もないから，保険金に対しても右物上代位の法則の適用があるものと解するのが相当である。ところで，物上代位権は金銭その他の物に対する請求権が，差押前に第三者に譲渡せられたときは，最早これを行使することを得ないものといわざるを得ないし（昭和 5 年……9 月 23 日大審院第二民事部決定参照）しかも，民法第 304 条第 1 項但書にいわゆる払渡又は引渡は債権の譲渡又は質入のように，債権をそのまま処分する行為をも包含するものと解すべきであるから，保険金請求権に対する質権と物上代位権による差押をした抵当権がある場合は，その優先順位は，質権設定の第三者に対する対抗要件を具備した時と，抵当権の場合はその抵当権の登記をした時ではなく，抵当権に基く物上代位権による差押えの時との前後により決すべきであるとみるのが相当である。

……前記 X の質権設定の第三者に対する対抗要件を具備した時期は，Y_1 が物上代位権の行使として本件保険金に対する仮差押をした時期にさきだつことが明らかであるから，前叙判断したところにより，Y_1 はこれに対し物上代位権の行使をすることを得ない筋合である。従つて，本件差押及び転付命令は実質的効力を生ずる余地はなく，無効であるというべきである。」

本判決は，物上代位権と質権の優劣については，物上代位権による差押えの時と質権設定の第三者対抗要件を具備した時の先後によって決定すべきであると判示した。これに対して，賃料債権も物上代位の対象となることを前提として，民法304条1項ただし書にいう「払渡し又は引渡し」には債権譲渡は含まれず，物上代位の目的債権が譲渡され，第三者対抗要件が具備された後であっても，抵当権者は自ら目的債権を差し押さえて物上代位権を行使できるとした判例がある（最判平成10年1月30日民集52巻1号1頁）。この判例の射程が保険金請求権につき質権設定がなされた場合にも及ぶかについては，見解が分かれている。

4　保険金請求権に対する質権設定

物上代位による方法で債権者が保険金請求権から優先弁済を受けることができるかは必ずしも確実ではないことから，実務上は，抵当権を設定した建物に火災保険契約を付し，保険金請求権に対して質権を設定するという方法が広くとられている。保険事故発生前の未必的保険金請求権についても質権の目的とすることができることには異論はない。

保険金請求権に対して設定される質権は債権質であるため（民362条参照），民法の債権質に関する手続が要求される。平成15年民法改正により，質権設定につき保険証券を交付する必要はない。第三債務者である保険者への対抗要件については債権譲渡の規定が準用されるため，保険者への通知または保険者の承諾が必要である（民364条・467条）。実務上は，保険会社が作成する質権設定承認請求書に質権者と質権設定者とが連署したものを，保険会社に提出する方法がとられている。

火災保険契約は保険期間を1年とする契約が一般的であるため，質権者は次年度以降に継続される保険契約に対しても質権の効力を及ぼすことが必要となる。当初の保険契約の保険金請求権についてなされた質権設定が継続契約の保険契約にも及ぶかについては，見解の対立がある。当初契約の保険金請求権に対する質権は，継続契約の保険金請求権に当然にその効力を及ぼすものではないが，当初契約の保険金請求権について質権設定する際に，継続契約の保険金請求権についても質権を設定する契約を締結することができると解されている。実務上は，当初契約の質権設定承認請求書に継続契約に基づく保険金請求権にも質権を設定する旨の文言を入れるのが通常である。その場合でも，第三者に質権を対抗するためには，対抗要件としての確定日付が継続契約の成立ごとに要すると解するほかない。そこで，当初契約の質権設定の確定日付により継続契約についての質権についても第三者に対抗できると解する見解も有力となっている。

質権設定にも問題点はある。まず，保険金請求権について質権を設定するには，債務者側の協力が欠かせない。また，債務者（被保険者）側の契約上の義務違反（告知義務・通知義務の違反等）や故意免責などについて，質権者も対抗を受けることになる。債務者が別の火災保険契約を締結することで重複保険となった場合には，債務者が先に別の保険契約により保険金の支払を受けることで，質権者は全く保険金の支払を受けられない，あるいは少額にとどまるというおそれもある。そのため，実務では，これを補完するために抵当権者特約条項や債権保全火災保険も利用されている（UNIT 3 Ⅲ参照）。

UNIT 6 保険代位

保険者は，保険事故が発生したときに，損害をてん補する義務を負う。しかし，保険の目的物に全損（経済的全損）が生じてもなお残存物があるとか，また，被保険者が第三者に対して損害賠償を請求できるときがある。このような場合，被保険者にこれらを取得させることは，利得禁止の原則からしても妥当ではない。保険法では，保険者が被保険者に対して損害をてん補したときには，一定の要件のもとで，被保険者の有する保険の目的物に対する権利が保険者に移転し，また，被保険者の有する第三者に対する権利が保険者に移転する。前者が残存物代位であり，後者は請求権代位である。

残存物代位は，利得禁止の原則から，被保険者の権利について保険者が代位するものである。保険者がてん補すべき損害は，保険の目的物が本来の経済的機能をまったく失ったがなお残存物があるときに，被保険者が保険者から保険金額の全部の支払を受けたにもかかわらず残存物を取得できるならば，被保険者は利得を得るからである。

請求権代位は，一種の衡平の見地から，保険者の代位を認めるものである。保険事故の発生によって被保険者が第三者に対して損害賠償請求権を有する場合，被保険者は，保険者に対する損害てん補請求権と第三者に対する損害賠償請求権を有する。この場合，この両方の請求権は，法律的には別個の原因に基づくのであるから，被保険者にこの両請求権を認めるならば，不当な利得を与えることになる。また，保険者が被保険者に対して損害のてん補をしたからといって，損害を賠償しなければならない第三者が責任を免れるとすることもまた不当である。

Ⅰ 残存物代位

火災保険契約において，保険の目的物である家屋が火災により焼失しても，床柱などが焼け残ることがある。床柱が残っていても，家屋そのものは焼失しているので，もはや住むことはできない。この場合家屋が全部滅失（経済的全損）して，保険会社が保険金を支払ったときには，焼け残った床柱は経済的価値があり，保険会社がその所有権を取得することを残存物代位という。また，盗難保険において，盗品が戻ってきたときには，その所有権について残存物代位することは意義のあることである。

保険者は，保険の目的物の全部が滅失した場合において，保険給付を行ったときは，当該保険給付の額の保険価額（約定保険価額があるときは，当該約定保険価額）に対する割合に応じて，当該保険の目的物に関して被保険者が有する所有権その他の物権について当然に被保険者に代位する（24条）。

保険の目的物の全部が滅失した場合とは，保険の目的物が物理的にすべて滅失した場合だけではなく，目的物が本来の機能を失って経済的な価値や効用がなくなることをいう（上記の家屋焼失の例）。全部滅失であるから，分損の場合には代位はできないのが原則である。

保険者が保険給付を行うことも，残存物代位の要件の1つである。保険給付は全部でなくても一部でも代位でき，保険者の行った給付の額の保険価額（約定保険価額があるときは当該約定保険価額）に対する割合に応じて代位する。

POINT 1　株券に対する残存物代位

大阪地決昭和38年2月19日下民集14巻2号219頁（損保百選75）

【事実】

X保険会社（抗告人）は，申立外Aとの間で，Aが所有する株券を郵送するについて，当時の約款に基づき，盗難不着危険担保郵便物特別約款付（盗難保険）で保険金額を200万円とする運送保険契約を締結した。しかし，株券が郵送中に紛失したので，XはAに対して保険契約に基づいて株券喪失による全損害額178万円余りを支払った。

Xは，被保険者Aが株券につき有した一切の権利（公示催告の申立てをなし，除権判決を待って株券の再交付を受ける権利）を保険代位により取得したと主張して公示催告の申立てをした。

この申立てに対して大阪簡易裁判所は，保険契約の内容から勘案して，本件運送保険の目的は株券の表彰する株式そのものではなく株式を表彰する券面すなわち紙片そのものと解されるから，Xが保険代位によって取得した権利の対象も株式ではなく券面そのものにすぎない。したがって，券面の表彰する株主権を取得したのではないXは，公示催告の申立手続にいう証書により権利を主張しうるべき者にはあたらないと判示して，Xの申立てを却下した。Xは抗告した。

【決定要旨】（抗告棄却）

「結局公示催告の申立をなしうるものとは，証書喪失当時その証書によつて権利の主張ができる形式的資格をもつていたものということにならざるをえない。そうであるから右の形式的資格を有しないものは，たとえ実質上の権利者であつても申立権を有しないものというべきである。けだし，公示催告ないし除権判決の制度は，証書喪失当時の形式的資格者に，証書の喪失により失つた形式的資格を回復させることを目的とするものであつて，実質上の権利者を確定し，これに形式的資格を付与する制度ではないからである（従つて，実質上の権利者であれば権利取得の時期如何にかゝわらず，また従前形式的資格をそなえていたかどうかに拘らず，それに資格を与えるというが如きは，この制度の埒外にあること勿論である。）。そして，このことは公示催告手続が，右制度目的に照応した手続構造をとつていること，これを逆にいえば，実質上の権利確定にふさわしくない手続構造であることからも首肯できるのである。」

「いまこれを本件についてみるに，Xの主張するところは保険者たるXは，被保険者Aと同人の有する最終名義人兼所持人いずれも同人なる記名株券を目的として運送保険契約を結び，保険事故たる株券喪失のため，保険金の全額を支払い，保険者代位によつて，被保険者Aの有する株主権を取得したというのであるから，本件株券喪失当時において株券による権利行使の資格を有していたものはAでこそあれ，Xでないこと明白であり，すでにこの点においてXは公示催告の申立権を有しないものといわなければならない（Xが保険者代位により株式の移転を受けたとしても，株券による資格はもともと無かつたのであるからその資格の獲得は後記の如く他に求むべく，従前の資格の回復を目的とする公示催告手続により難いことは，前説示のとおりである。）。」

本決定は，保険者が保険代位により，被保険者が有していた株主権を取得したとしても，保険者は同時に公示催告申立権も取得するかどうかについて，これを否定したものである。本件決定要旨は，公示催告申立権者に関する従来の通説と同様の見解に立つものである。保険実務では，保険契約者または被保険者が公示催告を申し立てることを条件として，保険金を支払っていた。

Ⅱ　請求権代位

火災保険契約を締結していた家屋が，第三者の放火で焼失した場合，被保険者は保険会社に対して保険金請求権があり，加害者である第三者に対して損害賠償請求権がある。この場合，被保険者は両方の権利を行使できるわけではない。被保険者が保険者に対して保険金請求権を行使して，保険者から保険給付を受けた場合，保険者は被保険者の加害者に対する損害賠償請求権に代位することになる。

このように，保険者は，保険給付を行ったときは，保険者が行った保険給付額または保険事故による損害が生じたことにより被保険者が取得する債権（債務の不履行その他の理由により債権について生ずることのある損害をてん補する損害保険契約においては，当該債権を含む。被保険者債権という）の額のうちいずれか少ない額を限度として，当然に被保険者に代位する（25条1項）。

被保険者債権の額については，保険者が行った保険給付額がてん補損害額に不足するときは，被保険者債権の額から当該不足額を控除した残額となる（25条1項2号括弧書き）。また，この場合において，被保険者は，被保険者債権のうち保険者が1項の規定により代位した部分を除いた部分について，当該代位に係る保険者の債権に先立って弁済を受ける権利を有する（同条2項）。この規定は，後述の差額説によるものである。

1　一部保険と請求権代位

保険金額が保険価額に達しない一部保険で，しかも過失相殺等により被保険者債権がてん補損害額より少ない場合には，どの範囲で保険者の権利取得を認めるかについて，その解釈をめぐり学説が対立していた。

POINT 2　一部保険と請求権代位

最判昭和62年5月29日民集41巻4号723頁（損保百選33）

【事実】

X会社（原告・控訴人・上告人）は，A社所有の冷凍イカを運送することを依頼されて，X所有の保冷車に積み込んだ。Xは，Yフェリー会社（被告・被控訴人・被上告人）との間で，本件車両をY所有のフェリーボートで海上運送する旨の本件運送契約を締結した。

フェリーボートは，天候の急変に遭遇し，その際の本件車両の反復移動，接触等の衝撃により，本件車両も車体，運転席，荷台等が破損し全損となるという本件事故が発生した。本件事故による本件車両の車両損害は 390 万円である。本件事故の発生については，Y 側には，船長による車両の転倒防止装置の装着作業の遅滞および本件車両の異常な過積状態の看過の点に過失があり，X 側には，A による異常な過積をした車両の運送申込みとその使用者である X によるその容認の点で過失がある。

Z 保険会社（附帯上告人）は，X に対し，本件車両について，X を被保険者として締結していた自動車保険契約に基づき，本件車両の損害てん補として，保険金 300 万円を支払った。

原審は，本件事故における過失割合は，前記過失の程度にかんがみ，X 5 割，Y 5 割と認めるのが相当であるとの事実関係を適法に確定したうえ，本件車両の全損により X の被った損害は前記 390 万円の 5 割の 195 万円になるところ，Z から本件車両損害の保険金として支払を受けた前記 300 万円を損益相殺としてこれから控除すると，前記損害はすべててん補されたことになるとして，X の本件運送契約の債務不履行を理由とする本件車両損害に関する賠償請求を棄却すべきものと判示した。

【判旨】（**原判決破棄，一部認容**）

「損害保険において，保険事故による損害が生じたことにより，被保険者が第三者に対して権利を取得した場合において，保険者が被保険者に損害を塡補したときは，保険者は，その塡補した金額を限度として被保険者が第三者に対して有する権利を代位取得する（商法 662 条 1 項）ものであるが，保険金額が保険価額（損害額）に達しない一部保険の場合において，被保険者が第三者に対して有する権利が損害額より少ないときは，一部保険の保険者は，塡補した金額の全額について被保険者が第三者に対して有する権利を代位取得することはできず，一部保険の比例分担の原則に従い，塡補した金額の損害額に対する割合に応じて，被保険者が第三者に対して有する権利を代位取得することができるにとどまるものと解するのが相当である。

これを本件についてみるに，前記の事実関係によれば，本件車両の損害は 390 万円であるのに，Z が X に対し支払つた保険金額は 300 万円であり，X の Y に対する損害賠償請求権は過失相殺により 195 万円であるというのであるから，一部保険の保険者である Z は，前記の説示に照らし，被保険者である X の Y に対する 195 万円の請求権を，保険金額 300 万円の本件車両の損害額 390 万円に対する割合に応じて，すなわち 150 万円の限度で代位取得するにとどまるものというべきであつて，X は，その反面として，右金額の限度で Y に対する請求権を喪失するものの，残額の 45 万円については，なお右請求権を保有しているものということができる。」

この問題については，次の3説がある。

①　絶対説（限度主義）によれば，一部保険の割合とは無関係に，保険者は保険給付額までの代位が認められる。上記最判の事案によれば，Zは，保険金300万円を支払ったのであるから，XのYに対する請求権195万円全額を取得して，Xには請求権は残らないことになる。

②　相対説（比例主義）によれば，一部保険であるからこの場合にも比例按分の法則が適用され，保険者は，保険給付額を限度として，被保険者債権の金額に付保割合すなわち保険価額に対する保険金額の割合を乗じて算出された額を取得する。したがって，Zは，被保険者XのYに対する195万円の請求権を，保険金額300万円の損害額390万円に対する割合に応じて，150万円の限度で代位取得する。したがって，Xは，195万円と150万円の差額である45万円について，Yに対して請求権を有していることになる。上記最判がこの立場である。

③　差額説は，被保険者が保険給付を受けた後でも，なお全損害のてん補に足りない場合，被保険者が優先して請求権を取得する。したがって，保険者は，被保険者の損害が全部てん補された後に，なお被保険者の第三者に対する請求権が残っている場合にのみ，その残額について代位できる。この説によれば，Xは，390万円の損害のうち300万円を保険でてん補されたので，残額90万円につきYに対する請求権を取得し，ZはXのYに対する195万円の残額105万円について代位できることになる。

保険法は，③差額説を採用した（25条1項2号括弧書き）。その理由は，保険事故により損害を被った被保険者の損害をできる限りてん補することにより，被保険者を経済的に保護することにある。

2　請求権代位と所得補償保険

所得補償保険（病気やケガなどで仕事に従事できなくなった場合，所得の損失を補償してくれる保険）には代位の規定がないのであるが，その性質は実損てん補型の保険である。したがって，保険者の代位があるとしたら損害賠償義務者の賠償額から控除しなければならないかが問題となる。

POINT 3　請求権代位と所得補償保険

最判平成元年1月19日判時1302号144頁（百選23）

【事実】

X（原告・控訴人・上告人）は，自動車を運転中にY_1（被告・被控訴人・被上告人）運転のY_2会社（被告・被控訴人・被上告人）所有の加害車に衝突され，頭部挫傷の傷害を負い，休業を余儀なくされたとして，Yらに対して不法行為に基づく損害賠償を請求した。

XはA損害保険会社の所得補償保険を締結しており，本件事故により就業不能となったため所得補償保険金が支払われた。Yらは，所得補償保険金の額をXの損害額から控除すべきであると主張した。第1審・原審ともに，改正前商法662条〔保険法25条〕により，A保険会社は保険金の限度でXのYらに対する損害賠償請求権を取得し，その分をXのYらに対する賠償請求額から控除すべきであると判示した。

Xは，次のように主張して上告した。

① 保険会社は，被保険者の第三者に対して有する権利を代位取得しても，不法行為の加害者に対してこれを行使しない実情にある。

② 本件のような事案において保険会社が代位権を取得したにも拘らず，その権利を行使しない場合，保険会社の収支計算は，保険金の支払価額分（代位権行使できるのにしなかった価額）について，全被保険者がこれを分担して保険料率が決定されたことになり，Xを含む被保険者全体の損失を惹起しているものである。

③ 不法行為の被害者が本件のような保険に加入しているか否かにより，損害賠償の価額が大幅に変動することは，きわめて公平性を欠いたものと断言しうる。

④ 本件のXのように，自ら保険料を出捐して自己防衛をなそうとしている者と，何ら対応なく，加害者に請求する者とが，結果的にその受領する損害額が同一ということは，社会常識上到底世人を納得させられるものではない。

⑤ 保険会社と被保険者間において，保険契約締結の際に，当事者間で改正前商法662条の適用を排除する旨の黙示の合意が成立していたと認められる社会的基盤が存在しており，かつ，そう解釈することが，当事者間の衡平の原則に合致するものである。

【判旨】（上告棄却）

「本件所得補償保険は，被保険者の傷害又は疾病そのものではなく，被保険者の傷害又は疾病のために発生した就業不能という保険事故により被った実際の損害を保険証券記載の金額を限度として塡補することを目的とした損害保険の一種というべきであり，被保険者が第三者の不法行為によって傷害を被り就業不能となった場合において，所得補償保険金を支払った保険者は，商法662条1項の規定により，その支払った保険金の限度において被保険者が第三者に対して有する休業損害の賠償請求権を取得する結果，被保険者は保険者から支払を受けた保険金の限度で右損害賠償請求権を喪失するものと解するのが相当である。保険会社が取得した被保険者の第三者に対する損害賠償請求権を行使しない実情にあったとしても，右の判断を左右するに足りるものではない。」

本判決は，所得補償保険について，保険金を支払った保険会社は，保険金の額につき被保険者が加害者に対して有する損害賠償請求権を代位取得し，その結果，被保険者の加害者に対する損害賠償請求権はその分だけ縮減する旨を判示したものである。

所得補償保険の約款には保険代位の規定がなく，この場合保険者は被保険者の加害者に対する損害賠償請求権に代位できるかどうかが問題となる。学説では次のように見解が分かれている。

① 所得補償保険を損害保険と解して，保険法の代位の規定を適用して，代位を認める説。

② 損害保険と生命保険の両方の要素を持つ傷害保険の一種と解して，定額給付型と不定額給付型との中間的なものであるが，約款１条の趣旨から代位の適用を肯定する説。

③ 約款に代位の規定がなく，実務上も損害てん補型として取り扱っていないので，当事者の意思解釈として代位のない不定額給付型の傷害保険と解して，代位の適用を否定する説。

④ 当事者が黙示の合意により代位の適用を排除していると解して，そう解するのが被保険者有利の約款解釈の原則にも，また実務上の取扱いにも合致するという説。

学説の対立があるなかで，本判決が代位を認めたことは，所得補償保険が実損てん補型の損害保険であることを確認したものであり，判旨の論理は一貫している。しかし，代位する権利はあるが，それを行使しないという実務には批判もあるので，そのことを約款で明らかにすることが必要である。

3　被保険者の権利放棄

被保険者が第三者に対する権利を放棄または譲渡した場合，保険者は，保険金の支払前であれば，その額を控除して支払うことができる。また，すでに保険金を支払った後であれば，代位取得すべきだった金額につき損害の賠償を被保険者に対して請求できることになる。ところが，運送契約において，運送人が荷主との間で事前に損害賠償請求権を放棄させることがあり，このような協定の効力が争われている。

POINT 4 被保険者の損害賠償請求権の放棄

最判昭和 49 年 3 月 15 日民集 28 巻 2 号 222 頁（損保百選 36）

【事実】

Y 運送会社（被告・被控訴人・上告人）は，A（荷主）との間にインドのマドラス港から東京港までの海上物品運送契約を締結し，運送品をその所有船舶に船積みして，A に無故障船荷証券を交付した。運送品は，東京港において，A から船荷証券を裏書により取得してその所持人となった訴外 B に引き渡された。しかし，運送品は，海水濡れにより損傷していたため，B は，X 保険会社（原告・控訴人・被上告人）との間に締結していた海上保険契約に基づき，この運送品の損傷について保険金の支払を受けた。その後，X は，Y に対し，B に支払った保険金の額の限度で B の Y に対する損害賠償請求権を保険代位により取得したと主張して損害賠償請求の訴えが提起された。

第 1 審は，運送品損傷の原因は本船の堪航能力の欠如にあるとしながら，商法 739 条の規定する船主の堪航能力担保義務は過失責任と解すべきであり，Y にはその点に過失がなかったと認定して X の請求を棄却した。原審は，同条の堪航能力担保義務の範囲は，いわゆる堪荷能力にも及び，かつそれは無過失責任と解すべきであるから，Y にはその義務違反の責任があるとしたうえ，船荷証券の約款には，荷主が保険により運送品の損害のてん補を受ける限度で，荷主の運送人に対する損害賠償請求権は消滅する旨の保険利益享受約款があるが，このように運送契約当事者である AY 間のみの約定で Y の損害賠償清求権を消滅させても，これをもって保険代位の権利を有する保険者 X には対抗しえない，として X の請求を認容した。Y が上告した。

【判旨】（**上告棄却**）

「このような保険利益享受約款は，荷主が保険者から保険金の支払をうける限度において，運送人に対する損害賠償請求権を事前に放棄する趣旨のものであつて，運送人が荷主の付けた積荷損害保険を利用することによつて自己の損害賠償責任を免れる目的のもとに締結される特約と解せられるところ，商法 739 条に定める事由によつて生じた損害について，運送人（船舶所有者）に免責を認めるのと同一の結果を享受させることを目的として締結された前記のような保険利益享受約款は，結局荷主を不利益な立場におくこととなり，強行法規である同条に違反する特約であるといわなければならない。すなわち，いまこのような保険利益享受約款を有効と解すると，保険者は，被保険者である荷主の損害を塡補しても，運送人に対して代位すべき損害賠償請求権がないこととなり，その結果，荷主は，保険金の支払を拒絶せられ，あるいはすでに支払われた保険金の返還を請求される場合が生ずるなど，極めて不利益かつ不都合な立場におかれることとなる。それゆえ，右の保険利益享受約款は，商法 739 条が特約によつても免責を許さない事由にとつて生じた損害に関するかぎりにおいては，無効と解するのが相当である。」

本判決は，保険利益享受約款が荷主の運送人に対する損害賠償請求権を事前に放棄する趣旨のものであり，結局荷主を不利な立場に置くことになるから，強行法規である平成 30 年改正前商法 739 条に違反する特約で無効である，と判示した。被保険者（荷主）が保険金の支払前に，保険者の同意なしに第三者（運送人）に対する損害賠償請求権を放棄した場合，保険者がその損害賠償請求権に代位できないことになるので，放棄された価額の限度において，①被保険者に対する保険金支払義務を免れるか，②すでに保険金を支払っていれば返還を請求できる。そこで，荷主を保護するために保険利益享受約款を無効としたのである。

なお，平成 30 年改正商法 739 条は，船舶所有者の過失または船員その他の使用人の悪意重過失によって生じた損害についての免責特約を無効とする規律を廃止した。本判決で問題となった堪航能力担保義務違反に基づく責任を免除する特約は，従来どおり無効である（同条 2 項）。

UNIT 7 損害保険の免責事由

保険者は，保険期間中に保険事故が発生し被保険者に損害が生じた場合に保険金を支払う。しかし，保険法および普通保険約款ではその損害が一定の事由により生じた場合には保険金を支払わないものとしている。保険法が定める免責事由として，保険者は，保険契約者または被保険者の故意または重大な過失（重過失）によって生じた損害をてん補する責任を負わないと定めている。また，戦争その他の変乱によって生じた損害についても，てん補する責任を負わないと定めている（17条1項）。保険契約者または被保険者の故意または重過失による免責がこれまで問題となっており，これを保険契約者または被保険者の保険事故招致という。

保険事故招致について，保険者がてん補責任を負わない理論的根拠は，保険契約者等が故意または重過失によって保険事故を招致することは社会的に認容されない行為であり，かつ公序良俗に反するからであり，また当事者に要求される信義誠実の原則に反するからである。偶然性が欠けていることを根拠とする見解もあるが，保険事故の偶然性は保険契約締結時に事故の発生または不発生が予測されないという意味であるから，根拠とはならない。

戦争変乱の免責は，保険料率が通常これらの危険を算定していないからである。特約によりこれらの危険を担保することは当然に認められる。

Ⅰ　故意・重過失免責

1　故意・重過失の意義

故意とは，一定の結果を発生させる意思をもって行為した場合だけではなく，一定の結果の発生を認識し，かつそれを容認して行為した場合の未必の故意も含まれるが，保険金を取得する意思があるかは問われない。重過失とは，通常人が一般に尽くすべき注意義務を著しく欠くことをいう。

保険法においては，故意と並べて重過失を免責の主観的要件としている。これは一般に故意の立証は難しいので，重過失をこれと並べているものと解されている。しかし，故意の立証が困難なため，重過失を立証することによって，実際上，故意を捉えるためのものであるから，この重過失はなるべく狭く解して準故意ともいうべきものに限定すべきであるとする見解もある。保険契約者または被保険者の故意または重過失は，免責を主張する保険者が立証しなければならないが，個別の具体的事例において，保険契約者等のそれぞれの事案における故意や重過失の解釈がまさに問題となる。

2　責任保険における故意免責

保険法は，責任保険契約（損害保険契約のうち，被保険者が損害賠償の責任を負うことによって生ずることのある損害をてん補するものをいう）に関する前項の規定の適用については，同項中「故意又は重大な過失」とあるのは，「故意」とする，と定めている（17条2項）。重過失が免責事由となっていないのは，①被保険者が不法行為等により損害賠償責任を負う場合に備えて締結されるものであるから，重過失があった場合に保険給付が行われないならば，保険契約を締結した目的が十分に達成できなくなること，②責任保険は被害者救済の機能もあるから，重過失の場合でも保険給付を行うこととしたほうが被害者の保護に資すること，③実務上も重過失を保険者の免責事由としていない契約が多いことなどの理由によるものである。もっとも本条は，任意規定なので，重過失を免責とする特約も有効である。

Ⅱ　故意免責

1　火災保険における故意

自然人が保険契約者や被保険者の場合，その者が保険事故を招致すれば当然に免責となることは明らかである。しかし，保険契約者などが法人の場合には，法人自身が保険事故を招致することはないので，免責とはならないと考えるか，法人の場合でもある一定の関係のある者が招致した場合には免責とするかの問題がある。後者の考え方が妥当であることに争いはないであろう。ではどのような関係にある者が招致した場合に免責となるかが問題となる。

火災保険普通保険約款では，「保険契約者，被保険者またはこれらの者の法定代理人（保険契約者または被保険者が法人であるときは，その理事，取締役または法人の業務を執行するその他の機関）の故意もしくは重大な過失または法令違反」によって生じた損害を保険者の免責としている。本来，保険契約者または被保険者以外の第三者による保険事故招致については保険者はてん補責任を免れないが，約款ではこれらの者の法定代理人の故意または重過失などを免責としている。この約款上の解釈が問題となるのである。

POINT 1　法人の専務理事による放火

大判昭和7年9月14日民集11巻1815頁（百選19）

【事実】

産業組合法により設立されたＸ信用購買組合（原告・被控訴人・被上告人）の専務理事Ａが，組合の金員を費消した犯行が発覚することを恐れてその犯跡を隠蔽しようとして，組合が所有する建物ならびにその建物内にある物品に放火した。そこで，Ｘが締結していた火災保険に基づいて，Ｙ保険会社（被告・控訴人・上告人）に対して保険金請求した。しかし，Ｙは，本件の火災はＸの悪意によって生じた損害であるとして支払を拒んだ。原審は，Ａの行為は法人としての機関として，法人の目的遂行のためにした行為とは認められないとして，Ｘの請求を認容した。Ｙが上告した。

【判旨】（上告棄却）

「Ａの行為は，其の法人たるＸの目的遂行の為其の職務の執行行為として為したるに非ず，専ら個人たる資格に於ける行為に属するものと云ふべく，従て同人の保険事故招致行為は之を保険契約者兼被保険者たるＸの行為と目するに由なく……Ｘの悪意に因り招致せられたるものと解するを得ず。」

本判決は，上記の免責条項がないときのものであるが，証拠隠滅のための放火はもっぱら個人の資格でなした行為であるから，これを法人による保険事故招致とみることはできない，として保険金請求を認めたものである。大審院判決について，法人の理事の保険事故招致が免責となるかどうかは，代表権の範囲や法人の不法行為責任から導かれるものではないとして批判する見解が多い。

法人の保険事故招致となる理論構成として，保険契約者または被保険者に代わって保険の目的物を事実上管理する地位にある者の保険事故招致は，保険契約者または被保険者のそれと同視されるという代表者責任理論がある。この代表者責任理論によれば，大審院の事案においても保険者が免責されることになる。

しかし，いかなる者をもって代表者とするかの基準が明らかではない。法人の機関などが保険事故招致をする場合には，実際上被保険者である法人を利得せしめようとする動機が存在する場合が多く，しかも保険者がこのような動機の存在を立証するのは，はなはだ困難であるから，法人の機関による保険事故招致は一応このような動機によるものと推定して保険者の免責を認めて，被保険者が反対の立証をした場合には，保険者の免責は生じないとすることが実際上適当である。すなわち，保険事故を招致した者の動機を問題にして，被保険者である法人に保険金を取得させる目的があった場合には，保険者の免責を認めるのである。しかし，被保険者自身の保険事故招致については，保険金取得の目的や動機の有無を問わないのに，法人の場合に保険事故招致の動機を問題にするのは均衡を失するという批判もある。

大審院判決後に昭和 16 年の約款改定に際して，「保険契約者，被保険者又ハ此等ノ者ノ法定代理人，保険契約者又ハ被保険者ガ法人ナルトキハ其ノ理事，取締役又ハ法人ノ業務ヲ執行スル其ノ他ノ機関ノ故意若ハ重大ナル過失又ハ法令違反ニ因リタテ生ジタル損害」が免責事由として明記された。その後，昭和 35 年の改正火災保険普通保険約款の実施により，現行約款のように保険契約者または被保険者が法人であるときは，その理事，取締役または法人の業務を執行するその他の機関という括弧書きが挿入された。ところが，昭和 25 年の商法改正により代表取締役が設けられ，代表取締役が業務執行行為すなわち代表行為を行うようになった。したがって，それまでの約款における取締役は業務執行権があることが前提となっていたので，商法改正により取締役という文言だけでは業務執行権のある取締役ということにはならなくなった。

本来の約款の趣旨は業務執行権のある取締役に限っていたのであるが，代表取締役のみに限ることは範囲が狭すぎるし，代表権のない取締役であっても，同時に部長等を兼ねているような者については，免責の範囲に含めて差し支えないということからそのままにされた。しかし，改正商法により業務執行権のない取締役の行為をも免責事由に含めるとすれば，「法人の業務を執行するその他の機関」という文言と矛盾するのではないかとの疑問がでてきた。この点については，理事，取締役については業務執行権の有無にかかわらずその行為を免責とする趣旨である。

また，法人の「業務を執行するその他の機関」とあるのは，具体的に何を指しているかが問題となった。法人の代表機関で理事以外の名称をもつ者，たとえば神社，寺院の神主，住職等を指称することは明らかであるが，解釈によっては，業務執行権を有する者の命によって，業務に従う者（使用人）にまで拡張される場合もありうるので，機関に対する明確な概念が必要であるという議論である。機関は商法上の機関をいうものと解し，支配人は使用人であるからこれに含まれず，監査役は機関であるが業務執行権がないため除かれることになるという見解がある。また，「その他の機関」とは，具体的には，法人により固有な名称をもつ者で，たとえば総裁，合名会社の無限責任社員等を指すものとされている。そして，結局，免責条項の趣旨は，以下のように解されている。理事および取締役については業務執行権の有無にかかわらず，その者の行為による損害を免責とするが，その他は法人の業務を執行する機関たる名称をもつ者の行為による損害を免責とし，その機関は法人を代表して業務を執行する者と法人法上認められた機関を指し，単なる使用人は含まない。結局，機関の職務行為の範囲のいかんを問わず保険者が免責される趣旨に約款が改正された。約款の文言によれば，法人の機関が事故招致をすれば同人が当該保険の目的物の事実上の管理者であったか否かにかかわらず，保険者の免責となるのであり業務執行権の有無とは関係がない。

POINT 2　破産会社の代表取締役による放火

最判平成16年6月10日民集58巻5号1178頁（百選20）

【事実】

Y保険会社（被告・被控訴人・上告人）は，有限会社Aとの間においてAを保険契約者兼被保険者として，保険目的の建物を店舗・事務所，保険金額3000万円とする火災保険契約を締結した。X信用組合（原告・控訴人・被上告人）は，Aと信用組合取引契約を締結し，この契約によってXに現在および将来負担する債務極度額4億8800万円を担保するため，AがYとの保険契約によって有する債権に質権を設定し，Yの承諾を得た。

Xは，Aに貸し付けをした。ところが，Aは，破産宣告を受け，弁護士Bが破産管財人に選任された。その後，本件保険契約の目的建物は，代表取締役Cの放火により全焼した。そこで，XはAに対して，上記貸付金につき，残元本債権を有するので，上記質権に基づいてYに対して保険金3000万円を請求したが，その支払を拒否された。

原審は，次のように判示して，Xの請求を認容した。

「従前の取締役は，会社の破産によって当然にはその地位を失わないと解するとしても，本件免責条項が前提とする『取締役』とは，その性格が著しく異なるものになり，取締役という言葉で普通に理解される立場の者とも著しく異なるものになる。本件保険契約の当事者の意思は，このような従前の取締役は，本件免責条項に規定する『取締役』には該当しないとするところにあると解するのが相当である」。Yが上告した。

【判旨】（**破棄自判**）

「本件免責条項は，同様の趣旨から，保険契約者，被保険者又はこれらの者の法定代理人の故意若しくは重大な過失又は法令違反によって生じた損害についての保険者の免責を定めるとともに，保険契約者又は被保険者が法人である場合における免責の対象となる保険事故の招致をした者の範囲については，前記のとおり，その括弧内において，『その理事，取締役又は法人の業務を執行するその他の機関』と定め，理事，取締役の地位にある者については，業務執行権限の有無や保険の目的物を現実に管理していたか否かなどの点にかかわりなく，例外なく免責の対象となる保険事故の招致をした者に含まれることを明らかにしている。

本件免責条項が，上記のとおり，保険契約者又は被保険者が法人である場合における免責の対象となる保険事故の招致をした者の範囲を明確かつ画一的に定めていること等にかんがみると，本件免責条項にいう『取締役』の意義については，文字どおり，取締役の地位にある者をいうものと解すべきである。そして，有限会社の破産宣告当時に取締役の地位にあった者は，破産宣告によっては取締役の地位を当然には失わず，社員総会の招集等の会社組織に係る行為等については，取締役としての権限を行使し得ると解されるから，上記『取締役』に該当すると解するのが相当である。」

本判決で問題となっている免責条項は，保険契約者，被保険者またはこれらの法定代理人（保険契約者または被保険者が法人であるときは，その理事，取締役または法人の業務を執行するその他の機関）の故意もしくは重過失または法令違反によって生じた損害については，保険者は保険金を支払わないというものである。そこで，本件のＣの放火が，この免責条項に該当するかどうかが問題となる。

本判決は，Ｃは依然として，取締役の地位にあったのであるから，Ｃの放火による本件建物の焼失は，本件免責条項にいう取締役の故意による事故招致に該当するものというべきである，と判示した。その理由として，①本件免責条項は，理事，取締役の地位にある者については，業務執行権限の有無や保険の目的物を現実に管理していたか否かなどの点にかかわりなく，例外なく免責の対象となる保険事故の招致をした者に含まれることを明らかにしていること，②本件免責条項が，保険契約者または被保険者が法人である場合における免責の対象となる保険事故の招致をした者の範囲を明確かつ画一的に定めていること，③本件免責条項にいう取締役の意義については，文字どおり，取締役の地位にある者をいうものと解すべきであり，有限会社の破産宣告当時に取締役の地位にあった者は，破産宣告によっては取締役の地位を当然には失わず，社員総会の招集等の会社組織に係る行為等については，取締役としての権限を行使しうると解されるから，上記取締役に該当するというのである。

しかし，約款の文言によれば，法人の機関が事故招致をすれば同人が当該保険の目的物の事実上の管理者であったか否かにかかわらず，保険者の免責となるのであり，これまでみてきたように本件免責条項の取締役は業務執行権の有無とは関係ない。取締役が社員総会の招集等の会社組織に係る行為等については取締役としての権限を行使しうると判示しているのは，少なくとも約款作成者の意図とは異なる解釈である。

2　自動車保険における故意

被保険者に傷害に対する故意しかなかったのに，たまたま死亡してしまった場合に故意免責が適用されるかどうかが問題となる。保険者が免責となるのは，原因行為に故意があれば足りるのか，あるいは結果発生についても故意がなければならないのかということである。この点について，原因行為に故意があれば結果発生について故意がなくとも免責されるという見解がある。その理由として，故意の射程が原因行為と因果関係のある結果にまで及んでいると評価されるとか，原因行為に故意がある以上，原因行為のレベルで，保険契約に対する背信的行為を行っていると評価されることをあげる。これに対して，結果発生について故意がない場合には，免責されないとする見解もある。その理由としては，刑法上の傷害致死罪の理論や不法行為法における損害賠償の範囲に関する相当因果関係を適用すべきではなく，保険法における免責条項の問題として議論すべきであるという。

任意の自動車対人賠償責任保険の故意免責について，次の2つの最高裁判決がある。

POINT 3　傷害の故意

①　重度後遺障害

最判平成4年12月18日判時1446号147頁（交通百選101①）

【事実】

X（原告・控訴人・上告人）がかねてから情交関係のあったAの勤めるパブに飲みに行き，Aを軽四輪貨物自動車に同乗させ，Aの自宅近くの駐車場に駐車させて2人とも寝込んでいたところ，Aの夫であるBに発見されその場から逃れようとした。しかし，進路前方にBが両手を車のフロントガラスに当て，身体を車体前部に接触させるなどして立ちふさがったため，Xは，そのまま車を発進すればBに衝突させて傷害を負わせる可能性が高いことを認識しながら，それもやむをえないと考え，その場を逃れたい気持からあえて車を発進させた。7，8m前進した地点でBを路上に転倒させ，Bに加療約1年8か月を要する硬膜外血腫，脳挫傷等の傷害を負わせた。そこで，Xは，自家用自動車保険契約を締結していたY保険会社（被告・被控訴人・被上告人）に対して，本件事故の被害者であるBに対し2381万円余りの損害賠償債務を負ったとして，本件保険契約に基づきYに対して保険金を請求した。第1審，原審ともにXの請求を棄却した。Xが上告。

【判旨】（上告棄却）

「右事実関係の下においては，本件事故によってXが被った右損害は，本件免責条項に定める保険契約者・被保険者の故意によって生じた損害に当たるというべきであるから，Yは免責され，Xの本件請求は棄却を免れない。」

②　死　亡

最判平成5年3月30日民集47巻4号3262頁（百選35）

【事実】

Aは，市内の道路上において，Bから逃れるため，普通乗用自動車を発進しようとしていた。Bは同車の発進を阻止しようとした。このため，Aは，Bを振り切って逃げるため，同人を路上に転倒させ負傷させることのあることを認識しながらあえてこれを認容し，同車を時速15キロメートルから20キロメートル程度に急加速したところ，Bは路上に転倒して，頭蓋冠線状骨折等の傷害を負い，３日後に死亡した。

Ａは，本件加害車両につき，自己を記名被保険者として，Ｙ保険会社（被告・控訴人・被上告人）との間で，自家用自動車保険契約を締結していた。Ｂの相続人であるＸ（原告・被控訴人・上告人）らは，Ａを被告として本件交通事故による損害賠償を求める訴えを提起して，Ｘらのそれぞれにつき賠償を命ずる判決が確定した。

原審は，本件被害者請求条項に基づき，Ｙに対し，前記確定判決によって認容された損害賠償額と同額の金員の支払を求めるＸらの請求に関し，（1）本件免責条項にいう「故意」にはいわゆる未必の故意も含まれ，かつ，（2）本件免責条項は，傷害の故意により被害者を死亡させた場合にも適用されると判断して，Ｘらの請求を認容した第１審判決を取り消し，Ｘらの請求を棄却した。Ｘらが上告。

【判旨】 **（原判決破棄，控訴棄却）**

「傷害と死亡とでは，通常，その被害の重大性において質的な違いがあり，損害賠償責任の範囲に大きな差異があるから，傷害の故意しかなかったのに予期しなかった死の結果を生じた場合についてまで保険契約者，記名被保険者等が自ら招致した保険事故として免責の効果が及ぶことはない，とするのが一般保険契約当事者の通常の意思に沿うものというべきである。また，このように解しても，一般に損害保険契約において本件免責条項のような免責約款が定められる趣旨，すなわち，故意によって保険事故を招致した場合に被保険者に保険金請求権を認めるのは保険契約当事者間の信義則あるいは公序良俗に反するものである，という趣旨を没却することになるとはいえない。これを要するに，本件免責条項は，傷害の故意に基づく行為により被害者を死亡させたことによる損害賠償責任を被保険者が負担した場合については適用されないものと解するのが相当である。」

---

①判決と②判決を比較すると，②判決では傷害については故意があったが死亡については故意がないとして故意免責の主張を認めなかったが，これに対して，①判決は傷害について故意があり，その結果も傷害であったので保険者の免責の主張を認めたものであるという一応の評価ができる。しかし，両判決とも少なくとも原因行為に故意があるにもかかわらず，たまたまその結果が異なったことによって保険者の免責に違いがでてきてもよいのかというきわめて素朴な疑問がある。また，②判決は被害者の直接請求の事案であり，①判決は加害者である被保険者の保険金請求であるから，②判決が免責条項を保険契約当事者の意思解釈の問題として捉えるならば，なおのことその結論に違いがあってもよいのかという疑問がある。

学説では，②判決の第1審判決が故意免責条項には未必の故意は含まれないと判示して以来，もっぱら故意免責には未必の故意が含まれるかということが議論された。しかし，この問題の核心はそこにあるのではなく，傷害について故意があってもその結果について故意がないという場合，それが保険法上の保険事故招致にいう故意による損害といえるかどうかがまさに問題となる。

このように，被保険者の故意は原因行為にあるのか，あるいは結果の発生にまで必要なのかという故意の対象を問題とする考え方は，すでに下級審判例ではあり，免責条項の故意とは被保険者の被害者に対する単なる暴行の故意では足りず傷害の故意を必要とする旨を判示している。しかし，この結果発生について故意がなければ免責されないという見解についても，①判決のように傷害につき故意がありそれがそのとおり傷害の結果の場合には免責され，それが死の結果の場合には免責されないというのでは，解釈論としてはしっくりしない。また，②判決では傷害について故意があったにもかかわらず，その部分について免責を認めていないが，そのような解釈が正当なものであるかはなお検討の余地がある。傷害について故意がある以上は，傷害による部分については免責とする見解があるが，技術的な難点を理由にこれ否定する見解もある。

以上のように，故意の対象を原因行為または損害のいずれかに限定して問題を解決しようとするのは妥当ではない。学説では，原因行為と結果の発生についての蓋然性を問題にする学説もある。当該事実関係のなかでの具体的な原因行為についての蓋然性を問題にすべきであり，きわめて高度の蓋然性が認められる場合には，損害発生に対する故意がなくても，原因行為に対する故意があれば，保険者の免責を認めるべきである。そして，きわめて高度な蓋然性が認められるかどうかは，当該事実関係において客観的に判断されるべきである。原因行為と結果の発生についての蓋然性を問題にしたうえで，それを客観的基準により判断するという見解が妥当である。この見解によれば，①判決と②判決の結論の違いを論理的に説明することが可能である。すなわち，両判決ともに傷害についての故意がある点では同じであるが，①判決の事案では傷害の結果についての蓋然性が客観的にみてきわめて高いということになり，②判決では死亡という結果についての蓋然性は高くなかったので免責とはならないという結論になる。

しかし，この蓋然性について客観的判断基準を用いる理論構成にもなお問題がある。原因行為に傷害の故意があることがともに認定されているにもかかわらず，蓋然性を客観的に判断した結果と実際の結果が違っていた場合には免責にならないとするならば，偶然の結果に依存することになるが，問題はないであろうか。思わぬ結果だからこそ保険保護をあたえるべきであるという反論もありえようが，そうであるならば結果の発生についても行為者の主観を問題にすべきである。

3　専門家賠償責任保険における故意

専門家賠償責任保険は，専門家である医師や弁護士が専門的業務の遂行により生ずる賠償責任の危険を担保するための保険である。この保険は，賠償責任保険普通保険約款にそれぞれの専門家のリスクに応じた特約条項を付けるという方法により引き受けるという方式をとる。

弁護士賠償責任保険（弁護士賠責）は，被保険者が弁護士法に規定される弁護士の資格に基づいて遂行した業務に起因して，法律上の損害賠償責任を負担することによって被る損害をてん補するものであるが，この保険の故意免責条項に関する解釈が争われた裁判例がある。

POINT 4　弁護士賠償責任保険における故意

東京高判平成10年6月23日金判1049号44頁

【事実】

弁護士であるX（原告・控訴人）が受任した建物収去土地明渡請求事件について，相手方との間で訴訟上の和解を成立させたが，相手側が和解条項を履行しなかったので，建物の取壊しを断行したところ，相手方から損害賠償請求を受けたので，弁護士賠償責任保険を締結していたY保険会社（被告・被控訴人）に保険金の支払を請求した。しかし，Yは，Xの行為は免責条項の他人に損害を与えるべきことを予見しながらなした行為にあたり支払義務はない，と主張した。

原審（東京地判平成10年1月29日判タ985号284頁）は，Xは損害を与えるべきことを予見しながら，本件建物の解体撤去および内部の動産類の搬出処分を行い，これに起因して損害賠償責任を負担するに至ったものでありY保険会社はてん補責任を負わないと判示した。Xは，控訴審において，他人に損害を与えるべきことを予見しながらなした行為に起因する賠償責任の免責条項は，故意によって生じた賠償責任の免責条項と同趣旨であり，原因行為に対する故意があっても，損害発生に対する故意がなければ免責は否定されるべきである，と主張した。

【判旨】（**請求棄却**）

「本件保険契約においては，『賠償責任保険普通保険約款』の第4条（免責）において故意免責条項等が定められているほか，『弁護士特約条項』の第3条（免責）において，右『第4条各号に掲げる賠償責任のほか，被保険者が次に掲げる賠償責任を負担することによって被る損害をてん補する責めに任じない』として，本件免責条項等が定められていることが認められるから，この両条項が同趣旨のものであると解することができないことは明らかである（なお，『故意』とは，第三者に対して損害を与えることを認識しながらあえて損害を与えるべき行為に及ぶという積極的な意思作用を意味するのに対し，『他人に損害を与えるべきことを予見しながらなした行為』とは，他人に損害を与えるべきことを予測し，かつこれを回避すべき手段があることを認識しつつ，回避すべき措置を講じないという消極的な意思作用に基づく行為を指すものであり，故意による行為とは別個の行為を意味すると解されるのであって，この両者は異なるものである。）。」

本判決は，賠償責任保険普通保険約款4条と弁護士特約条項3条とは趣旨を異にするとしたうえで，相手方に損害を与えるべきことをXは予見しており，前記特約条項3条が適用されるとして，Xの控訴を棄却した。しかし，形式理由のみでこのように断定できるのか疑問である。専門家賠償責任保険では弁護士賠責のように，普通保険約款の免責条項に加えて特別約款で免責事由を定めるものもあれば（医師特約3条，建築家特約3条），特別約款のみにおいて免責事由を定めるもの（公認会計士特約3条）もあり，普通保険約款の免責条項に加えて特別約款で免責事由を定めているからといって，それだけで直ちに両者の免責条項の趣旨が異なるということにはならないからである。

また，普通保険約款と特別約款の関係については，普通保険約款が賠償責任保険に一般的に共通する事項を定め，特別約款はそれぞれの専門家の業務に固有の具体的事項を定めているのであって，普通保険約款とは異なる事項のみを定めているとは必ずしもいえない。普通保険約款では明らかではない事項について，特別約款においてより明確にかつ具体的に定める場合もあるから，免責条項の文言解釈が実質的に重要な問題となるのである。そこで，故意と他人に損害を与えるべきことを予見しながらなした行為とは異なるものであるかが問題となる。

他人に損害を与えるべきことを予見しながらなした行為とは，具体的にはどのような行為をいうのか。専門家賠償責任保険では弁護士賠責のほかに，たとえば公認会計士賠償責任保険では，被保険者の犯罪（過失犯を除く）もしくは不誠実または他人に損害を与えるべきことを予見しながらなした行為（不作為を含む）によって生じた賠償責任を免責としている（公認会計士特約3条)。この他人に損害を与えるべきことを予見しながらなした行為については，いわゆる故意に基づき発生した賠償事故を免責とするもので，たとえば積極的に被監査会社と通じて粉飾決算を認めた場合のみならず，被監査会社の窮状からやむをえず粉飾決算を見逃した場合を含め，事情を知って行った行為は保険の対象とならないものと解されている。

この免責条項は，普通保険約款上の故意のみでは，その範囲が不明確なので英米約款で使われている malicious act（悪意の行為）を参考として，このような表現になったのであり，普通保険約款の故意免責と実質において異なるものではない。このことは，同じ専門家賠償責任保険である弁護士賠責にもあてはまるのであり，弁護士賠責の他人に損害を与えるべきことを予見しながらなした行為は，普通保険約款の故意免責と何ら異なるものではない。

Ⅲ　重過失

不法行為における重過失とは，過失を一定の心理状態とする伝統的な考えによれば，著しく注意を欠いた場合，と定義される。現在の学説の多数は，過失を一定の義務違反とするので，一般人に要求される注意義務を著しく欠くことであり，注意義務の違反（怠り）の程度が特に著しい場合をいうと定義している。

1　失火責任法における重過失

失火責任法では，「民法第709条の規定は失火の場合にはこれを適用せず。ただし失火者に重大なる過失ありたるときはこの限りにあらず」，と規定している。この失火者の重過失が問題となったのが次の判例である。

POINT 5　失火責任法における重過失の意義

最判昭和32年7月9日民集11巻7号1203頁

【事実】

X（原告・被控訴人・上告人）は，木造スレートおよびわら葺平家一棟，建坪約50坪を所有していた。昭和20年8月15日以後，この家屋をY_1（被告・控訴人・被上告人）に，戦時中敵機の爆撃によって被った破損個所を修理してもらう代わりに，この費用と約2年分の賃料とを相殺する約束で期間を定めずに賃貸した。ところが，Y_1はY_2（被告・控訴人・被上告人）に無断転貸した。家屋は昭和23年1月3日に火災が発生し洋間（8畳2室）を残して屋根部分を全焼し，そのため家屋としては修理しなければ使用できないようになってしまった。そこで，Xは，Y_1に対しては，本件家屋賃貸借契約の債務不履行を理由として，また，Y_2に対しては，同人の重過失による不法行為を原因として，それぞれXの被った損害の支払を求めるため本件訴訟を提起した。本件では，Y_2に重過失があったかどうかが争点である。第1審はXの請求を認容したが，原審はXの請求を棄却した。Xが上告。

【判旨】（上告棄却）

「ここにいう重大な過失とは，通常人に要求される程度の相当な注意をしないでも，わずかの注意さえすれば，たやすく違法有害な結果を予見することができた場合であるのに，漫然これを見すごしたような，ほとんど故意に近い著しい注意欠如の状態を指すものと解するのを相当する（大正元年（オ）127号同2年12月20日大審院判決，民録19輯1036頁参照）。本件についてこれをみると，係争家屋の出火当時における気象状況，Y_2のなした焚火の場所の選定，監視の状況その他原審認定にかかる諸般の事情の下においては，原審がY_2に注意義務を怠つた過失は認められるが，その程度は右にいう重大な過失に達するものではなかつたと判断したことは相当と認められ首肯することができる。」

失火責任法の重過失について，学説では多くの検討がなされている。本判決は，たき火の火がわら葺きの屋根に飛び火して火災が発生した事案について，重過失とは，通常人に要求される程度の相当な注意をしないでも，わずかな注意さえすれば，たやすく違法有害な結果を予見することができた場合であるのに，漫然これを見過ごしたような，ほとんど故意に近い著しい注意欠如の状態を指すと判示した。本判決に対しては，そこまで狭く厳格に解する必要はなく，故意と軽過失のほぼ中間くらいの線を考えればよい，という見解もある。重過失が争われた下級審裁判例では，形式的には「故意に近い著しい注意欠如」という枠組みを用いながらも，具体的な判断に際して故意との対比を試みて重過失の有無を判断したものはなく，むしろ注意義務自体が高められている場合，とりわけ業務上の注意義務違反がある場合に，その違反をもって重過失と判断する傾向にあるといわれている。

近時，結果回避義務について，①結果（権利侵害）の発生する蓋然性，②その結果が生じた場合の損害の重大性，③結果回避義務を課すことにより犠牲にされる利益を総合的に考慮するのが有力な考え方になっている。そのうえで，最判昭和32年について，予見の対象を「違法有害な結果」としており，単なる損害発生とはしていないので，これは結果回避義務の存否の判断が微妙ではなく，当然に結果回避義務が発生するような結果が予見される場合だけを前提として，そのことを「違法有害な結果」という言葉で表しているという見解がある。したがって，結果発生を現実に予見できたときでも，結果回避義務の存否・内容の判断に一定の困難性があり，それゆえに判断ミスが生じたときには重過失ありとは評価されない。

2　傷害保険における重過失

傷害保険では，保険者の免責として，被保険者の故意のほかに重過失を挙げている。この場合の被保険者の重過失とは，どのような過失をいうのかが問題となる。

POINT 6　傷害保険における重過失

最判昭和57年7月15日民集36巻6号1188頁（百選104）

【事実】

X（原告・控訴人・上告人）は，共済契約をY農業協同組合（被告・被控訴人・被上告人）と締結している災害給付特約共済金の受取人である。被共済者Aは，本件事故当日，妻の実家で午後6時頃から同8時半ないし9時頃までの間，4人でほぼ2升ぐらいの日本酒を飲んで，同夜10時頃1人で乗用車を運転して妻の実家を出た。Aは，同夜午後11時過ぎ頃，道路右側に駐車中の普通貨物車に衝突したことにより，頭部および顔面右側を激打され脳挫創により同日午後11時55分死亡した。

Yの共済契約における災害給付および割増特約金とは，被共済者が交通事故等の災害ないし法定伝染病により死亡等したときに満期共済金・死亡共済金に付加して受取人に給付される共済金であり，下記事由が共済者の免責事由になっている。

① 被共済者の故意または重大な過失により生じた災害の場合

② 被共済者の泥酔または精神障害の状態を原因として生じた災害の場合

Yは,「重大な過失」が上記事故にあるものとして免責事由の適用を主張して支払を拒否した。第1審および原審は,Xの請求を棄却した。Xが上告。

【判旨】（上告棄却）

「本件共済契約における災害給付金及び死亡割増特約金給付の免責事由である『重大な過失』とは,損害保険給付についての免責事由を定める商法641条及び829条にいう『重大な過失』と同趣旨のものと解すべきところ,これを本件についてみると,原審の適法に確定した事実によれば,亡Aは,本件事故当夜酒を5,6合飲酒してかなり酩酊のうえ普通乗用車の運転を開始し,事故発生時においてさえ血液1ミリリツトル中0.98ミリグラムのアルコールを保有しており,同人が右アルコールの影響のもとに道路状況を無視し,かつ,制限速度40キロメートルの屈曲した路上を前方注視義務を怠つたまま漫然時速70キロメートル以上の高速度で運転をして,折から路上右寄りに駐車中の本件レツカー車に衝突した,というのであり,右事情のもとにおいては,亡Aは極めて悪質重大な法令違背及び無謀操縦の行為によつて自ら事故を招致したものというべきであるから,右は本件共済契約における免責事由である『重大な過失』に該当するものと解するのが相当である。」

生命保険契約の災害関係特約は,その法的性質は傷害保険であり,その重過失の意義が議論されている。そこでは,災害関係特約の場合における重過失とは,通常の意味での重過失で文言どおり著しい注意義務の欠如と解する見解がある。

これに対して,重過失を限定して解釈する見解も少数ながら主張されている。保険法17条の重過失免責の趣旨については,一般に故意の立証は難しいので,重過失をこれと並べているのであり,故意に準じて狭い範囲に限定して解釈すべきである,という見解がある。いずれにしても,具体的にいかなる行為が免責とされるのがより妥当であるかという観点から,重過失の意義は各保険種目およびその免責条項の趣旨や目的ごとに異なるのであり,それぞれの保険契約においていかなる行為が重過失免責となるかを決定すればよい。したがって,火災保険における重過失の解釈が,災害関係特約のそれと異なることは当然であり,各保険約款が定める重過失を統一的に解釈するのは困難であり,またその必要もないのである。

なお，損害保険会社の各種傷害保険約款においては，特別な免責事由が設けられることがある。本判決で問題となった酒酔い運転・酒気帯び運転は，それ自体が免責事由となるほか，麻薬等の影響により正常な運転ができないおそれがある状態での運転，適法な運転資格を持たないで運転した場合などが免責事由とされるのが通例である（自動車保険の人身傷害補償保険において酒気帯び運転免責が争われた事例として，名古屋高判平成 26 年 1 月 23 日金判 1442 号 10 頁，大阪地判平成 27 年 10 月 23 日判時 2303 号 101 頁がある）。アルコール保有状態が運転に影響するおそれのない場合や道交法に基づく処罰の対象とはならない場合（政令数値未満の酒気帯び）にまで免責の対象とすべきかについては争いがある（否定例として，自動車保険の自損事故保険に関する大阪地判平成 28 年 3 月 1 日交民 49 巻 2 号 312 頁がある）。

また，これらの免責事由はいずれも被保険者本人がその状態にあった場合を免責とするものであるから，酒酔い・酒気帯びや無免許等の事実と被保険者の傷害との間に因果関係がない場合にも，保険者は免責されることになる。これに対して，被保険者の自殺行為や闘争行為，犯罪行為によって傷害が生じた場合を免責とする規定は，これらの行為と相当因果関係にある傷害についてのみ免責される点で違いがある。

Ⅳ　免責事由の立証責任

損害保険の約款では，通常最初に保険者のてん補責任を定める条項がある。そして，保険者の免責事由として，その保険契約特有の免責条項のほかに法定免責事由と同様に保険契約者や被保険者の主観的免責事由を定めている。そうすると，一方で保険者のてん補責任を偶然な事故にかからしめているので，保険事故の発生が保険金請求権の成立要件とされている。また，他方では保険契約者または被保険者の故意・重過失を免責事由として定めているので，保険金請求権の権利障害規定である。したがって，どのような事実があればどのような権利が発生し，どのような事実があれば権利が消滅するのかという要件事実について，これらをどちらが立証しなければならないのかが問題となる。すなわち偶然性の立証責任は，保険契約者あるいは保険者のどちらにあるかという問題である。

POINT 7　車両保険金請求の立証責任

最判平成18年6月1日民集60巻5号1887頁（百選43）

【事実】

X（原告・控訴人・被上告人）は，Y保険会社（被告・被控訴人・被上告人）との間で，被保険自動車を本件車両，車両につき保険金額を245万円，保険期間を1年間とする自家用自動車総合保険契約を締結した。本件車両が海中に水没する事故が発生し，本件車両は本件事故発生後，廃棄処分とされた。

Xは，Yに対し，主位的には，Yからの保険金の支払に関する回答が遅れたため本件車両の早期の修理が不能になったなどと主張して不法行為に基づき損害賠償金およびこれに対する遅延損害金の支払を求め，予備的には，本件保険契約に基づき車両保険金およびこれに対する遅延損害金の支払を求めた。

原審は，本件保険契約に基づき車両保険金の支払を請求する者は，事故が偶然のものであることを主張・立証すべきであるところ，本件事故を偶然の事故と認めることは困難であり，本件においては，保険金請求権の請求原因事実の立証がないというべきである，と判示して，Xの主位的請求および予備的請求を棄却すべきものとした。Xが上告。最高裁は，主位的請求については上告を却下した。

【判旨】（破棄差戻）

「本件条項は，『衝突，接触，墜落，転覆，物の飛来，物の落下，火災，爆発，盗難，台風，こう水，高潮その他偶然な事故』を保険事故として規定しているが，これは，保険契約成立時に発生するかどうか不確定な事故をすべて保険事故とすることを分かりやすく例示して明らかにしたもので，商法629条にいう『偶然ナル一定ノ事故』を本件保険契約に即して規定したものというべきである。本件条項にいう『偶然な事故』を，商法の上記規定にいう『偶然ナル』事故とは異なり，保険事故の発生時において事故が被保険者の意思に基づかないこと（保険事故の偶発性）をいうものと解することはできない。原審が判示するように火災保険契約と車両保険契約とで事故原因の立証の困難性が著しく異なるともいえない。

したがって，車両の水没が保険事故に該当するとして本件条項に基づいて車両保険金の支払を請求する者は，事故の発生が被保険者の意思に基づかないものであることについて主張，立証すべき責任を負わないというべきである。」

本判決の論理は，次のようにまとめることができる。

改正前商法629条が，損害保険契約の保険事故として規定する「偶然ナル一定ノ事故」とは，保険契約成立時において発生するかどうかが不確定な事故をいうものと解釈される。また，同法641条〔保険法17条〕は，保険契約者または被保険者の悪意または重過失によって生じた損害について，保険者はてん補責任を負わない旨規定しているのは，保険契約者または被保険者が保険事故を発生させたことを，保険金請求権の発生を妨げる免責事由として規定したものと解される。そのうえで，それぞれの約款において，保険事故としての「偶然な事故」と定める一方，保険契約者等の故意または重大な過失によって生じた損害に対しては保険金を支払わないこととしている。

これらの定めを改正前商法の各条文と照らしあわせてみると，約款は，保険契約成立時に発生するかどうかが不確定な事故をすべて保険事故とすることを明らかにしたものと解するのが相当である。したがって，本件約款にいう「偶然な事故」を，改正前商法629条にいう「偶然ナル」事故とは異なり，保険事故の発生時において保険契約者等の意思に基づかない事故であること（保険事故の偶発性）をいうものと解することはできないから，請求者は偶然性を主張・立証すべき責任を負わない。保険契約者等の故意または重過失によって保険事故が発生したことは，保険者において免責事由として主張・立証する責任を負うというのである。

このような最高裁判決の傾向からすれば，保険者が保険契約者・被保険者の故意・重過失を立証しなければならないことは，判例として確立したものといえるのである。今後は，保険実務において，保険者がどのようにしてそれを立証するかの問題となる。

UNIT 8 責任保険

責任保険は，被保険者が法律上の損害賠償責任を負担することにより被る損害をてん補するものである（17条2項括弧書き）。この賠償責任保険は，普通保険約款に特別約款を付加する約款構成になっており，特別約款で被保険者の損害の発生原因をそれぞれ定めている。たとえば，普通賠償責任保険（普通賠責）は，被保険者が保険期間中に発生した他人の身体の障害または財物の損壊（滅失，破損もしくは汚損）について，法律上の損害賠償責任を負担することによって被る損害に対して，保険金を支払う，と規定している（賠償責任保険普通保険約款1条）。近時，責任保険の果たす役割は拡大して，損害保険のなかでも特に重要性を増している。日常生活や企業活動において，取引の相手方や第三者に損害を与えるのは避けることができず，また，一般市民の権利意識の向上により損害賠償請求されることがある。このような請求から被保険者を防禦する手段として責任保険の意義がある。

Ⅰ　責任保険の意義

1　被保険利益

責任保険において，被保険利益があるかについては，学説の争いがある。責任保険における損害は，被保険者が賠償責任を負担することであり，それによって被保険者の財産が減少する。したがって，責任保険における被保険利益は，被保険者が賠償義務を負わないという利益である。その意味において，責任保険における被保険利益は，被保険者の全財産についての利益であるとか，被保険利益は責任ないし債務の発生により被保険者の財産状態が変動しない利益

（財産のない者はマイナスの財産を負わない利益）である。

2　保険事故

責任保険において，どのような事実をもって保険事故といえるのかについても，学説の対立がある。責任保険一般における保険事故としては，①損害事故の発生，②賠償責任の負担，③加害者に対する損害賠償請求，④賠償債務または責任の確定，⑤被害者への損害賠償金の支払，などの事実が保険事故として考えられる。理論的には，このなかでも①損害事故説，②責任負担説および③請求説が有力である。

責任保険における保険事故については，それが保険期間中に発生したある一定の事実をもって保険者がてん補責任を負うという点において重要な意義がある。しかし，今日において責任保険の種類は多く，それぞれの責任保険において性質にも違いがあるから，責任保険一般についての保険事故を確定することは困難である。各種の責任保険の特約でそれを明らかにし，かつ応訴費用を保険者が負担することを明らかにすればよい。責任保険契約は，被保険者が第三者に対して法的責任を負担したことによって生ずる損害をてん補する契約であり，被保険者が責任を負担する余地がなければ責任保険は成立しない。理論的には，被保険者が法的責任を負担したことと解するのが妥当である（上記②説）。

Ⅱ　被害者の救済

1　従来における被害者の地位

責任保険契約は，保険契約者と保険者との契約であるから，保険者は直接には被害者である第三者に対して責任を負うわけではない。しかし，被害者救済のために，第三者の保険者に対する保険金請求を認める必要がある。

サルモネラ菌に汚染された菓子を食べた子どもが食中毒に感染し傷害を負ったとして，菓子を製造していた会社が締結していた生産物賠償責任保険契約（PL保険）に債権者代位して保険金請求した事案について，以下のように判示して被害者の保険金請求を棄却した裁判例がある。

POINT 1　責任保険と被害者の救済

東京高判平成 14 年 7 月 31 日判例集未登載（平成 14 年（ネ）第 1831 号）

【事実】

X（原告・控訴人）は，A 会社が製造した乾燥いか菓子を食べたところ，サルモネラ菌による食中毒に感染し左化膿性股関節炎に罹患して，左大腿骨頭壊死の傷害を負った。その後，A は破産宣告を受けた。

A は，Y 損害保険会社（被告・被控訴人）との間において，生産物賠償責任保険（PL 保険）を締結しており，その保険金限度額は 1 億円である。被害者のなかでは X の傷害が最も重いこともあり，X は Y を相手取って PL 保険の保険金の仮差押え，保険金支払禁止の仮処分の申立てをするとともに，Y に対して保険金の直接請求訴訟を提訴した。

しかし，仮差押えおよび仮処分については，保険約款に被害者の直接請求権が規定されていないこと，また保険金請求権は破産財団に属することを理由として認められなかった。そこで，X は A の破産管財人に対する破産債権確定訴訟を裁判所に提訴し，X の身体傷害による損害に関する賠償請求権の額は，2089 万 9268 円であることが確定した。X は，Y に対して，債権者代位により保険金請求した。これが本件訴訟である。

第 1 審（東京地判平成 14 年 3 月 13 日判時 1792 号 78 頁）は，X の請求を棄却した。X は控訴したが，控訴審も第 1 審の理由を引用したうえで，次のように判示して X の控訴を棄却した。X により，上告および上告受理申立てがなされていたが，不受理となっている。

【判旨】（請求棄却）

「破産手続は，絶対的に不足する破産者の財産を巡って対立する債権者間の利害を調整しつつ，すべての債権者に対して公平かつ平等な満足を与えることを目的とする制度であって，すべての債権者について破産手続によってのみ権利を行使すべきものとし，各債権者の抜け駆けを禁じ，破産手続外における個別的な権利行使を禁止している（破産法 16 条）。

本件において，X が債権者代位の前提として主張する被保全債権は，A 会社が破産宣告前に生じた原因に基づいて A 会社に対して有する損害賠償請求であり，A 会社に対する破産債権であるから，破産手続においてのみその権利を行使し得るにすぎない。」

「PL 保険の目的は，製品の製造業者又は販売業者等が，その製造又は販売した製品によって保険期間中に生じた偶然の事故により，購入者等の生命，身体を害し，財物を毀損し，それによって製造業者等が法律上の賠償責任を負担することによって被る損害を塡補するものであり，製造業者等が不測の損害賠償責任を負担することによって生ずる経営上のリスクを事前に回避することを目的として締結されるものである。もっとも，PL 保険においても，保険に付保していない場合と比較すれば明らかなように，経済的には事実上の担保と見得る余地があるから，これを広義に考えれば，事実上被害者救済の機能があるといえないことはないが，それはあくまで反射的・潜在的利益にすぎないものである。」

本判決は，X が債権者代位の前提として主張する被保全債権は，A 会社が破産宣告前に生じた原因に基づく損害賠償請求であり，A 会社に対する破産債権であるから，破産手続においてのみその権利を行使できるにすぎない，と判示して X の保険金請求を棄却した。第 1 審判決も，X の損害賠償請求は，破産手続によってこれを行使すべきであり，その手続を離れて個別に行使するのは許されない，と判示している。破産法の解釈としては，もっともな結論である。

また，本判決は，PL 保険が製造業者等のリスク回避の手段にすぎないという。PL 保険は被害者のための保険ではないというのである。しかし，PL 保険の最終的な目的は，被害者救済にある。PL 保険の約款では，被保険者が他人の身体の障害または財物の滅失等について，法律上の賠償責任を負担することによって被る損害をてん補する旨を規定している（賠償責任保険普通保険約款 1 条）。この法律上の賠償責任とは，製造物責任法のもとにおける賠償責任をいうものと解される。この製造物責任法は，製造物の欠陥により人の生命，身体または財産に損害が生じた場合における製造業者等の責任を定めることによって，被害者の救済を図ることがその目的である（製造物 1 条）。したがって，製造物責任法制定の目的は，被害者救済であるから，PL 保険の目的もまた被害者救済である。

さらに，本判決は，X の本件請求が認められない理由として，PL 保険には直接請求権の規定がないことをあげている。しかし，改正前商法 667 条は，他人の物を保管する者の責任保険について，その物の所有者が保険者に対して直接にその損害のてん補を請求できる旨を定めていた。この所有者の直接請求権は，被保険者と保険者の意思に基づくものであり，被保険者につき生ずる契約上の効果として，保険者は保険金を被害者に対して支払う義務を負う。したがって，本件事案の場合には，被保険者が破産しておりかつ被害者の救済を第一に考えなければならないので，改正前商法 667 条の類推適用により X の Y に対する直接請求を認めるべきであった。

保険法では，責任保険における被害者を救済するために，次のように先取特権を定めている。被害者が他の債権者に優先して，責任保険の保険給付から弁済を受けられるようにして，被害者保護を図ることにしたのである。

2　責任保険の特則

改正前商法では，責任保険に関する規定は，前述の667条しかなかったのであるが，保険法では責任保険の被害者救済機能から，被害者保護のために次の規定を新設した。

(1)　被害者の先取特権

責任保険契約の被保険者に対して当該責任保険契約の保険事故に係る損害賠償請求権を有する者は，保険給付を請求する権利について先取特権を有する（22条1項）。先取特権とは，法律の定める特殊の債権を持つ者が，債務者の総財産から優先弁済を受けられる担保物権（民303条～341条）である。この場合，被害者は裁判所に対して，担保権の存在を証する文書を提出して，保険給付請求権の差押命令の申立てをして，先取特権の実行をすることができる（民執193条1項・143条）。担保権の存在を証する文書とは，被保険者の被害者に対する損害賠償の判決文や和解調書等があるが，債務名義（民執22条）に限定されるものではない。差押命令が被保険者に送達された日から1週間経過したときに，被害者は保険給付請求権の取立権を取得する（民執193条2項・155条）。被害者の先取特権の規定は，法定の担保権を付与するものであるから，その性質上強行規定である。

(2)　被保険者による保険給付請求権の行使

被保険者は，被害者の損害賠償請求権に係る債務について弁済をした金額，またはその損害賠償請求権を有する者の承諾があった金額の限度においてのみ，保険者に対して保険給付を請求する権利を行使することができる（22条2項）。これは，被害者が加害者である被保険者から確実に損害賠償を受けるという，賠償義務の先履行を担保するための規定である。被害者が保険者から保険給付を受ける前に，被保険者が保険給付を受けて消費してしまうことがないようにしたのである。この規定も，権利の行使要件を定めるのであるから，その性質上強行規定である。なお，自賠責保険では，被保険者は，被害者に対する損害賠償額について自己が支払をした限度においてのみ，保険会社に対して保険金の支払を請求できる（自賠15条）。

⑶　保険給付請求権の処分等の禁止

責任保険契約に基づき保険給付を請求する権利は，原則として，譲渡したり，質権の目的としたり，または差し押さえることができない。しかし，①損害賠償請求権を有する被害者に譲渡したり，被害者が損害賠償請求権に関して差し押さえる場合，また，②被保険者が被害者に賠償した後や被害者の承認があった場合には，被保険者が保険給付を請求する権利を行使することができるので，譲渡したり，質権の目的としたり，または差し押さえることができる（22条3項）。被害者の先取特権の実効性を確保する趣旨の規定であり，債権の譲渡禁止，差押禁止等を定める規定であるから，その性質上強行規定である。

⑷　直接請求権ではなく先取特権となった経緯

被害者の保険者に対する直接請求権を認めると，被保険者の損害賠償責任の有無やその額に争いがある場合，紛争の当事者ではない保険会社が被害者との間でこれらについて確定しなければならないので，適正で迅速な解決を阻害することになってしまう。特に過失割合のように保険者が知りえない事項について争いがある場合，保険会社が被保険者に代わり立証することは困難であることから，被保険者が倒産した場合にも被害者が優先的に保険給付を受けられるようにするために先取特権を被害者に付与することにしたという説明が，立法担当者からなされている。

Ⅲ　専門家賠償責任保険

1　専門家の賠償責任と保険

責任保険のなかでも自動車の賠償責任保険を除いて，専門家賠償責任保険（プロフェッショナル・ライアビリティー・インシュアランス）が重要な保険種目となる。医師賠償責任保険，建築家賠償責任保険，公認会計士賠償責任保険，弁理士職業賠償責任保険，司法書士賠償責任保険，弁護士賠償責任保険，税理士職業賠償責任保険，行政書士賠償責任保険などがある。そのほかに，会社役員賠償責任保険（D&O保険）などもある。

専門家賠償責任保険の役割は，専門家が多額の賠償責任を負うリスクを軽減し（責任免脱機能），賠償責任が認められた場合には，被害者救済の面から被害者が確実に賠償を受けることにある（被害者救済機能）。

2 税理士職業賠償責任保険

税理士職業賠償責任保険（税賠保険）は，税理士が専門的業務の遂行により生ずる危険を担保するために，昭和63年に創設された専門職業人賠償責任保険である。その免責条項として，①過少申告加算税（金），延滞税（金）および利子税などに相当する損害に対する損害賠償責任（特約条項旧5条1項），②納税申告書を法定申告期限までに提出せず，または納入すべき税額を期限内に納付せずもしくはその額が過少であった場合に，修正申告，更正または決定により納付すべきこととなる本税等，顧客が本来納付すべき税額に相当する金額につき，被保険者が被害者に対してなした支払等（同旧5条2項）をてん補しない旨が定められていた。

税理士が消費税について所定の期限までに不適用届出書の提出を怠り，依頼者から損害賠償請求を受けた事案について，税理士の損害賠償責任が不適用届出書の提出を怠ったという税制選択上の過誤により生じたときには免責条項の適用はない，と判示した判例がある。

POINT 2 税理士賠償責任保険の過少申告免責

最判平成15年7月18日民集57巻7号838頁（百選49）

【事実】

税理士であるX（原告・控訴人・上告人）は，日本税理士会連合会を保険契約者，Y保険会社（被告・被控訴人・被上告人）ほか1社を保険者，Xを被保険者とする税理士職業賠償責任保険に加入した。Xは，A有限会社から委任を受け，同社の消費税の申告に係る手続を行った。Aは，消費税法上の届出書（簡易課税制度選択適用届出書）をすでに提出していたので，本件申告にあたっては，各課税期間の初日の前日までに届出書（簡易課税制度選択不適用届出書。以下，不適用届出書という）を提出しない限り，簡易課税制度による申告をしなければならなかった。ところが，Xは，この不適用届出書の提出を怠ったまま，簡易課税制度によらない課税方式（一般の課税方式）で消費税額を算定し，これに基づき本件申告の手続を行った。Aの各課税期間の消費税については，一般の課税方式によって算定された消費税額の方が，簡易課税制度が適用されるものとして算定された税額よりも低額であった。本件申告を受けた税務署長は，Aに対し，本件申告に係る消費税額を簡易課税制度を適用して算定された額とする旨の増額の更正をした。Aは，Xの上記行為により，更正により増額された消費税額相当額等の損害を被ったとして，Xに対して損害賠償請求した。

Xは，Xが簡易課税制度選択適用届出書が提出されていたことの調査を怠り，不適用届出書の提出を怠ったために，Aに損害を与えたものであり，その損害は本件保険契約によりてん補されるべきである，と主張してYに対して更正額と申告額の差額に相当する保険金等の支払を求めて本件訴訟を提起した。第1審および原審は，Xの請求を棄却した。Xが上告。

【判旨】（破棄差戻）

「このように，税理士の賠償すべき損害が不適用届出書の提出を怠ったという税理士の税制選択上の過誤により生じたものであるときには，依頼者に有利な一般の課税方式が適用されないことにより，形式的にみて過少申告があったとしても，特約条項の適用はないと解すべきである。このように解しても，不正な過少申告等にかかわった税理士が申告に係る税額と本来納付すべき税額との差額を依頼者に賠償し，その賠償に係る損害を税理士職業賠償責任保険によりてん補されることによって生じ得る納税申告に係る不正の助長を防止しようとする特約条項の趣旨，目的に反するものではない。」

本判決後，最高裁は税賠保険について同様の判断を行った。最判平成15年9月9日（裁時1347号4頁）は，税理士の過失により課税事業者選択届出書の提出を怠ったために，その顧客に損害を与えた事案について，本判決を引用して，次のように判示した。「特約条項の趣旨，目的は，不正な過少申告等にかかわった税理士が，申告に係る税額と本来納付すべき税額との差額を依頼者に賠償し，その賠償に係る損害を税理士職業賠償責任保険によりてん補されることによって生じ得る納税申告に係る不正の助長を防止しようとするところにあるものとみるべきである。この特約条項の趣旨，目的に照らすと，税理士の賠償すべき損害が，上記のように，課税事業者選択届出書の提出を怠ったという税理士の税制選択上の過誤により生じたものであるときには，課税事業者選択届出書の提出を前提とする依頼者に有利な課税事業者としての申告ができないことにより，形式的にみて過少申告があったとしても，特約条項の適用はないと解するのが相当である」として，本判決と同じく保険金請求を認容する判断を示した。

本判決によれば，税理士が顧客に対して形式的な過少申告等により賠償義務を負いその損害を保険によりてん補しても，不正の助長を防止できるということである。しかし，問題となるのは，税賠保険によりどのような不正が行われる可能性があるかである。

被保険者である税理士が顧客に対して賠償責任を負担することにより，損害を被ったものとして保険によるてん補を受けることができるものとすると，納税者が本来納付すべき義務を負っている本税等の全部または一部を保険によっててん補するに等しい結果となり，過少申告等が発覚した場合でもそれが発覚しない場合と同様の経済的利益を受けることとなって，過少申告等の違法な行為を助長させるおそれがある。この同様の経済的利益を受けることとなる結果が問題となる。それでは，本件の場合において，税理士に過少申告等が発覚した場合でもそれが発覚しない場合と同様の経済的利益を受ける結果となるかどうかである。本判決は，依頼者に有利な一般の課税方式が適用されないことにより，形式的にみて過少申告があったとしても，特約条項の適用はないと解すべきである，と判示するのみで，実質的に税理士または顧客に経済的利益が発生するかどうかの具体的な判断を行っていない。

3　医師賠償責任保険

日本医師会医師賠償責任保険（日医責任保険）の特別約款１条では，保険会社のてん補責任として，被保険者が医療行為（被保険者が自ら行ったか否かを問わない）に起因する他人の身体障害（障害に起因する死亡を含む）につき，保険期間中に損害賠償を請求されたことによって被る損害に限り，てん補する責任を負う旨が定められている。これは，賠償責任保険普通保険約款１条が法律上の損害賠償責任を負担することによって被る損害をてん補する旨の条項を特約により変更している。

すなわち普通賠責が保険事故について責任負担説を採用しているのに対して，日医責任保険では請求説によっている（→Ⅱ 2）。また，日医責任保険の適用外にある病院等開設者を対象とする医師賠償責任保険があり，この保険は事故発見説を採用しており，同じ医師の賠償責任をてん補する保険であっても，保険事故が異なっている。そこで，医療に従事する専門の職業人については３種の保険事故の約款が併存しており，また医師についても事故発見説と請求説の2種の約款が存在しているので，医療技術が高度化した結果，多くの専門職業人がチームを組むことも想定され，それからすると1つの医療過誤事件に，多数の医療関係者が絡むこともあり，複数の法律上の責任が競合することが十分考えられることから，保険事故は統一した方が損害調査にあたっての問題は少ない旨が指摘されている。

POINT 3　医師賠償責任保険の保険事故

東京高判平成18年9月12日判例集未登載（平成18年（ネ）第1534号）

（原審・東京地判平成18年2月8日判時1928号136頁）（百選47）

【事実】

社団法人日本医師会のA会員であった医師X（原告・控訴人）が，関与した医療事故につき，日本医師会がA会員を被保険者として保険会社との間で締結していた日医責任保険の適用があるとして，医師が支払った被害者に対する損害賠償金と争訟費用について保険金と遅延損害金の支払をY_1保険会社（被告・被控訴人）に対して求め，Y_2（被告・被控訴人）の日本医師会に対しては，保険会社が医師に対して保険金の支払を受けることについての承諾を求めたものである。

日医責任保険では，てん補条項として，保険者は，被保険者が，医療行為（被保険者が自ら行ったか否かを問わない）に起因する他人の身体の障害（障害に起因する死亡を含む）につき，保険期間中に損害賠償を請求されたことによって被る損害に限り，これをてん補する（特別約款1条）旨が定められている。すなわち，「損害賠償を請求された」ことが保険事故として規定されており，本件において保険期間中に損害賠償を請求されたか否かが主な争点となっている。原審は，Xの請求を棄却した。Xが控訴。

【判旨】（**控訴棄却**）

「Xは，『損害賠償を請求された』とは，請求行為の存在自体を不要とするものではないものの，それが存在していると認められるためには，被害者側に責任追及の意思を示していると認め得る態度が客観的に存在していればよく，保険金請求権の発生要件を『発見事故』と『請求事故』に区分した趣旨を損なわない判別が可能であれば足りると主張するが，Xの指摘する『責任追求の意思』というのも，その責任の内容が多様であり，損害賠償の意思が含まれていない場合もあることが否定できないうえ，被害者側が内心において医師に対し損害賠償を求めたいという考えを持つことと，実際に医師に対して損害賠償の請求をすることとは同一ではないから，内心において損害賠償を請求したいと考えるのが通常といえるような事情があるからといって，直ちに損害賠償の請求の意思があったとみるのは相当とはいい難く，そのような意思を『示していると認めうる態度が客観的に存在』するか否かの判断にもあいまいさを伴うものであるから，判断基準としての有効性は疑問であり，『発見事故方式』や『請求事故方式』など保険事故態様の中から『請求事故方式』が選択された本件保険の制度趣旨・目的等に照らしても，Xの上記主張を採用することはできない。」

本判決は，原審とおおむね同様の判断により，日医責任保険の保険事故である「損害賠償を請求された」とは，被害者が被保険者に対し一定額以上の金銭的な補償を求めている場合をいうものと解される，と判示したうえでXの控訴を棄却した。しかし，「損害賠償を請求された」という解釈について，被害者が被保険者に対し一定額以上の金銭的な補償を求めている場合にのみ限定して，しかも本件事案において一定額以上の金銭的な補償を求めていることとするのは，日医責任保険のてん補範囲をきわめて制限するものである。

原審は，「損害賠償を請求された」とは，被害者が被保険者に対し一定額以上の金銭的な補償を求めている場合，いわば被害者に対する具体的な補償に向けた手続を進める必要性があると判断されるような，被害者による補償の求めがある場合をいうものと解される，と判示したうえでXの保険金請求を棄却した。本判決も，おおむね同様の判断により，Xの控訴を棄却した。しかし，日医責任保険における保険事故である「損害賠償を請求された」について，被害者が被保険者に対し一定額以上の金銭的な補償を求めている場合に限定して解釈する原審や本判決は疑問である。また，本件事案において被保険者である医師の保険金請求を認めないことは，ひいては被害者である患者の救済にもきわめて重大な影響を及ぼすものであって，賠償責任保険における被害者救済機能を著しく減殺することにもなりかねない。

4 建築家賠償責任保険

建築家の設計した建物が構造強度の不足により補強工事が必要となり，その費用の損害賠償責任を負担した建築家が建築家賠償責任保険に基づき保険金請求した事案について，次の判例は，保険約款の「滅失もしくはき損」した場合とは，建築物が物理的に損壊した場合を意味し，建築物の物理的な損壊を伴わない構造上の欠陥を有するにとどまる場合を含まない，と判示して保険金請求を棄却した。約款の「滅失もしくはき損」した場合とは，現実に物理的な損壊のみをいうのかが問題となる。

POINT 4　建築家賠償責任保険の「滅失もしくはき損」の意義

名古屋高判平成20年6月24日金判1300号36頁（百選48）

【事実】

X設計株式会社（原告・控訴人）は，Y保険会社（被告・被控訴人）との間で，Xを被保険者として，保険金額を一事故につき5000万円とする建築家賠償責任保険契約を締結していた。Xは，A不動産との間で，本件建物の新築工事について設計監理委嘱契約を締結した。Xは，上記設計業務契約を遂行中，誤った記載をして設計図書を完成しAに引き渡した。

Xが作成した上記設計図書に従って建築工事が施工され，誤りのある設計図書どおりに建築が進行していたところ，2階梁の一部で構造計算書と設計図書に不整合があることが判明し，本件建物の耐震機能は建築基準法の基準を満たさず，修復工事が必要となった。AはB建設株式会社名古屋支店との間で，本件建物の修復工事を1億1161万5000円で行う旨の請負契約を締結した。

XはAに対して設計ミスを報告し補強案を協議した際，AからXに対し本件建物の修復工事にかかる費用全額をXが賠償するよう損害賠償請求を受けた。そこで，Xは，Aに対して，上記損害賠償の内金を支払い，その後，Yに対し，上記設計図書の誤りによる損害賠償請求について保険金の支払を請求した。原審は，Xの請求を棄却した。Xが控訴。

【判旨】（控訴棄却）

「保険者であるYは，特に，建築物に滅失または毀損が発生しなくても保険金支払を定めた『機能的不具合担保追加条項』や『建築物に滅失またはき損の発生しない身体障害担保追加条項』を新設してきた経過に照らし，本件条項の『滅失もしくはき損』の意味内容を設計業務の対象となった建築物に物理的な滅失または毀損が生じることと認識してきたことは明らかであり，他方，保険契約者であるXも，『建築家賠償責任保険のご案内』と題するパンフレットにおいて，いずれも建築物に物理的な変化がある場合のみを滅失または毀損による損害の例示として記載し，平成18年度のパンフレットには『建築物に「滅失またはき損」がない場合は補償の対象になりません。』とも記載していることからして，本件条項の『滅失もしくはき損』を建築物が物理的に滅失または毀損したことであると理解していたことも明らかというべきである。したがって，本件条項の『滅失もしくはき損』した場合とは，建築物が物理的に損壊した場合を意味し，建築物の物理的な損壊を伴わない構造上の欠陥を有するにとどまる場合を含まないと解するのが相当である。」

本件では，建築家賠償責任保険の特別約款1条の保険会社のてん補責任について，建築物に滅失またはき損が発生しているかどうかが争点である。本件事案は，Xが設計した建物において構造設計にミスがあり，本件建物は建築基準法の耐震機能の基準を満たさず，修復工事が必要となり，この修復工事の費用についてXがA不動産に賠償責任を負ったものである。耐震機能の基準を満たさないことが，本件建築家賠責保険の建物に滅失またはき損が発生した場合に該当するかが問題である。

本件建築家賠責保険の約款における「滅失またはき損」という文言がいかなる意味であるかは，客観的かつ画一的に解釈されなければならず，また約款作成の目的と相手方たる顧客（保険契約者または被保険者）の利益をともに考慮して，合理的に解釈しなければならないことは明白である。したがって，通常の意味において，建築物の滅失またはき損という場合は，滅失とは建築物の全部または一部が消滅して無くなることであり，き損とは建築物が壊されたり，建築物に傷が付くことであるが，ここにいう建築物の滅失またはき損の判断基準は，その建物が建物本来としての機能を果たしうるのか，換言すれば建物として使用できるかどうかにより判断すべきである。これ以外の意味において，滅失またはき損を限定して解釈するのであれば，約款においてそれを明らかにする必要がある。したがって，本判旨は疑問である。

5 弁護士賠償責任保険

弁護士賠償責任保険は，被保険者が弁護士法に規定される弁護士の資格に基づいて遂行した業務に起因して，法律上の損害賠償責任を負担することによって被る損害をてん補するものであり，専門家賠償責任保険の一種目である。

仮代表取締役に選任された弁護士が，会社所有の建物の売買契約について，当該建物が差し押えされている事実を買主に告げなかった不作為により不法行為責任を負ったが，その責任は弁護士賠責がてん補する業務に含まれるかが問題となる。弁護士特約では，弁護士賠責のてん補範囲について，弁護士の資格に基づいて遂行した業務に起因する旨を規定しているが（弁護士特約1条1項），この業務には，後見人，後見監督人，保佐人，保佐監督人，補助人，補助監督人，財産管理人，清算人，管財人，監督委員等の資格において行う法律事務を含む，と規定している（同特約1条2項）。この2項の弁護士としての業務に仮代表取締役が含まれるかどうかが問題となる。

POINT 5 弁護士賠償責任保険の「弁護士の資格に基づいて遂行した業務」

千葉地判平成13年3月27日判タ1106号170頁

【事実】

X（原告）が，A会社から買い受けた不動産中の建物（テナントビル）の賃借人らに対するAの賃料債権が第三者によって差し押さえられていた。Aの仮代表取締役であり弁護士であるY_1（被告）は，この事実を知りながら，賃料債権に対する差押えの効力は建物売買後の新所有者には及ばないとの独自の見解（後に最判平成10年3月24日民集52巻2号399頁によって否定されることになった）に基づき，この事実を告げないままXとの間に売買契約を締結した。そこで，Xは，Y_1の不法行為により損害を受けたとして，Y_1に対して損害賠償請求を行うとともに，この不作為について弁護士賠償責任保険の適用があるとして，Y_1がY_2保険会社（被告）との間に締結していた弁護士賠償責任保険契約に基づき，かつ，Y_1の無資力を理由としての債権者代位に基づき，Y_2に対して損害額と同額の支払を請求した。

【判旨】（請求認容）

「問題となるのは，本件売買に関するY_1の行為について『法律事務』という評価をすることができるか否かである。

この点については，そこで問題にされた行為そのものの性格から定型的に判断されるべきであろう（Y_2提出の文献である丙1参照）。たとえば，丙1に例として挙げられる投資の勧誘行為のような行為は，法的知識を利用してなされてはいても，定型的に法律専門家の業務としての行為とはみがたいであろう。

しかし，前記1に認定判断したところによれば，本件における仮代表取締役はAの事実上の整理と債務処理のために選任されたものであり，その意味で前記列挙の清算人等の職務に性格の面では近いものである上，本件売買はその整理と債務処理行為の要となる職務だったのであり，また，そこにおいて本件不作為の前提となったY_1の法的調査と見解の提示はまさに法律の専門家としての行為だったのであるから，本件売買に関するY_1の行為をもって法律事務の遂行と評価することに問題はないものと考えられる。」

本判決は，本件売買に関する Y_1 の行為が法律事務と評価できるかについて，問題にされた行為そのものの性格から定型的に判断されるべきである，という。そして，たとえば，投資の勧誘行為のような行為は，法的知識を利用してなされていても，定型的に法律専門家の業務としての行為とみることはできないという。定型的すなわちその行為の客観的性質から判断すべきであるという本判旨には賛成である。

本判決は，本件売買に関する Y_1 の行為をもって法律事務の遂行と評価できる，と判示した。その理由として，本件における仮代表取締役は，会社の事実上の整理と債務処理のために選任されたものであり，その意味で2項列挙の清算人等の職務に性格の面では近いものであるうえ，本件売買はその整理と債務処理行為の要となる職務だったのであり，また，そこにおいて本件不作為の前提となった Y_1 の法的調査と見解の提示はまさに法律の専門家としての行為であるからというのである。しかし，Y_1 は本件建物が差押えを受けているのを告知しなかったという不作為により X に対して損害賠償責任を負っている。すなわち，本件建物が差押えを受けているのを売主である会社の代表取締役として告知したうえで，それについて X から法的判断を聞かれているわけではないのである。したがって，法律事務すなわち弁護士としての職務遂行は何ら介在しておらず，売買契約成立に支障となる差押えを黙っていたにすぎない。このような Y_1 の不作為は，弁護士としての業務とはいえないので，その不作為による損害賠償責任は弁護士賠責によりてん補されるべきものではない。

UNIT 9 自動車保険(1)——自賠責保険

令和元年の交通事故発生件数は38万1237件，負傷者数は46万1775人，死者数は3215人（24時間内死亡）であった。交通事故発生件数および負傷者数が最悪であった平成16年を100とすると，発生件数は40，負傷者数は39と半分以下に減少しており，死者数が最悪であった昭和45年を100とすると，死者数は19と劇的な減少を遂げている。令和元年の統計数値からは，国民の約270人に1人が交通事故の被害者となった計算となるし，令和元年の約8215万人の運転免許保有者数を基礎とすると，免許保有者の約215人に1人が，交通事故の加害者となった計算になる（令和2年版交通安全白書による）。

このように，交通事故は決して他人ごとではなく，自分に降りかかる可能性がきわめて高い危険なのである。不幸にして加害者となった場合には，被害者に対して損害賠償をしなければならないが，重大な事故を惹起してしまうと，損害額もきわめて高額となり，賠償金の支払のために自己の財産すべてを失う危険性がある。これは被害者となった場合も同様で，加害者が十分な賠償資力を有していないために，発生した損害のてん補を満足に受けられず，結局は自分がその損害を負担せざるをえない状況となる危険性がある。

最近の下級審裁判例をみると，30歳の公務員が常時介護を必要とする重度後遺障害者（遷延性意識障害）となった事件で，認定総損害額は4億5381万円であったし（札幌地判平成28年3月30日自保ジャーナル1991号1頁），41歳の開業医が死亡した事件では過失相殺前で5億2853万円の総損害額が認定されている（横浜地判平成23年11月1日同1870号1頁）。加害者となってこのような高額の損害賠償責任を負担するに至った場合，仮に保険が存在しなかったとするならば，これだけの高額の賠償金を問題なく支払うことができる人はきわめて限られた富裕層に限られよう。これは，被害者となった場合に，事故の相手方が保険がなくても十分な賠償資力を備えているというようなケースもきわめて限られることを意味する。

I　自賠責保険と任意保険

自動車事故のリスクに対処する手段として存在するのが自動車保険である。自動車保険には，自動車損害賠償保障法（自賠法）によって保険契約の締結を強制されている自動車損害賠償責任保険・共済（自賠責保険）と，保険契約の締結が任意とされているいわゆる任意自動車保険（任意保険）がある。

1　自賠責保険

自賠責保険は，「自動車は，これについてこの法律で定める自動車損害賠償責任保険（以下「責任保険」という。）又は自動車損害賠償責任共済（以下「責任共済」という。）の契約が締結されているものでなければ，運行の用に供してはならない。」との自賠法5条の規定によって，同法10条が適用除外としている自動車以外のすべての自動車に契約の締結が強制される保険である。

この保険制度は，戦後の復興によって車両台数が増加し，同時に交通事故の被害者の保護が社会問題化した昭和30年に制定された。その制定の経緯から，自賠責保険は任意保険とは大きく異なる内容となっている。その違いを概観しよう。この保険は，自動車の運行による人身事故を担保範囲とする対人賠償責任保険である。したがって，加害者が被害者に対して負担する人身損害のみを保険による損害てん補の対象とする。そのため，事故の相手方について生じた，車両の破損による損害や積荷の損害などの物的損害については，この自賠責保険は何らの保護も提供しない。自賠責保険は，あくまでも被害者に対する基本的補償の提供に目的があるため，対人賠償に限定されている。

提供される保険の内容も法によって画一化されており，被害者が死亡した場合には，1名について3000万円を，被害者が常時介護を要する後遺障害等級1級となった場合には，1名について4000万円を，後遺障害を伴わない単なるけがの場合には，120万円を，それぞれ上限として保険金が支払われる（自賠法施行令2条および別表第一）。保険契約の内容を個別に変更することは認められず，保険料も対象となる自動車の用途・車種によって統一されており，年齢や事故歴などによる保険料の違いはない。

2　任意自動車保険

これに対して任意保険は，対人賠償責任保険に加えて，対物賠償責任保険や車両保険そして自損事故保険など，自賠責保険が提供しない保険による保護も併せて提供する。保険金額の内容については，契約によって自由に定めることができ，保険金額の上限も自賠責保険のような制限はなく，特に対人賠償は無制限となっているのが一般的である。したがって，不幸にして死亡事故の加害者となり，1億円を超えるような損害賠償責任を負担するに至った場合であっても，3000万円については自賠責保険から，そしてそれを超える部分については任意保険からの支払がなされることになる。保険料は自由化されており，保険会社間で競争が行われている。損害保険会社にとって，自動車保険は主力商品であり，各社がそれぞれ特色のある商品や割引制度を設けている。最近の傾向としては，自己の過失の程度に関係なく，自分について生じた損害をてん補する人身傷害補償保険が普及している。

3　2階建て構造

このように，日本の自動車保険制度は，自賠責保険と任意保険の2階建ての構造となっており，自賠責保険がカバーしない担保範囲を任意保険がカバーし，自賠責保険が上限額を定めている担保範囲については，それを超えた部分を任意保険が担保するという構造になっている。自賠責保険は，車検制度とのリンク制採用によって，車検対象車種についてはほぼ100%の保険加入率を維持し，交通事故被害者に対して基本的な補償を提供してきた。比較法的にみた場合，このような2階建て構造は珍しい制度ではあるが，これまで交通事故被害者に対して提供してきた基本的な補償の制度は，被害者保護の見地からも優れた制度であると評価されている。

Ⅱ　自賠責保険の構造

1　立証責任の転換

交通事故も加害者による被害者に対する不法行為である。そして，不法行為の損害賠償訴訟では，賠償を請求する被害者側に，加害者の故意過失や損害との因果関係などを立証することが求められる。ところが自賠法は，被害者保護の観点から自動車を運行の用に供する者（運行供用者）に対して，立証責任を転換することによって，事実上の無過失責任を加害者に負わせている（自賠3条)。これはどういう意味であろうか。

Y運転の自動車が，一時停止規制がある交差点に直進して進入したところ，右方から直進してきたXが運転する自転車と衝突したとする。Xは衝突によって転倒してけがを負い，1か月間の入院治療を必要とした。また自転車は修理ができないほど壊れてしまった。この場合，YのXに対する民事上の責任として，民法709条の不法行為責任と，自賠法3条の損害賠償責任が問題になる。民法709条の不法行為責任は，このような自動車事故に限らずに不法行為全般に適用され，発生した損害が物的な損害であるのか人身損害であるのかは問わない。そして，XがYに対して損害賠償請求をするためには，Xの側で不法行為が成立していることを立証する必要がある。発生した損害額はもちろんであるが，Xの側でYが一時停止をせずに交差点に進入したことなどを立証しなければならない。

これに対して，自賠法3条の損害賠償責任は，自動車の運行によって生じた人身損害に限って適用されるという制限はあるものの，立証責任は加害者Yの側に転換されている。Yは，自賠法3条のただし書に定められた3要件である①自己および運転者が自動車の運行に関し注意を怠らなかったこと，②被害者または運転者以外の第三者に故意または過失があったこと，③自動車の構造上の欠陥または機能の障害がなかったことを立証できない限り責任を負うのである。

具体的には，Yの側で，一時停止を行い，交差する道路を走行する車両に十分注意して進入したことなどを立証しなければならない。このような3要件の立証は非常に難しく，自賠法3条の損害賠償責任は，自動車事故の被害者保護の目的のために，民法709条の不法行為責任と比べると，加害者の責任を厳格化している。実質上の無過失責任といわれるゆえんでもある（3要件を加害者側で立証できれば，責任は負わなくてよいから，完全な無過失責任ではない）。なお，物的な損害（この設例では自転車の損害）に関しては，自賠法3条の規定は適用されず，民法709条により，Xの側でYの故意または過失を立証する必要がある。

2　自賠責保険の関係者

⑴　保険者

自賠責保険契約における保険者は，保険業法に基づいて金融庁からの営業免許を受けた損害保険会社（元受保険会社）および所管官庁からの承認または認可を受けた責任共済事業を行う協同組合である（自賠6条）。

⑵　保険契約者

保険契約者となることができる者について，自賠法上の制限はない。通常は自賠法3条によって賠償責任を負担する可能性のある所有者などの自動車の保有者（自賠2条3項）であるが，当該自動車について自賠責保険が締結されてあればよいので，必ずしも所有者に限られず，賃貸借や使用貸借など，正当な権限に基づいて自己のために自動車を使用する者も保険契約者となりうる。

⑶　被保険者

保有者および運転者が被保険者となる（自賠11条）。被保険者は，人身事故の発生によって法律上の損害賠償責任を負う者であり，被害者は被保険者とはならない。保有者に加えて運転者が被保険者となっているのは，保有者ではない運転者が加害者として不法行為責任を負うことが考えられるし，運転者を被保険者に加えておかないと，保険者が保有者に対して保険金を支払った後で，保有者が運転者に対して有する求償権を代位して，保険者が運転者に対して損害賠償請求をすることが可能となり（保険25条），運転者が不利益を被る可能性があるからである。なおここでの運転者とは，他人のために自動車の運転または運転の補助に従事する者をいう。

3　保険事故と免責事由

自賠責保険は，自動車の運行によって他人の生命または身体を害した場合において，法律上の損害賠償責任を負担することによる被保険者の損害をてん補する契約であり（自賠約款1条），対人賠償責任を負担したことによる損害をてん補する。

交通事故被害者の保護を目的とする自賠法は，保険者の免責を厳しく制限している。自賠法は保険契約者または被保険者の悪意によって生じた損害についてのみ保険者を免責すると規定している（自賠14条）。この場合の悪意とは，積極的に被害者を轢こうとするような，故意の明白な場合，いわゆる確定的故意を意味する。しかしながら，被害者の保護を考えた場合には，加害者が悪意であっても損害賠償を受ける必要性に違いはなく，加害者の悪意によって保険者が免責される場合であっても，被害者は加害者の締結している自賠責保険の保険者に対して直接に損害賠償額の支払を請求することが認められており（自賠16条1項・4項），保険者は支払を拒否できない。保険者が支払った金額は，政府保障事業（**7**参照）にその補償を求めることができるので（同条4項），最終的に保険者が負担することにはならない。被害者保護の観点から，保険会社が一時的に賠償金の肩代わりを行うのである。

4　損害額の算定

自賠責保険の支払は，国土交通大臣らの定める支払基準（「自動車損害賠償責任保険の保険金等及び自動車損害賠償責任共済の共済金等の支払基準」〔平成13年金融庁・国土交通省告示1号〕）に基づいて定型的に処理されている。これは，被害者に対する基本的補償と迅速な救済を目的とする自賠責保険の目的から導かれる。自動車事故によって生じた人身損害は，逸失利益などからなる財産的損害と慰謝料からなる精神的損害に分かれるが，自賠責保険は個別の事案をある程度類型化して損害の算定を行っている。したがって，交通事故の被害者が加害者に対して（保険会社に対する直接請求の場合は保険会社に対して）損害賠償請求の訴訟を提起した場合，この支払基準が裁判における損害額の算定を拘束するかが問題となる。

POINT 1　支払基準の拘束力

最判平成18年3月30日民集60巻3号1242頁（百選30）

【事実】

Aは，B運転の車に衝突され死亡した。Y保険会社（被告・控訴人＝被控訴人・上告人）はAの相続人に対して自賠責保険金として1809万円余りを支払ったが，X（原告・被控訴人＝控訴人・被上告人）はこの保険金を受領後に，この支払額以上の損害賠償額が存在するとして自賠法16条1項の規定に基づいて1200万円余りの損害賠償請求訴訟を提起した。これに対してYは，支払われた1809万円余りの保険金は，平成13年改正自賠法によって制定された支払基準に基づくものであり，この支払基準は裁判所の判断を拘束すると考えられるので，YはXに対してこれ以上の支払義務を負わないと主張した。第1審，原審ともに，支払基準は裁判所の判断を拘束しないとしたため，Yが上告した。

【判旨】（上告棄却）

「法16条の3第1項は，保険会社が被保険者に対して支払うべき保険金又は法16条1項の規定により被害者に対して支払うべき損害賠償額（以下『保険金等』という。）を支払うときは，死亡，後遺障害及び傷害の別に国土交通大臣及び内閣総理大臣が定める支払基準に従ってこれを支払わなければならない旨を規定している。法16条の3第1項の規定内容からすると，同項が，保険会社に，支払基準に従って保険金等を支払うことを義務付けた規定であることは明らかであって，支払基準が保険会社以外の者も拘束する旨を規定したものと解することはできない。支払基準は，保険会社が訴訟外で保険金等を支払う場合に従うべき基準にすぎないものというべきである。そうすると，保険会社が訴訟外で保険金等を支払う場合の支払額と訴訟で支払を命じられる額が異なることがあるが，保険会社が訴訟外で保険金等を支払う場合には，公平かつ迅速な保険金等の支払の確保という見地から，保険会社に対して支払基準に従って支払うことを義務付けることに合理性があるのに対し，訴訟においては，当事者の主張立証に基づく個別的な事案ごとの結果の妥当性が尊重されるべきであるから，上記のように額に違いがあるとしても，そのことが不合理であるとはいえない。」

本判決によって，交通事故の被害者の損害賠償額を算定するにあたり，裁判所は自賠責保険の支払基準に拘束されないことが明らかとなった。

交通事故が発生し，加害者の被害者に対する損害賠償額の算定が必要となる場合，何を基準として算定するべきか。交通事故は日常的にかつ不可避的に発生し，被害者の迅速な救済と定型的な処理が要請され，何らかの基準がそこには必要とされる。実はこれには現在3種類の基準が存在している。この最高裁判決で問題となった自賠責保険の基準，任意保険の基準，そして裁判所の基準の3つである。金額的には，自賠責保険基準が一番低く，任意保険基準，そして裁判基準の順に高くなっている。しかしこれは，常に訴訟によることが高額の賠償を得ることが可能であることを意味しない。それは，自賠責保険の重過失減額制度と関連がある。

自賠責保険の場合，被害者に重大な過失があると判断された場合には，支払減額が行われる。しかし，その方法は民法の不法行為における過失相殺のシステムとは異なり，被害者に7割に満たない過失がある場合には減額を行わず（民法の場合は被害者の過失割合分が減額されることになる），7割以上8割未満の場合には2割，8割以上9割未満の場合には3割，9割以上10割未満の場合には5割を減額することになっている。なお，傷害の場合には，7割以上10割未満の場合には一律に2割を減額することになっている（前掲支払基準第6）。これに対して，訴訟による場合にはこの重過失減額の制度は適用されず，損害額から被害者の過失割合分が純粋に減額されることになる。したがって，被害者の過失割合が大きい場合には，大幅な減額を受けることになり，訴訟によらない処理の方が高額の保険金支払を受けることが可能となるケースもありうるのである。

5　自賠責保険の請求形態

自賠責保険の請求形態には，加害者請求と被害者請求の2つがある。加害者（被保険者）は，被害者に対する損害賠償として支払った額を保険者に対して請求できる（自賠15条）。自賠責保険は損害てん補を目的とする保険であり，①加害者が被害者に損害賠償金を支払い，②支払った金額を保険者に請求してそのてん補を受けるというのが，本来的な支払の形となる。保険者が被保険者に支払を行い，そのあと被保険者が被害者に対して支払うという形態をとらなかったのは，被保険者による保険金の着服の危険性などを考慮したためである。

被害者請求は，自賠法が特に設けた独自の制度である。自賠法16条1項は，自賠法3条による保有者の損害賠償責任が発生した場合，被害者が保険金額の限度で，保険者に対して直接に損害賠償額の請求をすることを認めている。これを被害者の直接請求権というが，被害者の保護を重視したことによって設けられた制度である。

加害者が賠償金を支払い，それを保険者がてん補するという形態のみにした場合，賠償義務者に賠償資力がないと，被害者が保護を受けられない可能性がある。被害者保護の観点からは，支払責任を負担する保険会社から被害者に対して直接に支払を行うほうが望ましい。そこで自賠法は，直接に事故によって死傷した者からの保険会社に対する損害てん補の直接請求を認めることとした。これによって，保険会社は被害者と直接に損害賠償についての交渉を行うことが可能となり，迅速かつ円満な解決を図ることが可能となっている。ところで，被害者が保険会社から直接損害賠償額の支払を受けるに際し，支払金額の査定について異議がない旨の承諾書を取り付けるということがかつて行われていた。そのため，そのような承諾書は加害者に対する損害賠償請求権の放棄を意味するのかが争われた。

POINT 2　保有者に対する権利と保険者に対する権利

最判昭和 39 年 5 月 12 日民集 18 巻 4 号 583 頁（百選 29）

【事実】

Y_2（被告・控訴人・上告人）に雇用されている Y_1（被告・控訴人・上告人）は，Y_2 の業務のために Y_2 が保有するトラックを運転中，過失によって自転車で走行中の X（原告・被控訴人・被上告人）と接触し，X は重傷を負った。X は自賠法に基づいて訴外 A 保険会社から 7 万 1960 円の支払を受けたが，その際 A に対して支払金額の査定に異議がない旨の承諾書を提出した。この支払金額には，応急手当費，治療費に加え，性別年齢に関係なく治療日数に応じて算出される慰謝料も含まれていた。X は Y_1，Y_2 に対して逸失利益と慰謝料の支払を求めて訴えを提起したが，後に請求原因を慰謝料請求のみに変更している。第 1 審は，自賠法における受給の際に，保険金の範囲内のみで異議申立てをしない旨申出ていても，それは民法上の請求権をも放棄したものと解することはできないとして，8 万円の慰謝料支払を命じた。Y_1，Y_2 は控訴したが，原審は保険会社から保険金の支払を受けた被害者は二重に加害者から賠償を受けえないことはもちろんであるが，前記支払額の内容と抵触しない範囲で加害者に対し財産上または精神上の損害賠償を請求することは妨げられないと解するべきであり，特別な事情のない限り，保険者に対する書面の提出によってこれらの請求権を放棄したものと認めることはできないとして控訴を棄却した。

Y_1，Y_2 は，自賠法 16 条 1 項の請求権は被害者が被った損害を直接請求する法定の代位権またはこれに準ずる権利であり，X が代位の法理に基づいて自賠法 16 条の権利を行使して請求権の一部を処分し，よって Y_2 の同法 15 条の権利を消滅させた場合には，代位者Xが本人 Y_2 に対して有していた損害賠償請求権もまた消滅しており，これによる不利益はXに帰すべきであると主張して上告した。

【判旨】（上告棄却）

「自動車損害賠償保障法（以下自賠法と略称する）は自動車の運行によつて人の生命又は身体が害された場合における損害賠償を保障する制度を確立することにより，一面自動車運送の健全な発達に資するとともに他面被害者の保護を図つていること並びに同法は自動車事故が生じた場合被害者側が加害者側から損害賠償をうけ，次に賠償した加害者が保険会社から保険金を受け取ることを原則とし，ただ被害者および加害者双方の利便のために補助手段として，被害者側から保険会社に直接一定の範囲内における損害額の支払を請求し得ることとしている趣旨に鑑みるときは，自賠法3条又は民法709条によつて保有者および運転者が被害者に対し損害賠償責任を負う場合に，被害者が保険会社に対しても自賠法16条1項に基づく損害賠償請求権を有するときは，右両請求権は別個独立のものとして併存し，勿論被害者はこれがため二重に支払を受けることはないが，特別の事情のない限り，右保険会社から受けた支払額の内容と抵触しない範囲では加害者側に対し財産上又は精神上の損害賠償を請求し得るものと解するのを相当とする。従つて特別の事情の認められない本件では，Xの前記書面の提出により，加害者側に対する請求権をも放棄したものとは認められないとして，Xの Y_1 らに対する本件損害賠償請求を容認した原判決の判断は正当として肯認し得る。」

自賠法16条1項に規定する被害者の保険者に対する直接請求権は，自賠法3条の保有者の損害賠償責任の発生を前提としている。そのため，被害者が加害者に対して有する自賠法や民法上の損害賠償責任は，直接請求権を行使して保険金を受領することによって消滅するのかが問題となる。*POINT 1* で示すように，自賠責保険の支払は定型化されており，民法上の損害賠償請求訴訟によって認容されるであろう金額とは異なる。そのため，その差額を目的として，自賠責保険金を受領してもなお訴訟によって損害賠償請求を行うことが可能である。もっとも，本判旨が示すように，二重の弁済となる場合には認められない。なお，保険者はすでに保険金の支払を済ませているが，訴訟によって更に保有者が損害賠償責任を負担するに至った場合には，すでに支払済みの額との合計額が自賠責保険の保険金額の上限を超えない限り，支払の義務を負担する。

6　仮渡金請求と差押禁止

被害者は保険会社に対して政令で定める金額を，損害賠償額支払の仮渡金として請求できる（自賠17条1項）。この規定も被害者の保護を重視する自賠法独自の規定である。交通事故発生から損害賠償額が確定するまでの間，被害者に対して何らの支払も行われないとすると，被害者が経済的に困窮することが容易に予想され，また死亡事故の場合には現実問題として葬儀費用の発生がある。そこで，被害者は当座の費用などに充てるために，仮渡金を請求できるとしている。

この仮渡金は損害賠償額の一部の先渡しという性格を有しており，損害賠償額が確定した場合には，その金額から仮渡金として支払われた金額が控除される。仮渡金が支払われた後に，加害者に賠償責任がないことが判明した場合，保険会社は支払った仮渡金の補償を政府保障事業に求め（自賠17条4項），保障事業は被害者に対してその返還を求める。

自賠法18条は，自賠法16条1項の直接請求権と17条1項の仮渡金請求権を差押禁止債権としているが，自賠責保険制度が社会保障的な性格を有しており，被害者保護を図るためにこのような禁止規定を設けた。

7　政府保障事業

交通事故の被害者となったが，ひき逃げされたために加害者が確定できない場合や，加害者が確定できても自賠責保険に加入していないため（車検切れの車両を運行した場合），自賠責保険からの救済を受けられないケースがありうる。このような被害者を救済するために政府が被害者に保障金を支払うという政府保障事業が行われている。この事業の支払限度額は自賠責保険と同額であり，重過失減額が行われるのも同様である。具体的な損害のてん補基準は自賠責保険と同様に告示されている（平成19年国土交通省告示第415号）。

Ⅲ　運行概念と運行供用者責任

1　自賠法3条と運行概念

自賠法3条は,「自己のために自動車を運行の用に供する者は，その運行によつて他人の生命又は身体を害したときは，これによつて生じた損害を賠償する責に任ずる。ただし，自己及び運転者が自動車の運行に関し注意を怠らなかつたこと，被害者又は運転者以外の第三者に故意又は過失があつたこと並びに自動車に構造上の欠陥又は機能の障害がなかつたことを証明したときは，この限りでない。」と定めている。

この規定では，自己のために自動車を運行の用に供する者（運行供用者）が，自動車の「運行によつて」他人に人身損害を負わせたときに，損害賠償責任を負うと定めている。

(1)　運行の意味をめぐる学説

自賠法2条2項は，運行について，人または物を運送するとしないとにかかわらず，自動車を当該装置の用い方に従い用いることをいうと規定している。それでは，自動車を当該装置の用い方に従い用いるとは具体的にどのような状態を意味するのであろうか。

(i)　**原動機説**　　当該装置を原動機装置（エンジン）と解する。自動車は，原動機（エンジン）によって陸上を移動することを目的として製作された用具であるから，原動機の作用によって陸上を移動させることをいうと考える。したがって，運行とは基本的にはエンジンによる発進から停止までの走行に限定される。

(ii)　**走行装置説**　　当該装置を原動機装置に限定せず，ハンドルやブレーキその他の走行に関連する装置もこれに含まれると考える。用い方に従い用いるには，原動機以外の走行装置を操作して走行する場合も含まれることになる。

(iii)　**固有装置説**　　当該装置を当該自動車固有の装置と考える。原動機やブレーキ，ハンドルなどの走行装置に限らず，自動車の構造上装備されている各装置のほかに，クレーン車のクレーン，ミキサー車のミキサーなど，当該自動車の固有の装置を含むと考える。この説によれば，駐停車中の事故であっても，これを固有の装置の使用と解することができれば，運行にあたることになる。

この他にも，車庫から車庫説や物的危険性説など多数の見解がある。

⑵　運行概念をめぐる判例の状況

神戸地判昭和34年4月18日（判時188号30頁）では，貨物自動車を運転中に給油のために給油所に立ち寄ったAが，車のクラッチに故障があったため，それを修理するために原動機を停止させたまま，傍らでBが照らす電灯のもとで故障箇所を油で洗浄していたところ，車のバッテリー線がショートして発火し，Aが持っていた石油缶に引火した。驚いたAがその石油缶を放り投げたところ，これがBに当たってBが火傷を負い後に死亡した事案において，Aが，給油所において自動車を停車中に，しかも原動機を止めて同車の故障箇所を修理中に発生したものであるから，自動車の運転中に発生した事故ではないことはもちろんであるとした。これは，原動機説によるものである。

最判昭和43年10月8日（民集22巻10号2125頁）は，エンジン故障を起こした貨物自動三輪車（被牽引車）が，約5mのロープで他の車両に牽引されて走行しているとき，被牽引車の荷台に乗っていた児童がそこから飛び降り，頭を強打して死亡したという事案において，当該装置は原動機に重点を置くが，ハンドル，ブレーキ等の走行装置も含まれると解すべきであり，エンジンの故障によって他の自動車に牽引されて走行している自動車も，当該自動車のハンドルやブレーキ操作によってその操縦の自由を有してこれらの装置を操作しながら走行している場合には，その故障自動車自体を当該装置の用い方に従い用いた場合にあたり，運行にあたるとした。これは走行装置説によるものである。

POINT 3　運行概念

最判昭和52年11月24日民集31巻6号918頁（交通百選11）

【事実】

Y会社（被告・控訴人・上告人）は，A会社から依頼を受けて，道路わきに転落した貨物自動車をクレーン車によって引き上げるため，Yの従業員Bの運転するクレーン車を派遣した。Bはクレーン車を道路に停車させ，エンジンを駆動してクレーンを操作し，引上げ作業に当たった。Bがクレーンを操作してブームを回転させ，ブームからつりさげられたワイヤーが現場上空に仮設されていた裸の高圧線に接近した際に，その下にいたX（原告・被控訴人・被上告人，Y会社の従業員）がワイヤーの先端に取り付けられていたフックを引っ張ったため，ワイヤーが高圧線に接触してＸは感電死し，Ｘの遺族がＹに対して自賠法３条および民法 715 条１項に基づき，損害賠償請求を行った。第１審，原審とも，Ｙの責任を認めたため，Ｙが本件事故はクレーン車を固定（駐車）してクレーンを操作し，転落車の引上げ作業中に発生したものであるから，自賠法３条の運行に該当せず，また運行との因果関係もないとして上告した。

【判旨】（上告棄却）

「『自動車を当該装置の用い方に従い用いること』には，自動車をエンジンその他の走行装置により位置の移動を伴う走行状態におく場合だけでなく，本件のように，特殊自動車であるクレーン車を走行停止の状態におき，操縦者において，固有の装置であるクレーンをその目的に従つて操作する場合をも含むものと解するのが相当である。」

本判決の争点は，車を停車させてクレーンを操作中に発生した事故が，クレーン車の運行によって発生したものであるかである。最高裁は，駐車によって停止している状態であっても，事故がクレーン車の固有の装置であるクレーンを操作中に発生した場合には，自賠法３条の規定する運行に該当すると判断しており，固有装置説によるものと評価されている。

(3)　運行「によって」の意味

運行によっての「によって」はどのような意味を持つであろうか。裁判例の多くは，自動車の運行と事故の間に相当因果関係が認められなければならないとしている。運行を事故の原因と考え，運行と生命・身体の侵害との間に，相当因果関係が存在することを必要とする。

相当因果関係の有無は，加害自動車と直接接触していない事故（非接触事故）で問題となる。先行車両からの落下物が，後続する車に衝突して後続車の同乗者が受傷した場合には，先行車に積載されていた物の落下は，先行車の走行による振動，衝撃の影響によるものと考えられるところから，相当因果関係が認められ，先行車の運行によって生じた事故と認められる。

それでは，歩行者が接近する自動車に驚いて転倒して受傷した場合はどうか。実際の事件で以下のような事例があった。暗夜に約３メートル幅の狭い道路を歩行していた被害者が，前方から軽二輪車，後方から原動機付自転車が接近するのを認めたため，前方右側の道路端にある仮橋のたもとに避難したところ，軽二輪車が運転を誤り，被害者がまさに避難している仮橋上に向かって突進してきて仮橋に乗り上げたうえ，後退して停止し，被害者は軽二輪車と物理的な接触はなかったものの，転倒，負傷した。最高裁は，直接の接触がないときでも，車両の運行が被害者の予想を裏切るような常軌を逸したものであって，歩行者がこれによって危難を避けるべき方法を見失い転倒して受傷するなど，衝突にも比すべき事態によって傷害が生じた場合には，その運行と歩行者の受傷との間に相当因果関係を認めるのが相当であるとした（最判昭和47年5月30日民集26巻4号939頁）。

最高裁の同一の小法廷が，同じ日にこの相当因果関係に関する判決を２つ出し，その結論が異なっている。

最判昭和63年6月16日（民集42巻5号414頁）は，軽四輪貨物自動車を運転していた被害者が，道路上にフォーク部分が突き出た状態で停止中のフォークリフトのフォーク部分に衝突して受傷した事故において，フォークリフトではなく，フォークリフトが木材の荷降ろしをしていた木材運搬用の貨物自動車の所有者の運行供用者責任を追及した事案である。最高裁は，フォークリフトが３回目の荷降ろしのため車両に向かう途中であったなどの事情があっても，本件事故は，本件車両を当該装置の用い方に従い用いることによって発生したものとはいえないと解するのが相当であるとして，貨物自動車の運行起因性（相当因果関係）を否定した。

これに対して，最判昭和63年6月16日（判時1298号113頁〔交通百選14〕）は，荷台にフォークリフトのフォーク挿入用の枕木等が装着されている木材運搬専用の普通貨物自動車からの木材の荷降ろし作業において，フォークリフトを操作して木材を荷降ろし中に，枕木により生じている木材と荷台との間隙にフォークを挿入し，フォークリフトを操作して木材を荷台上から反対側の材木置き場につき落としたところ，通りかかった子どもに木材がぶつかり，その子供が死亡した事故である。最高裁は，枕木が装置されている荷台は，本件車両の固有の装置というに妨げなく，また，本件荷降ろし作業は，直接的にはフォークリフトを用いてされたものであるにせよ，あわせてその荷台をその目的に従って使用することによって行われたものというべきであるから，本件事故は，本件車両を当該装置の用い方に従い用いることによって生じたものということができるとして，貨物自動車の運行起因性を認めた。

(4) 駐停車中車両との事故

近年問題となっているものに，駐停車中の車両との事故がある。駐車場内に駐車していた車両に，遊んでいた子供がぶつかってけがをした場合，自動車の運行によって生じたものとは認められないのはもちろんだが，道路上に違法に駐車された車両が関係する事故については，道路交通に与える危険性から，運行によって生じた事故と認められる場合がある。事故の形態，関係車の位置関係や道路の状況などを総合して検討し，運行によって生じた事故かが判断される。違法駐車していた貨物自動車に原動機付自転車が衝突し，その運転者が死亡した事故につき，駐車車両の責任割合を65%，衝突した原動機付自転車のそれを35%とした裁判例がある（千葉地判平成13年1月26日判時1761号91頁）。

2　運行供用者

自賠法3条は，自己のために自動車を運行の用に供する者を責任の主体として規定している。そして，この者を特に運行供用者という。

運行供用者とは，自動車の運行に対する支配権（運行支配）と運行による利益（運行利益）が帰属する者をいうとされている。運行支配は，自動車という危険物を管理する者は，それから生じた損害について賠償責任を負うべきであるという危険責任に基づくものであり，運行利益は，利益を上げる過程において他人に損害を与えたならば，その利益の中から賠償をさせるのが公平であるとする報償責任に基づくものである。

運行支配と運行利益に関しては，判例の考え方には変遷がみられる。当初は，直接的な運行支配と運行利益の存在を要件としていたが（最判昭和39年12月4日民集18巻10号2043頁），その後はその範囲を拡大して，運行支配については，間接的支配・支配可能性で足りるとしたり（最判昭和43年10月18日判時540号36頁〔交通百選7②〕），客観的・外形的支配（最判昭和47年10月5日民集26巻8号1367頁〔交通百選8②〕），あるいは自動車の運行について指示・制御をなすべき地位（最判昭和45年7月16日判時600号89頁〔交通百選58〕）などで足りるとするようになった。運行利益に関しても同様で，間接的・無形的利益で足りるとしている。

それでは，具体的にはどのような者がどのような場合に運行供用者となるか。自動車の所有者など，自動車を使用する権利を有する者については，その権利の内容として，自動車に対する直接的・間接的な支配や利益を有している。したがって，自分自身が運転中に事故を起こした場合はもちろんのこと，他の者に車を貸して，その者が事故を起こした場合にも，原則として運行供用者責任を負う。

運行供用者責任の成否が問題となる主な類型と判例の傾向を検討しよう。

⑴　無断運転と所有者の運行供用者責任

所有者に無断で運転をした運転者自体は運行供用者といえるが，自動車の所有者等も運行供用者といえるかという問題がある。これは，無断運転をされた所有者等が加入している賠償責任保険の利用可能性の問題となる。

農業協同組合の運転手が，私用に使うことを禁止されていたにもかかわらず，組合の内規に違反して組合所有の自動車を無断で運転して自宅に帰ろうとした途中，事故を起こしたケースについて，所有者と運転者との間に雇用関係などの密接な関係が存在し，かつ日常の自動車の運転・管理状況からして，客観的・外形的にみて，所有者である農業協同組合が運行供用者にあたるとした（最判昭和39年2月11日民集18巻2号315頁）。

判断の基準は，所有者等と無断運転をした者との人的関係の状況や，その強弱に基づく運行支配の有無，運行利益の帰属関係によることになる。

⑵　親の運行供用者責任

親が所有する自動車を子が運転中に事故を起こした場合，親は原則として運行供用者責任を負う。親はその自動車を管理ないし保管する責任があり，たとえ無断運転であっても，親の運行支配・運行利益は失われていないと考えられるからである。それでは，親から借りた車を子が友人に貸し，その友人が事故を起こした場合はどうかといえば，判例は親の運行供用者責任を肯定している。

問題となるのは，子が所有する自動車で事故を起こした場合の親の運行供用者責任である。子自身が所有者であるということは，その子に当該自動車の管理・保管をなすべき責任があるということになるが，子の所有する車に対する親の関与の程度（同居の有無，生計，車の購入代金やガソリン代などの負担関係，使用・保管状況，所有名義など）を総合的に考察して結論を導いている。

17歳の子が所有する原動機付自転車で事故を起こしたケースで，父がその原動機付自転車を子のために買い与えており，保険料その他の経費を負担しており，また，子が独立して生活する能力を有せず，父に全面的に生活を依拠している等の事情がある場合において，父の運行供用者責任を認めている（最判昭和49年7月16日民集28巻5号732頁）。これに対して，同居はしているが親が特に費用等の負担をしていない場合には，裁判例の結論は分かれており，親子が同居もしておらず，経済的にも依拠していない場合には親の運行供用者責任は否定されている。

(3)　賃貸借の貸主の運行供用者責任

レンタカーなどの賃貸借の場合には，原則としてレンタカー業者に運行供用者責任が認められる（たとえば東京地判平成19年7月5日判時1999号83頁）。これは，レンタカー業者は運行支配および運行利益を有しているとの判断による。ただし，レンタカーを借り受けた者から無断で転貸を受けた者が，返還予定日の25日後に事故を起こしたケースにおいて，レンタカー業者が所轄警察に車の所在調査を依頼していたという場合について，レンタカー業者の支配管理可能性が失われたとみることができるとして，レンタカー業者の運行供用者責任を否定した裁判例がある（大阪地判昭和62年5月29日判タ660号203頁）。

期限をどの程度経過したのか，借主の使用状況，貸主の回収へ向けた努力の有無などを総合的に勘案して，事故時に貸主の運行支配が及んでいたかによって判断がされている。

(4)　泥棒運転と保有者の運行供用者責任

泥棒運転の場合は，保有者が運行支配を喪失する典型的な例であるとして，保有者の運行供用者責任は否定されていた。しかし，泥棒運転が発生する経緯に着目して，保有者にも運行供用者責任を認め，自賠法3条を適用すべきであるとする見解が現れた。第三者に自動車の（乗り出し）運転を容認していたと見られてもやむをえない客観的な事情が存在していた場合には，保有者は運行供用者責任を負うとする考え方や，自動車の保有者は，危険物である自動車を管理すべき責任をも負担しており，自動車の管理について過失のある保有者は，その過失と相当因果関係のある事故について運行供用者責任を負うとする考え方がこれである。判例も肯定するもの，否定するものに分かれており，現在では，泥棒運転であっても，保有者の運行供用者責任が直ちには失われないと考えられている。

POINT 4　泥棒運転と保有者の運行供用者責任

最判昭和 48 年 12 月 20 日民集 27 巻 11 号 1611 頁（交通百選 5）

【事実】

タクシー会社Ｙ（被告・被控訴人・被上告人）の所有する車が，ドアに鍵をかけず，エンジンキーを差し込んだまま屋根ある車庫に駐車していたところ，Ａが扉が開いていた裏門からＹの構内に侵入し，本件自動車を裏門から運転して盗み出した。Ａはその車でタクシー営業をしていたところ，市電の安全地帯に本件自動車を接触させ，客として同乗していたＸ（原告・控訴人・上告人）を路上に転落させ，負傷させた。ＸがＹに対して，自賠法３条および車両保管上の過失等を理由とする民法 715 条に基づく損害賠償請求訴訟を提起した。第１審，原審ともＸの請求が棄却された。Ｘが上告した。

【判旨】（上告棄却）

「右事実関係のもとにおいては，本件事故の原因となつた本件自動車の運行は，訴外Ａが支配していたものであり，Ｙはなんらその運行を指示制御すべき立場になく，また，その運行利益もＹに帰属していたといえないことが明らかであるから，本件事故につきＹが自動車損害賠償保障法３条所定の運行供用者責任を負うものでないとした原審の判断は，正当として是認することができる。」

「前示のように，本件自動車は，原判示の状況にあるＹの車庫に駐車されていたものであり，右車庫は，客観的に第三者の自由な立入を禁止する構造，管理状況にあつたものと認められるから，Ｙが本件自動車にエンジンキ―を差し込んだまま駐車させていたこととＸが本件交通事故によつて被つた損害との間に，相当因果関係があるものということはできない。」

本判決の争点は，盗んだタクシー車両を利用してタクシー営業をしていた泥棒運転の車両に客として搭乗した者が事故に遭って損害を被った場合，タクシー会社に対して自賠法３条または民法 715 条の車両管理責任等に基づく損害賠償請求することができるかである。最高裁は，運行支配と運行利益のいずれもがＹに帰属していないことから自賠法３条の責任を否定し，盗まれた車両が客観的に第三者の自由な出入りを禁止する構造と管理状況にあったことから，民法 715 条の責任も否定している。したがって，路上や第三者が自由に出入り可能な場所にエンジンキーを差し込んだまま長時間にわたって駐車していたような場合には，第三者に対する運転の客観的容認があったと認められる。なお，運行支配の喪失については，窃取から事故までの時間的・場所的関係に基づいて判断するのが判例の傾向であり，保有者の責任が肯定されるのは時間的・場所的に近接していることが必要である。

3　他人性

自賠法3条は，運行供用者が，自動車の運行によって他人に人身損害を負わせたとき，損害賠償責任を負うと定めている。自賠法3条による損害賠償請求権を行使するためには，その被害者は他人であることが前提となっている。自賠法によって責任を負うべき者（責任の側面から捉える概念）を運行供用者とし，保護を受けるべき者（被害者保護の側面から捉える概念）が他人という規定である。

自賠法自体には，他人についての明確な定義規定が存在しない。そのため，どのような者がこの他人にあたるかが問題となる。この他人の意味について，判例はその車の運行供用者，運転者以外の人としている（たとえば，最判昭和42年9月9日判時497号41頁など）。したがって，A所有の自動車を友人Bが運転していて事故の相手方のいない自損事故を起こし，同乗していたAが死傷した場合，自動車の所有者であるAは運行供用者であることから，原則として他人にはならない。また，運転者Bも他人ではなく，両者ともA所有の自動車に付保されている自賠責保険からの支払を受けることができない。

もっとも，これが相手方のある事故の場合であれば，同乗者であるAも運転者であるBも，事故の相手方の車両との関係では，他人であることはもちろんであり，相手方の付保している自賠責保険に対する損害賠償額の請求は可能である。

他人性が問題となる場合

運行供用者が原則として他人にあたらないとされると，運行供用者と生計を共にしている親族は他人にあたるのかという問題がある。また，被害者保護の趣旨から運行供用者の範囲が拡大されてきたため，1台の自動車に複数の運行供用者が存在するケースがあり，複数の運行供用者間での他人性の判断が問題となった。また，好意で同乗させてもらった者が被害者となった場合，そのような者は他人といえるのかという問題もある。

(i)　**被害者が運行供用者の親族（配偶者，子など）の場合**　配偶者や子が運行供用者でも運転者でもない場合には，たとえ生計を共にしていても，他人となる。運行供用者の配偶者等であるからといって，そのことだけで他人にあたらないと解するべきではないとした最高裁の判例がある。これは，配偶者に限らず，子などの場合にもあてはまる。なお任意保険では，被保険自動車を運転中の者の父母，配偶者もしくは子，被保険者の父母，配偶者または子が被害となったいわゆる親族間事故については，免責としている。

POINT 5　妻は他人といえるか

最判昭和 47 年 5 月 30 日民集 26 巻 4 号 898 頁（交通百選 22）

【事実】

Ａは，自己所有の自動車を運転中に，自分の運転ミスで車ごと崖下に転落し，同乗していた妻Ｘ（原告・被控訴人・被上告人）に全治６か月の治療を要する重傷を負わせた。Ｘは，治療費，休業損害，慰謝料のうち，自賠責保険の支払限度額をＹ保険会社（被告・控訴人・上告人）に対し，自賠法 16 条に基づいて請求した。

第１審，原審ともＸは他人にあたるとしたが，損害の内容に関しては制限を加えるという判断をした。Ｙは，①Ａの妻であるＸは，本件自動車に対して運行利益と運行支配を有する運行供用者であり，自賠法３条の他人にあたらない，②夫婦の共同体としての生活に起因して発生した過失行為は，反社会性・違法性がないから，Ａは，Ｘに対して賠償義務を負わない，③自賠法の趣旨は通常の生活関係における被害者の救済にあり，妻が夫の過失行為によって被害を被ったとしても自賠法による救済を認めるべきではなく，Ｘの請求は権利濫用であると主張して，上告した。

【判旨】（上告棄却）

「自賠法３条は，自己のため自動車を運行の用に供する者（以下，運行供用者という。）および運転者以外の者を他人といつているのであつて，被害者が運行供用者の配偶者等であるからといつて，そのことだけで，かかる被害者が右にいう他人に当らないと解すべき論拠はなく，具体的な事実関係のもとにおいて，かかる被害者が他人に当るかどうかを判断すべきである。」このように述べたうえで，自動車は夫が所有して維持費も負担し，夫がもっぱら運転して妻は免許を持たず，事故当時妻は運転補助行為もしていなかったという本件においては，妻は自賠法３条にいう運行供用者・運転者もしくは運転補助者といえず，同条にいう他人に該当すると述べた。さらに，配偶者の損害賠償責任は保険者への直接請求権の前提にすぎず，夫婦の生活共同体が破壊される恐れもないから，夫婦の一方の過失に基づく交通事故により損害を受けた他の配偶者は，直接請求権を行使できると判断した。

本判決は「妻は他人」事件として知られる最高裁判決である。判旨を検討すると，妻は常に自賠法3条に規定する他人なのではなく，運行供用者に該当する場合や，運転補助者に該当する場合には，他人性は否定されることになる。

(ii)　**共同運行供用者間の他人性**　運行供用者は原則として他人にあたらない。ただし判例は，事故を起こした自動車について複数の運行供用者が存在する場合，それぞれの運行支配を比較し，運行支配が劣ると認められる特段の事情がある場合には，その者を例外的に他人として保護するという考え方を採用している。運行供用者が複数存在する場合に，その全員を他人にあたらないとして自賠法の保護の対象から除外すると，かえって被害者救済上問題が生じる可能性があるからである。

X会社所有の車で，X会社の取締役Aと従業員Bが同乗中，運転していたBの過失による事故でAが傷害を被った事案において，最高裁は，Xによる運行支配が間接的，潜在的，抽象的であるのに対し，Aによるそれは，はるかに直接的，顕在的，具体的であることから，AはXに対して自賠法3条の他人であることを主張することは許されないと判断した（最判昭和50年11月4日民集29巻10号1501頁〔交通百選18〕）。

(iii)　**好意・無償同乗**　好意・無償同乗は，好意であってかつ無償で，無償ではないが好意で，それぞれ同乗させてもらっている者と広く解釈してよいが，民法上も自賠法上も好意・無償同乗に関する規定を有していない。

こうした好意・無償同乗者が，その自動車運転者の過失で死傷した場合に，好意・無償同乗であることを理由として，運行供用者等に対する損害賠償請求権の行使に何らかの制限が加えられるのかという点が問題となる。好意・無償同乗者に関しては，当初は他人に該当するのかが問題とされたが，裁判例において当然に他人にあたると判断されている。

UNIT 10 自動車保険(2)——任意自動車保険

任意自動車保険は，対人賠償責任保険を中心とし，対物賠償責任保険，搭乗者傷害保険，自損事故保険，無保険者傷害保険，車両保険，人身傷害補償保険などがセットとして販売されている。これらは各種損害保険の組合せであり，具体的には，対人賠償事故や対物賠償事故を担保範囲とする責任保険，搭乗者傷害事故や自損傷害事故そして無保険車傷害事故を担保範囲とする傷害保険，自己の所有する車の車両事故を担保範囲とする物保険，自動車事故に起因して発生する様々な費用を担保範囲とする費用保険によって構成されている。被害者の損害額が自賠責保険の限度額を超えた場合に支払をすると同時に，自賠責保険の提供しない損害に対しても保険による保護を提供している。任意自動車保険は自動車に起因する様々なリスクを担保範囲とする保険であって，各種の担保条項から構成される自動車保険の総称である。

従来は対人賠償責任保険と対物賠償責任保険，自損事故保険に車両保険などを組み合わせる方法が一般的だったが，人身傷害補償保険の急速な普及によって，対人賠償責任保険，対物賠償責任保険，車両保険に人身傷害補償保険を付加する形が現在では主力となっている。そのため，任意自動車保険をめぐる新たな問題点として，交通事故の被害者が被保険者となっている人身傷害補償保険からの給付と事故の相手方が加入している対人賠償責任保険からの給付との調整がある。また車両保険に関連する主張立証責任の問題がある。

Ⅰ　対人賠償責任保険

1　対人賠償責任保険の保険事故

対人賠償責任保険は，①保険証券記載の自動車（被保険自動車）の所有，使用または管理に起因して他人の生命または身体を害した結果，②被保険者が法律上の損害賠償を負担することによって損害を被り，③被保険者が損害賠償責任を負担することによって被る損害の額が自賠責保険によって支払われる金額を超過したという，以上の３要件を具備した場合に保険金の支払が行われる損害保険契約である。自賠責保険によって支払われる金額を超過する部分について保険給付を行うことを目的としている。保険金額の上限も自賠責保険のような制限はなく，無制限となっているのが一般的である。対人賠償責任保険は，自賠責保険の２階建て部分に相当すると表現されるが，厳密にはこの２つの保険によってカバーされる範囲は同一ではない。

2　自賠責保険と任意自動車保険の違い

(1)　てん補する損害の範囲

自賠責保険が担保するのは，自動車の運行によって他人の生命または身体を害する事故によって，被保険者が自賠法上の損害賠償責任を負担することによる損害だが，対人賠償責任保険が担保するのは自動車の所有，使用または管理に起因して生じた事故により，被保険者が法律上の損害賠償責任を負担する場合である。このような表現の違いから，対人賠償責任保険の方が保険者によっててん補される損害の範囲が広いと理解されている。具体的にいうと，対人賠償責任保険には，自賠責保険のような運行による事故という制限がされていない。したがって，車庫の中で保管中の自動車が爆発して損害が発生したような場合には，自賠責保険とは異なり，対人賠償責任保険では損害てん補の対象となる。

(2)　他人性

自賠責保険では，事故の被害者が被保険自動車の運行供用者および運転者以外の者であれば，自賠法３条にいう他人性の要件を充足する。したがって，親族間の事故（たとえば被害者が被保険者の子）の場合であっても保険金は支払われるが，対人賠償責任保険では約款による免責条項があり，被害者が被保険者の父母，配偶者（内縁関係を含む），子の場合には保険金は支払われない。

(3)　重過失減額と民法上の過失相殺

自賠責保険では，被害者保護の観点から被害者に重大な過失があった場合に限り，その過失の度合いに応じて損害賠償額の減額を行う（重過失減額）。対人賠償責任保険では民法の一般原則（民722条2項）にしたがって，過失相殺が行われる。被害者の過失が9割だとすると，損害賠償額の9割が減額されることになる。たとえば，重度後遺障害を被った被害者の損害額が3億円だとする。自賠責保険では重過失減額が行われるから，被害者の過失が9割であっても，損害賠償額は5割減額となる。もっとも，損害額が保険金額を超える場合には，保険金額からの減額が行われる。自賠責保険の上限は重度後遺障害の場合4000万円であるから，この4000万円の5割である2000万円が自賠責保険から支払われる。それでは，対人賠償責任保険からの支払はどうなるかというと，3億円の9割を過失相殺するから，3000万円がてん補される損害額となる。すでに自賠責保険から2000万円が支払われているから，対人賠償責任保険から支払われる部分は1000万円となる。

過失相殺が行われると，この例のように被害者の損害が完全にはてん補されない。そのため，過失相殺の対象となる部分も保険の対象とすることを目的としているのが人身傷害補償保険である（Ⅲ1(2)参照）。

(4)　被保険者の範囲

被保険者の範囲は約款によって規定されており，保険証券に記載された記名被保険者に加えて，記名被保険者の配偶者または同居の親族等で被保険自動車を使用または管理中の者，記名被保険者の承諾を得て被保険自動車を使用または管理中の者，被保険自動車を業務に使用中の記名被保険者の使用者が含まれる。一般的には，さらに被保険者の範囲が特約によって狭められ，ある年齢以上の者や一定範囲の親族等に限定する例が多い。この特約を締結することによって保険料も割り引かれるため，自賠責保険では保険金の支払を受けることができるケースであっても，任意保険では保険金の支払を受けられないという場合が存在する。

(5)　免責事由

自賠責保険では，保険契約者または被保険者の悪意による事故招致が唯一の免責事由とされている。対人賠償責任保険では，保険契約者または被保険者の故意のほかにも，戦争，武力行使，革命，内乱などの事変，暴動によって生じた損害が免責対象とされており，親族間事故のほかにも被保険者の業務に従事中の使用人，被保険者の使用者の業務に従事中の他の使用人なども免責の対象である。このように，自賠責保険と比べると免責の範囲は広い。

(6)　直接請求権

対人賠償責任保険には，約款によって自賠責保険と同様の被害者の保険会社に対する直接請求権が認められている。これは，昭和49年の約款改定の際に導入された規定である。この規定導入前は，被害者は任意保険会社に対する直接請求権を有しないと理解されており，直接請求権と同様の効果を得るために，被害者が被保険者の任意保険会社に対する保険金請求権を代位請求（民423条）することが実務的に行われていた。しかし，法的構成などの問題を含んでいた。さらに，被保険者の破産や行方不明の場合にも被害者は救済されないため，被害者の直接請求権が導入された。

直接請求権が発生しても，被害者が直ちにこれを行使できるのではない。保険会社には，以下の場合に，被害者からの直接請求権の行使に対して損害賠償額を支払う義務が発生する。①判決，和解，調停，示談などによって損害賠償額が確定した。②被害者が，保険会社から損害賠償額の支払を受けたときは，被保険者に対して損害賠償請求権を行使しないことを書面で承諾した。③損害賠償額が保険金額を超過することが明らかになった。④すべての被保険者またはその法定相続人が破産，または生死不明となり，またはすべての被保険者が死亡し，かつ，法定相続人が存在しなくなった。これらは，すべて約款に規定されている。

上記のように，任意保険の直接請求権の行使に対しては，加害者（被保険者）と被害者（損害賠償請求権者）との間で，判決の確定等によって損害賠償額が確定した場合などに限り，保険会社が損害賠償額を支払うとの約款規定がある。しかし，その確定前に，被保険者に対する損害賠償請求と併合して，被害者の保険会社に対する保険金の債権者代位請求訴訟が認められるのかが争われた事例がある。

POINT 1　保険金の代位請求訴訟と直接請求権

最判昭和57年9月28日民集36巻8号1652頁（百選33）

【事実】

交差点において原動機付き自転車を運転・直進していたAは，同一方向から進行してきて同交差点を左折しようとしたB運転の大型トラックと接触し，即死した。Aの両親であるX_1（原告・控訴人・上告人）らが大型トラックの保有者であるY_1（被告・被控訴人・被上告人）に対して，自賠法3条に基づいて損害賠償を求めるとともに，Y_1を被保険者とする自家用自動車保険契約を締結していたY_2保険会社に対して，自動車保険契約における保険金の直接支払を求め，予備的に民法423条に基づくY_1のY_2に対する保険金請求権を代位行使するとして，その支払を求めて訴えを提起した。第1審はXのY_1に対する請求を一部認めたがY_2に対する請求は退けた。X，Y_1が控訴したところ，原審はY_2に対する代位請求について認めたため，Y_2が上告した。

【判旨】（上告棄却）

「右規定〔昭和51年約款17条の直接請求権の規定〕及び本件保険契約の性質に鑑みれば，右保険約款に基づく被保険者の保険金請求権は，保険事故の発生と同時に被保険者と損害賠償請求権者との間の損害賠償額の確定を停止条件とする債権として発生し，被保険者が負担する損害賠償額が確定したときに右条件が成就して右保険金請求権の内容が確定し，同時にこれを行使することができることになるものと解するのが相当である。……損害賠償請求権者が，同一訴訟手続で，被保険者に対する損害賠償請求と保険会社に対する被保険者の保険金請求権の代位行使による請求（以下『保険金請求』という。）とを併せて訴求し，同一の裁判所において併合審判されている場合には，被保険者が負担する損害賠償額が確定するというまさにそのことによつて右停止条件が成就することになるのであるから，裁判所は，損害賠償請求権者の被保険者に対する損害賠償請求を認容するとともに，認容する右損害賠償額に基づき損害賠償請求権者の保険会社に対する保険金請求は，予めその請求をする必要のある場合として，これを認容することができるものと解するのが相当である。」

本判決は，損害賠償額の確定前であっても，被害者に被保険者に対する損害賠償請求訴訟と保険金の債権者代位請求の併合を認めた。ところで保険法は，22条1項において被害者の先取特権を認める規定を設けた。そこで，被害者としては，直接請求権の行使，代位請求権の行使，先取特権の行使が可能となる。どれを選択するかは被害者側ということになるが，3つの権利は併存するものと理解される。なお，加害者が破産した場合には，これら3つの権利に対する効果は異なる。代位請求権行使の場合には，被害者は債権者代位権に基づく請求を行うことは許されない。一般債権者として加害者の責任財産から債権額に比例した弁済を受けるに過ぎない点に注意が必要である。

Ⅱ 搭乗者傷害保険

1 搭乗者傷害保険の特徴

(1) 保険事故

対人賠償責任保険や対物賠償責任保険は，自動車事故に起因して被保険者が第三者の生命，身体あるいは財物に損害を与えたことによる損害賠償責任を保険によって担保することを目的としている。被保険者本人ではなく，第三者の損害をてん補するところから，サードパーティー型保険ともいう。これに対して搭乗者傷害保険は，被保険自動車に搭乗中の運転者や同乗者，さらには保有者本人について生じた損害を担保する。この搭乗者傷害保険は，①被保険自動車の正規の乗車装置または当該装置のある室内に搭乗中の者が，②被保険自動車の運行に起因する事故または運行中の落下物等との衝突等の急激かつ偶然な事故によって死傷した場合に所定の保険金を支払う傷害保険である。この保険は事故の相手方の存在しない自損事故でも保険給付が行われる。なお，この搭乗者傷害保険にはバリエーションがあり，事故の相手方が無保険車（ここでの無保険は，自賠責保険ではなく，任意自動車保険に加入していないことを意味する）の場合を保険事故とする無保険車傷害保険もある。

(2) 被保険者と正規の乗車装置

搭乗者傷害保険の被保険者は，被保険自動車の正規の乗車装置または当該装置のある室内（隔壁等により通行できないように仕切られている場所を除く）に搭乗中の者である。正規の乗車装置とは道交法55条1項の「乗車のために設備された場所」と同義であり，乗車人員が動揺，衝撃等により転落または転倒することなく安全な乗車を確保できる構造を備えた道路運送車両の保安基準20条1項に定める乗車装置をいう。約款が規定しているのは搭乗中の場所であるから，乗車定員超過の場合には保険金は支払われるが，トラックの荷台に乗車中の場合には，正規の乗車装置ではないのだから保険金は支払われない。

正規の乗車装置に搭乗中か否かが争われた事件では，貨客兼用自動車の後部座席を折りたたみ，荷台として使用することが出来る構造となっている自動車の後部座席を折りたたんで洗剤等の商品を搭載し，その脇に少し体を起こした状態で横たわっていた搭乗者が，追突事故の衝撃によって自動車後部の貨物積載用扉が開き，商品とともに路上に投げ出され，脳挫傷等の傷害を負って死亡した。最高裁は，「後部座席はもはや座席が本来備えるべき機能，構造を喪失していたものであって，右の場所は，搭乗者傷害条項にいう『正規の乗車用構造装置のある場所』に当たらないというべきである。」として，保険会社の免責主張を認めた（最判平成7年5月30日民集49巻5号1406頁〔百選38〕）。なお，平成9年に約款が改正され，正規の乗車装置または当該装置のある室内に搭乗中の者を被保険者とした。さらに，隔壁等により通行できないように仕切られている場所を除くとされたところから，座席間の通路に座っていた場合には，保険の保護の対象となることが明らかになったが，完全に仕切られた荷物室に搭乗中の者は保険保護の対象とはならない。

被保険者は被保険自動車に搭乗中でなければならないが，極めて異常かつ危険な方法で被保険自動車に搭乗中の者は被保険者に含まれないことから，上半身を窓から車外に出す，箱乗りと呼ばれる乗り方は，本来の用法によって搭乗しているとはいえず，この保険による保護を受けられない（最判平成元年3月9日判時1315号134頁）。被保険自動車に搭乗中か否かが争われた事件がある。

POINT 2　搭乗者傷害保険と「被保険自動車に搭乗中」の意味

最判平成19年5月29日判時1989号131頁（百選39）

【事実】

Aは高速自動車道で運転中に運転操作を誤り車両をガードレールに衝突させ，走行車線と追越車線とにまたがった状態で停止した。Aは車両から降り路肩付近に避難したが，その直後に大型貨物自動車に接触されて転倒し，さらに後続の大型貨物自動車にひかれて死亡した。Aの相続人であるXら（原告・控訴人・上告人）がAの契約していた自動車保険の搭乗者傷害条項に基づいてY保険会社（被告・被控訴人・被上告人）に対して死亡保険金の支払を求めたところ，Yが拒絶をしたため訴訟となった。第1審はXらの請求を認めたが，原審はXらの請求を棄却したため，Xらが上告した。

【判旨】（**破棄自判**）

「Aは，本件自損事故により，本件車両内にとどまっていれば後続車の衝突等により身体の損傷を受けかねない切迫した危険にさらされ，その危険を避けるために車外に避難せざるを得ない状況に置かれたものというべきである。……そうすると，運行起因事故である本件自損事故とAのれき過による死亡との間には相当因果関係があると認められ，Aは運行起因事故である本件自損事故により負傷し，死亡したものと解するのが相当である。」

「たしかに，Aは後続車に接触，衝突されて転倒し，更にその後続車にれき過されて死亡したものであり，そのれき過等の場所は本件車両の外であって，Aが本件車両に搭乗中に重い傷害を被ったものではないことは明らかであるが，それゆえに上記死亡保険金の支払事由に当たらないと解することは，本件自損事故とAの死亡との間に認められる相当因果関係を無視するものであって，相当ではない。……本件搭乗者傷害条項においては，運行起因事故による被保険者の傷害は，運行起因事故と相当因果関係のある限り被保険者が被保険自動車の搭乗中に被ったものに限定されるものではないと解すべきである。」

本判決は，自損事故（運行起因事故）と後続車両によるれき過を原因とする死亡との間に相当因果関係があるか否かを検討し，Aの車外避難行動が極めて自然なものであったこと，れき過と自損事故の間に時間的・場所的近接性があることから，相当因果関係を肯定して死亡保険金の支払対象であると判断している。搭乗者傷害保険は被保険者が被保険自動車に搭乗中に，運行起因事故そのもので負傷・死亡した場合に限らず，運行起因事故と負傷・死亡との間に相当因果関係があると認められる場合には，保険金の支払対象となる旨を判示している点に大きな意義がある。相当因果関係の判断には，第1事故と第2事故の時間的・場所的近接性，第2事故に至る被害者行動が不可避的なものであったかなどの具体的な事情を検討する必要がある。

2　搭乗者傷害保険金と保険代位

(1)　保険代位

搭乗者傷害保険の約款は，搭乗者傷害保険金を支払った場合，保険会社は，被保険者またはその法定相続人が当該傷害について第三者に対して有する損害賠償請求権を取得しない，と規定している。損害保険のルールでは，保険から給付を受けることによって利得をすることは認められず，あくまでも現実に生じた損害のてん補を受けることが認められているに過ぎない。そのため，被害者である被保険者に保険金を支払った保険会社は，支払った保険金の限度で加害者に対する損害賠償請求権を取得し，これを保険代位という。しかし，定額給付方式の搭乗者傷害保険は，損害てん補を目的とするものではないと理解されており，上記のように約款によって保険代位規定が排除されている。

なお搭乗者傷害保険の中には，部位・症状別支払のものがあり，これは定額方式と損害てん補方式の中間的なもので，保険代位が可能な保険であるということができる。しかし，約款によって保険代位規定は明確に排除されているため，現行の約款の下では搭乗者傷害保険に請求権代位の問題は生じない（詳しくはUNIT 6参照）。

⑵　損益相殺の可否

保険代位に類似した問題に損益相殺がある。AがB運転の自動車に搭乗中に，Bの運転ミスによって事故が発生し，搭乗者傷害保険金の支払を受けたとする。AはBに対して損害賠償請求を行うことになるが，この場合に支払を受けた搭乗者傷害保険金は損害賠償額から控除されるのか，また損害賠償における慰謝料額を算定するに際して搭乗者傷害保険金を受け取っていることが斟酌されるのかという問題がある。この点について判示した最高裁判例がある。

POINT 3　搭乗者傷害保険金と損害賠償額との損益相殺

最判平成7年1月30日民集49巻1号211頁（百選40）

【事実】

AはY_1（被告・被控訴人・被上告人）運転の自動車に搭乗中，Y_2（同被告・被控訴人・被上告人）運転の自動車との衝突事故によって傷害を被り死亡した。そこで，Aの相続人であるXら（原告・控訴人・上告人）がY_1，Y_2に対して自賠法3条に基づく損害賠償請求訴訟を提起した。なおXらは，Y_1が締結していた自家用自動車保険の搭乗者傷害条項に基づいて，死亡保険金1000万円を受領している。第1審はXらの請求を認めたが，Y_1は，Xらが受け取った保険金は，保険契約者の搭乗者に対する損害賠償の一種であるから，1000万円は損害賠償額から控除されるべきであると主張して控訴した。原審はY_1の抗弁を認めたため，Xらが上告した。

【判旨】（破棄自判）

「原審の適法に確定した事実によれば，⑴本件保険契約は，Y_1運転の前記自動車を被保険自動車とし，保険契約者が被保険自動車の使用等に起因して法律上の損害賠償責任を負担することによって被る損害をてん補するとともに，保険会社が本件条項に基づく死亡保険金として1000万円を給付することを内容とするものであるが，(2)本件保険契約の細目を定めた保険約款によれば，本件条項は，被保険自動車に搭乗中の者を被保険者とし，被保険者が被保険自動車の運行に起因する急激かつ偶然の外来の事故によって傷害を受け，その直接の結果として事故発生の日から180日以内に死亡したときは，保険会社は被保険者の相続人に対して前記死亡保険金の全額を支払う旨を定め，また，保険会社は右保険金を支払った場合でも，被保険者の相続人が第三者に対して有する損害賠償請求権を代位取得しない旨の定めがある，というのである。

このような本件条項に基づく死亡保険金は，被保険者が被った損害をてん補する性質を有するものではないというべきである。けだし，本件条項は，保険契約者及びその家族，知人等が被保険自動車に搭乗する機会が多いことにかんがみ，右の搭乗者又はその相続人に定額の保険金を給付することによって，これらの者を保護しようとするものと解するのが相当だからである。そうすると，本件条項に基づく死亡保険金を右被保険者の相続人であるXらの損害額から控除することはできないというべきである。」

本件のような交通事故の被害者が加害者を相手とする損害賠償請求訴訟では，被害者または被害者の相続人が各種の保険契約による給付を受ける場合がある。生命保険金については，最判昭和39年9月25日（民集18巻7号1528頁〔百選89〕）が，火災保険金については，最判昭和50年1月31日（民集29巻1号68頁〔百選25〕）が，そして定額給付型の傷害保険金については，最判昭和55年5月1日（判時971号102頁）があり，それぞれの結論は一致して損益相殺を認めない。その理由は，それぞれの保険金が既に払い込まれた保険料の対価としての性質を有しており，保険金支払義務と損害賠償義務との発生原因が共に無関係である点が述べられている。また被害者が負担した保険料の対価による保険給付が加害者の賠償責任額を軽減させることに対する疑問もある。

ところで，本件の搭乗者傷害保険がこれまで損益相殺が問題となった各種保険金と異なるのは，保険料を負担したのが賠償責任を負担する加害者である点である。加害者が保険料を負担したから保険金が支払われるのに，なぜ損益相殺の対象とならないのかという疑問には理由がある。しかし，最高裁は次の2

点を理由として損益相殺を否定した。それは，①搭乗者傷害保険金は損害てん補の性質を有しない。②損害てん補性がない理由は，本件搭乗者傷害条項は，定額の保険金を給付することによって搭乗者またはその相続人を保護することにある，としている。

本件で残された問題点として，加害者と被害者の間に損害額から搭乗者傷害保険金を控除する旨の合意があるという主張も排斥する趣旨であるかという点と，搭乗者傷害保険金は慰謝料算定の際に斟酌することが可能かという点がある。特に後者については，斟酌する下級審裁判例が多いように見受けられるが，慰謝料の法的性質を含めた議論が必要である。

Ⅲ　人身傷害補償保険

1　人身傷害補償保険の特徴

(1)　保険事故と被保険者

人身傷害補償保険は，被保険者が被保険自動車や他の車両に搭乗中，または歩行中に，自動車の運行に起因する，急激かつ偶然な外来の事故により身体に傷害を被った場合に保険給付を行う傷害保険契約である。被保険者の範囲が広く，記名被保険者本人に加え，配偶者，父母，そして子も，同居等の一定の要件を満たした場合には被保険者となる。

(2)　人身傷害補償保険の保険金

人身傷害補償保険は，被保険者に100％の過失があった場合であっても，約款に規定された基準に従って保険給付が行われるが，その基準は自賠責保険のそれよりは高く設定されているものの，裁判所が通常採用する基準よりは低く設定されている。この保険の登場によって，これまでの任意保険が提供していた自損事故保険の限度額1500万円に比べて，十分な補償を得ることが可能となった。この保険は，人身傷害事故が第三者によって惹起された場合であっても，被害者が契約を締結している人身傷害補償保険から，加害者の賠償責任とは関係なく保険給付が行われる。被害者の損害額が，保険給付の額を上回っている場合には，被害者はその超過部分を加害者に対して請求することが認められている。

この人身傷害補償保険は，定額払いである通常の傷害保険とは異なって，損害てん補型の傷害保険として構成されており，保険会社による代位規定や重複てん補を避けるための規定が設けられている。支払われる保険給付の額は，保険会社の算定する損害額および保険契約者または被保険者が支出した費用から，すでに給付が決定したか支払がなされた損害てん補の性質を有する金額を控除することとされている。

(3) 被害者の損害額の算定基準

交通事故の被害者の損害の算定については，①自賠責保険基準，②任意保険基準そして③裁判基準がある。①の自賠責基準は，交通事故の被害者に対して基本的な補償を提供することを目的とした逸失利益等の算定基準である。②任意保険基準は，保険会社が約款の中で定める被害者に対する逸失利益等の算定基準であり，①の自賠責基準よりは高額に設定されている。③の裁判基準は，交通事故訴訟において裁判所が逸失利益等の算定において採用する基準であり，基準自体としては，①，②，③の順に高額となる。人身傷害保険の保険金支払の算定基準は，保険会社各社によって異なり，①の自賠責基準を採用する保険会社もあるが，一般的には②の任意保険基準と同じ内容である。ただし，基準額が高いことが高額な損害賠償金に結びつくとは限らない。自賠責保険の採用する重過失減額は任意保険や裁判基準では採用されていないから，過失割合いかんでは①の自賠責保険基準による支払の方が高額となる場合も考えられる。たとえば，任意基準による損害額が5000万円であるが，過失割合が5対5であるとすると，損害賠償額は2500万円となる。一括払いの場合，自賠責保険金から受領できる3000万円が支払われる。なお，自賠責保険基準による算定が3000万円であるとすると，過失割合が5対5の場合，重過失減額は行われないから，3000万円が保険金として支払われる。

2 人身傷害補償保険と保険代位

人身傷害補償保険金請求権と加害者に対する損害賠償請求権との関係について，①被害者（被保険者）が先に保険会社から保険金の支払を受けた場合，保険会社はどの範囲で被保険者の加害者に対する損害賠償請求権を代位し，被害者は加害者に対していくらの損害賠償請求ができるか，②被害者（被保険者）が先に加害者から損害賠償債務の支払を受けた場合にはどうか。以上の2点については，従来の裁判例においても見解が分かれており，学説においても多くの検討がなされてきた。

被害者（被保険者）が保険会社から先に保険金の支払を受けた場合，人身傷害補償保険の保険者が被保険者の加害者に対する損害賠償請求権に代位できる範囲が問題となる。物保険と同じく，絶対説，相対説（比例説），差額説の見解の対立がある（UNIT 5 Ⅱ参照）。保険法25条の規定は差額説を採用したところ，人身傷害補償保険については，人傷基準損害額を基礎に差額説を採用する人傷基準差額説と，民事訴訟等において算定された損害額を基礎に差額説を採用する裁判基準差額説の争いがある。

(1)　人傷基準差額説

人身傷害補償保険金は，約款が規定する損害額算定基準により算定された損害額（人傷基準損害額）を限度として，まず加害者に対する損害賠償請求訴訟における被害者の過失割合に応じた損害額から優先的に充当され，保険会社は，支払った保険金と被害者が加害者から受領する損害賠償金の合計金額が約款の基準により算定された損害額を上回るときにはじめて，その上回る額についてのみ，被害者の加害者に対する損害賠償請求権を代位できる。この説によれば，保険金と損害賠償のいずれを先に請求しても，被害者が取得できる総額は異ならない。

(2)　裁判基準差額説

人身傷害補償保険金は，加害者に対する損害賠償請求権における被害者の過失割合に応じた損害額から優先的に充当され，保険会社は，支払った保険金がこの訴訟における被保険者の過失相殺前の損害額（裁判基準損害額）を上回るときにはじめて，その上回る額についてのみ，被害者の加害者に対する損害賠償請求権を代位できる。この説によれば，一般に，人傷基準損害額は，裁判基準損害額よりも低額であることから，損害賠償を先に請求したときは，保険金を先に請求したときに比べて，被害者が取得できる総額は小さくなる。裁判基準差額説をとった裁判例がある。

POINT 4　代位により保険者が取得する権利

最判平成24年2月20日民集66巻2号742頁〔交通百選108〕

【事実】

Aは，横断歩道の設けられていない道路を横断中，前方注視を怠るなどして道路を進行してきたY_1（被告・控訴人・上告人）が運転する普通乗用自動車に衝突され，脳挫傷等の傷害を負い，その後死亡した。Aの遺族であるXら（原告・被控訴人・被上告人）は，Y_1に対し民法709条に基づき，上記車両の保有者であるY_2（被告・控訴人・上告人）に対しては自動車損害賠償保障法3条に基づき，損害賠償の支払を求めて本件訴訟を提起した。

第1審および原審は，Aの被った損害額を合計7828万2219円であると認定した。第1審は，過失相殺を認めなかったが，原審は，本件事故におけるAの過失を10%として過失相殺し，AがY_1らに対して賠償請求できる損害額は7045万3997円としたうえで，本件事故についてB損害保険会社から支払を受けた人身傷害保険金5824万6898円（人傷基準損害額は6741万7099円）は，改正前民法491条（改正後民489条）に準じて，まずAの損害金の残元本に対する遅延損害金に充当され，その残額について損害金の残元本に充当される結果，Xらが請求できるAの損害金の残元本は1065万9594円となるとして，Xらの請求を認容した。Y_1らが上告。

本判決は，保険代位（請求権代位）の範囲について，次のように判示し，Xらが請求できるAの損害金の残元本を1086万5120円とした。

【判旨】（原判決変更）

「本件約款によれば，Bは，交通事故等により被保険者が死傷した場合においては，被保険者に過失があるときでも，その過失割合を考慮することなく算定される額の保険金を支払うものとされているのであって，上記保険金は，被害者が被る損害に対して支払われる傷害保険金として，被害者が被る実損をその過失の有無，割合にかかわらず塡補する趣旨・目的の下で支払われるものと解される。上記保険金が支払われる趣旨・目的に照らすと，本件代位条項にいう『保険金請求権者の権利を害さない範囲』との文言は，保険金請求権者が，被保険者である被害者の過失の有無，割合にかかわらず，上記保険金の支払によって民法上認められるべき過失相殺前の損害額（以下『裁判基準損害額』という。）を確保することができるように解することが合理的である。

そうすると，上記保険金を支払ったBは，保険金請求権者に裁判基準損害額に相当する額が確保されるように，上記保険金の額と被害者の加害者に対する過失相殺後の損害賠償請求権の額との合計額が裁判基準損害額を上回る場合に限り，その上回る部分に相当する額の範囲で保険金請求権者の加害者に対する損害賠償請求権を代位取得すると解するのが相当である。」

裁判官宮川光治の補足意見は，次のとおりである。

「本件約款の人身傷害条項は，賠償義務者から既に取得した損害賠償金の額等がある場合は，保険金の額はそれらの合計額を差し引いた額とすると定めている。これを字義どおり解釈して適用すると，一般に人身傷害条項所定の基準は裁判基準を下回っているので，先に保険金を受領した場合と比較すると不利となることがある。そうした事態は明らかに不合理であるので，上記定めを限定解釈し，差し引くことができる金額は裁判基準損害額を確保するという『保険金請求権者の権利を害さない範囲』のものとすべきであると考えられる。」

本判決は，被保険者である被害者の過失の有無や割合にかかわらず，民法上認められるべき過失相殺前の損害額（裁判基準損害額）を確保することができるように，保険会社は，保険金額と加害者に対する過失相殺後の損害賠償請求権の額の合計額が裁判基準損害額を上回る場合にかぎり，その上回る部分に相当する額の範囲で加害者に対する損害賠償請求権を代位取得すると判示して，上記の(2)の立場を採る旨を明らかにした。そこで，裁判基準差額説にしたがって，人身傷害保険金を支払った保険会社の保険代位の範囲について考えてみる。図を見て欲しい。人身傷害補償保険は，約款が規定する損害額算定基準を有しており，これにより算定された被害者Xの損害額（人傷基準損害額）を7000万円とすると，人身傷害補償保険から支払われる保険金は7000万円となる。裁判所が認定したXの過失相殺前の損害額（裁判基準損害額）を1億円とし，Xには2割の過失があったとすると，加害者であるYの損害賠償額は8000万円となる。この場合，Xの未てん補の損害額は1億円から人身傷害保険金7000万円を差し引いた3000万円となる。したがって，Yの損害賠償責任額である8000万円のうち，3000万円はYがXに対して支払うべき損害賠償額であり，8000万円から3000万円を差し引いた5000万円について，人身傷害保険金を支払った保険会社が代位できることになる。

ここで，被害者（被保険者）が先に加害者から損害賠償債務の支払を受けた場合を考えてみる。人身傷害補償保険の約款によれば，保険金の額は，被害者である被保険者の過失の割合にかかわらず，約款所定の算定基準（人傷基準）によって算定される損害額から，被保険者が既に受領した保険金や損害賠償金を控除するという方法で計算される。上記の例でいえば，被害者Xが先に加

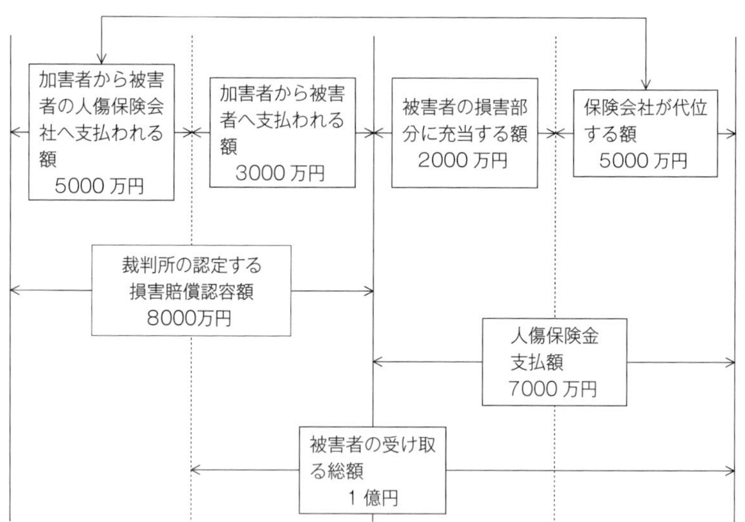

害者Ｙから8000万円の損害賠償金を受領したときは，人傷基準による損害額7000万円を上回ってしまうため，支払われる人身傷害保険金はないことになる。このように，人傷基準によって算定される損害額は，裁判基準よりも低額であることが多く，被保険者（被害者）が先に損害賠償金の支払を受けてしまうと，先に人身傷害保険金の請求をした場合と比べて，結果として受領できる総額は低くなる。本判決の補足意見は，この場合にも裁判基準損害額を確保するように約款の規定を限定解釈して裁判基準損害額の全額を確保すべきことに言及するが，その後の裁判例においても判断は分かれている。なお，現在の約款には，判決または裁判上の和解において人傷基準損害額を超える損害額が認められた場合には，その損害額（裁判基準損害額）を損害額とみなして人身傷害保険金を支払う旨の規定があるため，判決によって損害額が認定されるような場合には，この問題は生じない。

Ⅳ　車両保険

1　事故の偶然性の立証責任

車両保険に関連して，偶然性の立証責任が問題となった事案が複数あり，最判平成18年6月1日（民集60巻5号1887頁〔百選43〕）は，「衝突，接触……その他偶然な事故」を保険事故とする自家用自動車総合保険契約の約款に基づいて，車両の水没が保険事故に該当するとして車両保険金の支払を請求する場合の事故の偶然性についての主張立証責任が争われた。最高裁は，「本件条項は，『衝突，接触，墜落，転覆，物の飛来，物の落下，火災，爆発，盗難，台風，こう水，高潮その他の偶然な事故』を保険事故として規定しているが，これは，保険契約成立時に発生するかどうか不確定な事故をすべて保険事故とすることを分かりやすく例示して明らかにしたもので，商法629条にいう『偶然ナル一定ノ事故』を本件保険契約に即して規定したものというべきである。」「本件条項にいう『偶然な事故』を，商法の上記規定にいう『偶然ナル』事故とは異なり，保険事故の発生時において事故が被保険者の意思に基づかないこと（保険事故の偶発性）をいうものと解することはできない。」と判示して，保険金請求者は，事故の偶然性の立証責任を負担しないとしている。したがって，保険者の側で，免責事由として，発生した事故が被保険者等の故意または重大な過失によるものであることの主張・立証をしなければ，保険金請求は認められることになる。

2　車両保険と盗難の立証責任

車両保険に関連して問題となったものに，車両保険における盗難の立証責任がある。

POINT 5　車両保険と盗難の立証責任

最判平成19年4月17日民集61巻3号1026頁（百選44）

【事実】

X（原告・被控訴人・上告人）はY保険会社（被告・控訴人・被上告人）との間で自己が所有する車両（盗難防止装置であるイモビライザー装着）を被保険自動車とする車両保険契約を締結していた。この保険契約は，いわゆるオール・リスク型の保険であり，「衝突，……その他偶然な事故によって被保険自動車に生じた損害」と「被保険自動車の盗難」によって生じた損害に対して保険金を支払う旨が規定されており（条項1），保険契約者，被保険者などの故意により生じた損害に対しては保険金を支払わないとされていた（条項2）。

Xは被保険自動車を居住するマンションの駐車場に駐車し，外国に出かけて帰国したところ，本件車両は何者かに駐車場から持ち去られており，その状況は駐車場に設置された防犯ビデオに撮影されていた。

Xが車両保険金の支払を請求したところ，Yは本件盗難はXの意を受けた者がXの所持する鍵を使用して盗難を偽装したものであるとして保険金支払を拒絶した。第1審はX勝訴。しかし原審は，本件盗難が被保険者の意思に基づかないものであることをXが証明するには至っていないとしてYの主張を認めたため，Xが上告した。

【判旨】（破棄差戻）

「『被保険自動車の盗難』が他の保険事故と区別して記載されているのは，本件約款が保険事故として『被保険自動車の盗難』を含むものであることを保険契約者や被保険者に対して明確にするためのものと解すべきであり，少なくとも保険事故の発生や免責事由について他の保険事故と異なる主張立証責任を定めたものと解することはできない。

そして，一般に盗難とは，占有者の意に反する第三者による財物の占有の移転であると解することができるが，上記のとおり，被保険自動車の盗難という保険事故が保険契約者，被保険者等の意思に基づいて発生したことは，本件条項2により保険者において免責事由として主張，立証すべき事項であるから，被保険自動車の盗難という保険事故が発生したとして本件条項1に基づいて車両保険金の支払を請求する者は，『被保険者以外の者が被保険者の占有に係る被保険自動車をその所在場所から持ち去ったこと』という外形的な事実を主張，立証すれば足り，被保険自動車の持ち去りが被保険者の意思に基づかないものであることを主張，立証すべき責任を負わないというべきである。」

本判決は，最判平成18年6月1日（UNIT 7 *POINT 7*）と同様に，約款に規定する偶然な事故は，改正前商法629条〔保険法2条6号〕にいう偶然ナル一定ノ事故を本件保険契約に即して規定したものというべきであるとした上で，被保険自動車の盗難が他の保険事故と区別して記載されているのは，本件約款が保険事故として被保険自動車の盗難を含むものであることを明確にするためのものと解すべきであり，少なくとも保険事故の発生や免責事由について他の保険事故と異なる立証責任を定めたものと解することはできないとした。そして，一般に盗難とは，占有者の意に反する第三者による財物の占有の移転であると解することができるが，上記の通り，被保険自動車の盗難という保険事故が保険契約者，被保険者等の意思に基づいて発生したことは，本件条項2により保険者において免責事由として主張・立証すべき事項であるから，被保険自動車

の盗難という保険事故が発生したとして本件条項1に基づいて車両保険金の支払を請求する者は，「被保険者以外の者が被保険者の占有に係る被保険自動車をその所在場所から持ち去ったこと」という外形的な事実を主張・立証すれば足り，被保険自動車の持ち去りが被保険者の意思に基づかないものであることを主張・立証すべき責任を負わないというべきであると判断している。

これら一連の判例によって，保険金を請求する側で，保険事故の発生が被保険者の意思に基づかないものであることの立証責任を負わないことが確定したが，本判決は，少なくとも被保険自動車が所在場所から持ち去られたことの立証責任は保険金請求者側にあることを示している点で重要な意義がある。

なお，最判平成19年4月23日（判時1970号106頁）は，盗難の外形的事実を「被保険者の占有に係る被保険自動車が保険金請求者の主張する所在場所に置かれていたこと」および「被保険者以外の者がその場所から被保険自動車を持ち去ったこと」から構成されるとしたうえで，保険金請求者は盗難の外形的事実を合理的な疑いを超える程度にまで立証する必要があると判示した。

V　特約条項

1　各種特約条項の内容

任意自動車保険で注意が必要なものに特約条項がある。この特約は，普通保険約款の内容を補足や追加ないしは修正するものであり，てん補範囲や内容を拡大させたり縮小させたりする効果を有している。そのため，特約の理解いかんによっては後日紛争が生じる可能性を有している。特にてん補範囲や内容を縮小させるものは，保険料の割引とセットになっているため，保険料節約が思わぬ結果をもたらす場合がある。

典型的な特約としては，運転者の範囲を家族に限定する運転者家族限定特約，運転者の年齢を一定の年齢層（たとえば，26歳未満不担保）に限定する運転者年齢条件不担保特約や，自分の所有自動車以外の他の自動車を運転する場合にも，自分が締結している自己所有の被保険自動車の保険による保護範囲と同じ内容の補償が提供される他車運転危険担保特約などがある。

他車運転危険担保特約に規定する「常時使用する自動車」の意義が問題とな

った事案がある。

POINT 6 他車運転特約条項と「常時使用する自動車」の意義

福岡高判平成19年1月25日判タ1239号319頁（百選46）

【事実】

AはBの父親でありBとは別居していた。AはB所有の自動車を運転していたがCの同乗する自動車と衝突しCは死亡した。X保険会社（原告・控訴人）はCの相続人に対して人身傷害補償保険金を支払い，損害賠償請求権を代位取得したとして，Aが所有する自動車に付保されていた自動車保険の他車運転危険担保特約に基づき，Aの契約保険会社であるY（被告・被控訴人）に対して対人賠償責任保険金の直接請求を行った。これに対してYは，記名被保険者等が「常時使用する自動車」による交通事故については保険金を支払わないとされているところ，Aが運転していたB所有の車両はAが常時使用する自動車に該当すると主張した。原審はXの主張を退けたため，Xが控訴した。

【判旨】（控訴棄却）

「Xは，使用状況に照らし，事実上所有しているものと評価し得るほどの支配力を及ぼしているか否かによって判断すべきであると主張するが，当裁判所はかかる見解は採用しない。」

「上記のような使用状況に照らせば，この間，所有者であるBが本件車両を常時使用していたということを妨げるものではない。」

2 特約をめぐる紛争の内容

この事件では，他車運転危険担保特約にいう「常時使用する自動車」の意味が問題となったが，運転者家族限定特約条項にいう「同居の親族」の意味が問題となった事例がある。東京高判平成18年9月13日（金判1255号16頁〔百選45〕）では，Aが住民登録を行っている地（父親であるXの肩書き住所）と，Y保険会社との間で自動車保険契約（被保険者を，記名被保険者またはその配偶者の「同居の親族」に限定）を締結する際の住所地が異なっていた。Xが被保険自動車を運転して衝突事故を起こし，被害者に損害賠償金を支払い，Yに対して保険金の支払を求めたところ，Yは同居の親族に当たらないとして支払を拒絶した。本判決は，「同居」の意義は同一家屋に居住し起居を共にしていることという通常の理解によるべきであり，同一生計や扶養関係も必要なく，保険契約にあたって申告した住所にも限定されないとしたうえで，生活実態から「同居の親族」には該当しないと判示している。

ところでこの事件でXは，同居の親族の意義は保険業法300条1項1号の告知すべき重要事項であり，Yにはこれについて十分な説明をしなかった過失がある等の主張をしたが，判旨は同居の親族の意義は説明義務の対象事項ではないと判断している。問題となった自動車保険契約はインターネットによる申込みがなされたものであり，この部分の判旨はそのような販売形態のもとで妥当するといえよう。したがって，被保険者の家族状況を熟知している代理店が直接販売するような場合には，結論が異なることになろう。たとえば，18歳の息子が免許を取得したことを知りながら，年齢不担保について十分な説明をしないで販売するような場合である（若年運転者不担保特約について問題となったものに，東京高判平成3年6月6日判時1443号146頁〔百選6〕があり，募集文書で一通りの説明がなされているとした〔UNIT 1 *POINT 3* 参照〕）。

UNIT 11 生命保険契約

ある家族の生活を支えている働き手がここにいるとしよう。その働き手が思いがけない病気やケガによって死亡し，収入の道を閉ざされてしまうと，その者の収入に依存していた家族は経済的に困難な状況に陥ることになる。また，幸いにして死亡に至らなかった場合でも，長期の入院加療によって思わぬ出費を伴うことが考えられる。このような経済上の打撃に備える手段としては貯蓄があるが，貯蓄可能な金額は，所得と期間に左右され，働き手の死亡や長期入院に備えた十分な金額が常に蓄えられているとは限らず，むしろ，不十分な場合が多いであろう。貯蓄の他に家族の生活を守るための公的な保障制度としては公的年金制度があり，医療費等に対応するものとして高額医療費助成制度があるが，これも家族の生活を保障するには十分なものではない。

このように，個人の寿命や健康状態を予測することは難しく，予期せぬ早期の死亡の場合や思わぬ病気やケガが発生した場合には，貯蓄は有効な手段とは言えず，公的な保障制度も十分ではない。人の寿命をマクロ的に見ると，国や地域，男女別などを基準とする人口動態率や生命表などの統計は整っており，その数値を利用すれば，平均的な人の寿命はかなり正確に予測することができるようになっている。また，病気やケガについても保険会社の経験が蓄積されており，発生確率の予測が可能になっている。

現在日本では，国勢調査に基づいて厚生労働省が５年ごとに作成する完全生命表，毎年作成する簡易生命表と，生命保険会社の契約の死亡統計に基づいて作成される生保標準生命表があるが，生命保険の保険料等の算出には基本的にこの生保標準生命表が利用されている（現在の最新版は2018年）。
　生命保険は，この生命表の数値を利用して，同じような死亡という危険に直面している人たちが資金を拠出しあい，共同の資金（ファンド）を形成し，特定の人が死亡した場合にその資金から保険給付を行うことによって，経済生活の不安定を除去しようとする制度である。

Ⅰ　生命保険契約の締結

　生命保険契約とは，保険者が人の生存または死亡に関して一定の保険給付を行うことを約するものである（2条8号）。保険契約であるから，当事者の一方（保険者）が一定の事由が生じたことを条件として金銭の給付を行い，相手方（保険契約者）がこれに対して当該一定の事由の発生の可能性に応じたものとして保険料を支払うことを約する契約であることが前提である（2条1号）。生命保険契約は，有償・双務契約であり，不要式・諾成契約である。もっとも，実際の生命保険契約は，保険会社の用意した申込書やインターネットを利用して行われている。

　生命保険契約の締結には，外務員が深く関与するのが一般的である。この外務員は一般に保険会社の使用人であり，見込み客に対して申込みの勧誘行為を行う。外務員が保険者を代理して保険契約者となる予定者に契約の申込みを行うのではなく，あくまでも外務員の行為は申込みの誘引に止まる。保険契約者となる者が保険者に対して保険契約の申込みを行い，保険者が承諾することによって保険契約は成立する。外務員には契約の締結権はなく，保険契約者または被保険者の告知受領権（UNIT 4参照）もない。

　この契約締結の段階で，外務員などの保険媒介者による不告知教唆や告知妨害が生じたり，商品内容に関する十分な説明がなされなかったり，あるいは保険契約者または被保険者が，告知書には記載しなかったが口頭で外務員に対する告知義務の履行があったと主張するなどの紛争が生じる可能性がある。

Ⅱ　保険料と保険者の責任

1　責任開始条項

生命保険約款では，保険料が支払われることを保険会社の責任開始の要件としており，保険契約者による申込みと，それに対する保険者の承諾があったとしても，保険料が支払われていない段階で保険事故が発生した場合，保険会社は保険給付を行わないとしている。しかし，これは生命保険契約が保険料の授受を必要とする要物契約であることを意味するのではなく，保険給付の要件として保険料の支払が要求されているに過ぎない。このような責任開始の規定は，保険料前払いの原則から導き出される。仮に保険料の授受がなくても保険会社は保険給付の責任を負うとするのであれば，保険契約者は契約締結後に保険料を支払わず，保険事故の発生を待って保険料を支払うことになりかねない。そして，その場合，保険給付の額と保険料を相殺し，差額を保険給付として受け取ることが可能になってしまう。これを認めてしまうと，保険会社は事前に共通のファンドを形成することが不可能となり，保険システム自体が成り立たない。

2　責任遡及条項

この責任開始条項とならんで，約款には，保険者が保険契約成立前に第1回保険料相当額の支払を受けた後に保険契約の申込みを承諾したときは，保険者は第1回保険料相当額の受領の時（告知前に受け取った場合には，告知の時）から契約上の責任を負うという規定が設けられており，この規定を責任遡及条項という。

契約の実際の場面では，保険者は契約成立前に第1回保険料相当額の支払を受ける場合が多い。この責任遡及条項によれば，第1回保険料相当額の支払を受けた時から承諾の時までの間に被保険者が死亡した場合，保険会社は死亡保険金を支払わなければならない。保険契約の成立の時期について変更を加えるのではなく，契約が成立した場合の保険者の責任開始の時点を第1回保険料相当額の受領の時まで遡らせる趣旨であるから，この責任遡及条項は一種の遡及保険を定めたものである。もっとも，損害保険における遡及保険のように契約申込みより前の時点に責任開始時点を遡らせるのではなく，第1回保険料相当額を添えて申込みがなされた場合には，その申込みの時点にまで遡らせるにすぎない。

この責任遡及条項によれば，たとえば4月1日に保険料を添えた保険の申込みと告知が完了し，後は保険会社の承諾を待つ段階となっていたが，4月5日に被保険者が交通事故によって死亡し，4月6日に保険会社が承諾をした場合には，契約の成立は4月6日だが，保険会社の責任開始は4月1日に遡るから，死亡保険金は支払われることになる。

ところで，改正前商法642条は，保険者が承諾した時に，保険契約者または保険金受取人が保険事故の既発生を知っていた場合には，その契約は無効となると規定していた。これによれば，保険者が承諾した時に保険契約者または保険金受取人が保険事故の発生（たとえば被保険者の死亡）を知らなかった場合には，改正前商法642条によって保険契約が無効とされることはない。しかし，家族の一員を被保険者とすることの多い生命保険においては，被保険者の死亡を直ちに知ることが一般的であろうから，改正前商法642条の規定をそのまま適用するとなると，契約が無効となってしまう。そこでこの規定は，事故の発生または不発生の確定を知る関係者が相手方の不知に乗じて不当の利得を企図することを防ぐ趣旨の規定であるから，そのようなおそれのない責任遡及条項は有効であると解釈されてきた。

3　失効と復活

(1)　失　効

保険契約が成立することによって，保険契約者は契約によって定まった額の保険料支払義務を負担し，支払の時期および方法も契約によって定められる。支払時期には一時払（保険期間の保険料を全額一時に支払う），年払，半年払，月払などがあり，一時払以外の契約において，保険契約者が最初に支払うべき保険料を第1回保険料といい，それ以後の保険料を第2回目以降保険料という。第1回保険料は通常は申込みに添えて支払われるが，第2回目以降保険料は約定した支払期日に支払をしなければならない。約款では，月払の場合には「払込期日としてこれを定め，契約日の月ごとの応当日（応当日のない場合には，その月の末日）の属する月の初日から末日まで」の期間内に，年払または半年払の場合には「契約の１年目ごとの応当日または契約日の半年目ごとの応当日の属する月の初日から末日まで」の期間内に支払うこととされている。

保険料債務は原則として持参債務であるが，現在は約款によって，①金融機関への振込扱い，②口座振替扱い，③団体扱い，④クレジット・カード扱い，⑤集金扱いのいずれかの保険料の支払方法を保険契約者は選択することができる。

払込期日内に保険料が支払われなかった場合の効果について，約款は規定を設けており，第１回保険料不払いの場合は，保険者の責任が開始しないが，第２回目以降の保険料については，一定の猶予期間を設け，その期間の経過によって保険契約は失効する。したがって，猶予期間内に保険事故が発生した場合には，保険者は保険給付の義務を負担する。民法541条は，契約の解除に際して催告および解除の意思表示を必要としているが，約款の規定はこのような催告と解除の意思表示を必要とせず，無催告で失効する規定となっている。無催告失効約款については批判が強く，昭和56年の国民生活審議会報告でも問題視されたため，一定期間前に書面による保険料の払込みの督促通知がなされている（UNIT 15 Ⅺも参照）。ところで，解約返戻金のある保険契約の場合は，猶予期間を経過した場合でも，解約返戻金の範囲内で保険料を自動的に貸し付けて保険契約を有効に継続させる旨の規定が約款に設けられているのが通例である。

POINT 1　口座振替の場合の保険料不払いと保険契約の失効

神戸地尼崎支判昭和55年7月24日生保62巻1号82頁（百選78）

【事実】

Ａは，Ｙ生命保険会社との間で保険料は月払（地域月払特約），払込期日は毎月11日とする生命保険契約を締結した。そして，第２回目以降の保険料は銀行預金口座振替制度を利用することとし，毎月27日の振替日にＡのＢ信用金庫の預金口座から振り替えることとした。なお，猶予期間については，払込期日の属する月の翌月末日までとされている。昭和51年１月27日の振替日に，Ａの預金口座の残高不足のため同月分の保険料は振替不能となった。翌月の26日には２か月分の保険料が請求された場合には，それを支払えるだけの預金残高があったが，１か月分の振替しか保険会社からは指示がなされず，以後は１か月遅れで保険料の振替がなされてきた。昭和51年９月27日には再び預金残高の不足となったが，同年８月分の保険料は解約返戻金による立替払がなされた。翌10月の振替日には2か月分の預金残高があったが，1か月分の振替の指示しか行われず，同年12月27日には預金残高不足のため振替がなされなかった。Yは，昭和52年1月4日をもって契約は失効したとの取扱いを行った。

Aは同年1月10日の交通事故のために同月20日に死亡した。Aの妻X_1（原告）とAとX_1との間の子X_2〜X_4（原告）が，保険金の支払を求めた。X_1らは，地域月払特約は集金方法により保険料徴収を前提とする制度であって，本件保険料債務は取立債務に変更された。さらに，口座振替制度によって，債務履行のために債権者が所定の銀行に対して預金口座振替請求書の送付手続を要する特殊な取立債務に変更された。そのため，猶予期間は取立または請求手続のあった月の翌月末日まで変更されたと解すべきであり，昭和51年11月分の保険料は，1か月遅れの同年12月27日に請求され，猶予期間はその翌月の末日である昭和52年1月31日となるから，本件保険事故は猶予期間中に発生したことになると主張した。

【判旨】（**請求棄却**）

判旨は，約款上保険料支払債務は持参債務であることが明らかであり，集金人を派遣して保険料を徴収する事が行われていても，その事実のみでは，保険料を取立債務とする慣習があるとはいえないとした上で次のように述べている。

「Aは，右特約により，Bに対し，Yから指示された金額を毎月27日の振替日にBにおけるA名義の預金口座からBにおけるYの預金口座に振替する機械的事務の処理のみを委託した（弁済一般を委任するものではないから，Bは，仮にYから履行請求を受けても，保険契約者の代理人としてこれを受領する権限を有しない。）ものである。かくて，Aは，本件振替特約に基づいて銀行預金口座自動振替制度を利用する以上，Yの契約先であるBに銀行預金口座を開設すべき義務を負うのであって，それ以外の銀行を自由に選択する余地はなかったものであるから，このBがまさに約款第6条第1項にいわゆるYの指定する場所に該当するとみるのが相当である。

なお，前記振替請求書において，『請求』なる文言が不用意に使用されていて履行の請求と紛らわしいわけであるが，その記載内容は，単なる振替金額の指示にすぎず，また，履行の請求であれば，その相手方は，銀行ではなく，保険契約者とすべきであることに鑑みると，結局，用語の選択の適否の問題にすぎない。」

「……本件月払特約には，保険料支払債務が持参払であるか，取立債務であるかについて別段の定めをしていることを認めうる証拠はない。」

「そうすると，本件振替特約の締結後も保険料支払債務は依然として持参債務であることに変りはなく，従って，Xらの右主張は失当である。」

本判決の争点は，口座振替特約が約款に定める猶予期間の定めにどのような影響を与えるかという点にあった。昭和51年1月の振替日に預金残高不足のために振替ができず，2月の振替日には2か月分の保険料を支払うに十分なだけの預金残高があったにもかかわらず，Yは1か月分の振替しか行わず，以後の振替が1か月遅れで処理されてきた。最終的には，同年12月27日の振替が預金残高不足のため行われず，それからわずか1週間後の翌年1月4日に契約を失効させるのは，酷な結果といえる。この場合，Aに対して実質的な失効予告がなされていたかなどを考慮する必要があるはずである。本件では契約の失効が認められたが，保険会社は後に約款を改正し，預金残高不足で振替不能となった場合には，翌月の振替日に2か月分の振替を行うようになっている。

⑵　復　活

保険契約が失効しても，これで保険契約が完全に消滅するのではない。約款では，失効後の一定期間内（通常は3年）であれば，解約返戻金の支払請求が行われていない限り，契約の復活を保険契約者が請求できる。もっとも，保険契約者の請求があれば自動的に復活するのではなく，保険者の承諾が必要であり，保険契約者・被保険者に対して告知義務が課される。保険者が承諾をし，保険契約者が未払いとなっている保険料を支払うことによって，契約は失効前の状態に回復される。この復活は，契約の失効前の状態に回復させる特殊の契約であるが，不可争期間や自殺の免責期間の始期は失効した契約の締結時に遡るのではなく，復活の時点から再度開始される。これは，復活請求できる期間が3年間と長期間であるため，健康状態等の悪化した者や自殺によって保険金を取得しようとする者が再度保険集団に復帰するリスクを排除するためである。そのため，失効から復活に至るまでの期間が極めて短期間の場合には，そのようなリスクが乏しいものとして，復活に際して告知義務を課さずに，未払保険料を払い込むことによって自動的に復活させ，不可争期間や自殺免責期間の始期も最初の契約に遡らせるべきであると考えられる。

Ⅲ　承諾前死亡

責任遡及条項は，保険者が申込みを承諾した場合に，第1回保険料相当額の受領の時に遡って保険会社に契約上の責任を負わせる内容となっている。したがって，保険者が申込みを承諾しない場合には，責任の遡及も生じないはずである。そこで，被保険者が保険者の承諾の前に死亡したが，保険者がそれを承諾前に知った場合，保険者は承諾をしないことが可能かという問題がある。もし保険者に承諾の自由があるとすると，被保険者の死亡の事実を承諾前に保険者が知った場合には承諾を拒否できることとなる。そのような自由を認めてしまうと，責任遡及条項がほとんど意味を持たなくなる。つまり，保険者が被保険者の死亡を知らない場合に限って責任遡及条項は適用され，保険者が偶然に保険事故発生の事実を知った場合には，たとえ不当な利得を企図しないものであったとしても，保険者は自らの保険金給付を免れるために承諾を拒否することができるからである。

保険者の承諾義務に関しては，無条件ではなく，一定の条件を満たした場合に肯定するのが通説的見解である。無条件としないのは，保険者に被保険者の保険適格性の判断を認める必要があるからである。保険契約申込書に記載された内容と告知書への回答では，保険者が契約を引き受けないような場合や，いったんは引受け可能と判断したものの，既往症などの告知義務違反が判明した場合には，承諾義務を認める根拠に欠ける。

保険適格性の判断基準については，客観的な基準によるべきか，それとも各保険者の判断基準によるべきかが問題となる。保険契約の引受基準は各保険者において異なりうるから，各保険者の基準に従って，各保険者が申込みの諾否の決定に際して通常採用している基準に従うことになる。なお，保険適格性の判断要素は，被保険者の健康状態に限らない。多重契約を締結するなど，道徳的危険も契約引受基準の要素である。被保険者が保険適格性に欠けていたことの立証責任は，保険者側が負担する。

POINT 2　被保険者の承諾前死亡と保険会社の不承諾

東京地判昭和54年9月26日判タ403号133頁（百選53）

【事実】

Aは，自動車を運転中に運転を誤りダムに転落して死亡した。ところでAは，この事故の４日前にY_1保険会社に対し「災害特約付生命保険契約（災害死亡時の保険金2000万円）」の申込みをし，９日前にはY_2保険会社に対し，災害死亡1250万円の生命保険の申込みをしていた。告知は完了し，第１回保険料相当額は支払済みである。

保険金受取人として指定されていたXは，Y_1とY_2に対して保険金の支払を求めたが，Y_1,Y_2はそれぞれ保険契約の申込みを不承諾とする旨の意思表示をなした。そこでXは，Y_1およびY_2との保険契約は成立しているとして，保険金の支払を求めた。

【判旨】（請求棄却）

「Yらにおいては，一般から保険契約の申込があつた場合には，その申込書，告知書は，医師の検診書等の関係書類を本社に集中した上，その記載等に基づいて個別に審査を行い，あらかじめ定められた部内の査定基準に照らし，右の申込みに対する承諾をするかどうかをその都度決定しているほか危険負担平等の見地に立って被保険者が何らかの疾患により治療中の場合は契約申込みを承諾しない，との一律的取扱いをなしていること，本件保険契約申込みの時点において訴外Aの前記湿疹は服薬あるいは治療中であつて，両手及び背部にわたる相当広範囲のものであること，右湿疹は昭和46年5月ごろから始まつており，本件各保険契約の申込時までの治療期間も既に長期に及んでいること等の事実を認定し，さらにAの疾患がY_1は告知書・検診書及び審査医への照会により治療中であることを知り，Y_2も診査報告によりAが皮膚科医院に通院，内服薬を服用中であることを知つた」と認定した。そして，次のように判示した。

「それぞれの前記部内の査定基準に照らしてAの契約申込みをそれぞれ承諾しないこととしたことが認められ，右認定を左右すべき証拠はない。

そして以上までに認定の事実及び前記原告と被告Y_1，Y_2との間においてそれぞれ争いのない事実を総合すると被告らがAの本件各保険契約の申込みにつき承諾をしなかつたことをもつて恣意的であるとすることはできず，またそれが信義則に反することであるともいい得ない。」

本件は，Aの健康状態がY_1およびY_2両者の内部的な引受基準に照らし，契約を謝絶すべき事案であったことから，保険者が承諾をしなかったことに問題はない。

生命保険契約の申込みがなされ，被保険者の健康状態に全く問題がない場合，原則として各保険会社は契約を引き受けるであろう。しかし，過剰なまでに多数の生命保険契約に加入している場合は，必ずしも被保険者の健康状態だけで承諾の是非は判断しかねるため，保険者は何らかの調査を行うこととなる。その結果，謝絶すべき事案であるとなれば不承諾となる。

このほかにも，追加保険料を支払うならば，引受けが可能な事案であるとか，部位不担保の条件等を付加すれば引受可能な事案もある。さらには，これらの条件等を検討するために，被保険者の診査が必要な事案も考えられる。まず，被保険者の健康状態に問題はないが，モラル・リスク等の判断のための調査中に被保険者が死亡したが，調査の結果引受け可能であるとすれば，承諾すべき場合となろう。追加保険料や部位不担保の場合は，保険会社は謝絶ではなく追加保険料ないし部位不担保の新たな申込みを行うべきであるから，そのような申込みを承諾する前に被保険者が死亡した場合，保険者は保険金を支払う責任を負担する。ただし，保険料の差額が生じる場合には，保険金との精算が必要となる。

承諾ないし部位不担保あるいは追加保険料のいずれかを選択する事案である限り，承諾前死亡のルールが適用されるが，追加調査が必要な場合には，その追加調査の結果が謝絶ということになれば，保険者は承諾しなくてもよい。なお，謝絶に該当する旨の立証責任は保険者側にある。

Ⅳ　生命保険契約の法的性質

1　契約の当事者と関係者

生命保険契約においては，最大で次の４者が関係者である。①保険者（保険契約の当事者のうち，保険給付を行う義務を負担するもの），②保険契約者（保険契約の当事者のうち，保険料を支払う義務を負担する者）の２名が保険契約の当事者となる。さらに③被保険者（その者の生存または死亡に関し保険者が保険給付を行うこととなる者），④保険金受取人（保険給付を受ける者として生命保険契約において定めた者）である。この４者の組み合わせによって保険契約はその法的性質を異にする。

保険契約者と被保険者が同一人の場合を「自己の生命の保険契約」といい，保険契約者と被保険者が別人の場合を「他人の生命の保険契約」という。そして，保険契約者と保険金受取人が同一人の場合を「自己のためにする生命保険契約」といい，保険契約者と保険金受取人が別人の場合を「第三者のためにする生命保険契約」という。この４つの組み合わせにより，①自己のためにする自己の生命の保険契約，②自己のためにする他人の生命の保険契約，③第三者のためにする自己の生命の保険契約，④第三者のためにする他人の生命の保険契約に分類される。なお，④の第三者のためにする他人の生命の保険契約は，被保険者と保険金受取人が同一人の場合と別人の場合とがあるが，これは保険契約者から見た関係であり，法的には両者の契約に差異はない。

2　契約の種類

生命保険契約は，保険事故，保険期間，保険金の支払方法，被保険者の数などによって分類される。

(1)　保険事故による分類

(i)　**死亡保険契約**　　被保険者が契約で定めた期間内に死亡した場合に，保険給付を保険金受取人に対して行うものである。何年何月何日から何年何月何日までというように保険期間を一定期間に限定する場合（定期保険）と，被保険者が死亡するまでの全生涯とする場合（終身保険）がある。この保険の主な目的は，被保険者が死亡した後の遺族の生活保障にある。死亡の原因は原則として問わないが，場合によっては免責期間内の自殺のように，保険給付が行われない場合がある（UNIT 13参照）。なお，傷害疾病定額保険は，被保険者が傷害または一定の疾病を原因として死亡した場合を保険事故としている。

(ii)　**生存保険契約**　　被保険者が契約で定めた保険期間の満了まで生存していた場合や，あらかじめ定めていた一定の時期（たとえば被保険者が満18歳になった時点）に生存していた場合に，保険給付を保険金受取人に対して行うものである。この保険の主な目的は，被保険者の老後の生活費の確保のための年金保険や，学資保険のように一定の年齢に達した時に必要となる資金の確保である。保険期間満了前や一定の年齢到達前に被保険者が死亡した場合，保険給付は行われない。

(iii)　**生死混合保険契約**　　被保険者が契約で定めた保険期間内に死亡した場合には死亡保険金を給付し，保険期間満了まで生存していた場合に生存保険金を給付するものである。これは養老保険ともいう。死亡保険と生存保険を組み合わせたものである。

(2)　保険期間による分類

(i)　**定期保険契約**　　契約で定めた保険期間内に被保険者が死亡した場合に保険給付が行われるのが定期保険契約である。保険期間満了時に被保険者が生存していた場合には保険給付は行われない。この保険の目的は，被保険者の死後の遺族の生活保障にある。保険料が比較的安価で高額の保障が得られるのが特徴であり，終身保険や養老保険に付加する形や，団体保険，あるいは定期保険を基礎として，保険期間の途中で生存給付を行う生存給付金付定期保険の形が多く利用される。

(ii)　**終身保険契約**　　保険期間の終期の定めのない保険契約であり，被保険者が死亡した時点で保険期間が終了する。人は必ず死亡することから，保険事故の発生は確実であり，必ず保険給付は行われるが，その時期が不確実な契約である。保険料の払込みを終身とすると，払込総額が保険金額を上回ることもあるため，保険料の払込期間（たとえば満70歳まで）を設けるのが通例である。

(3)　保険金額の給付方法による分類

(i)　**一時金保険契約**　　保険金額の全部を一時に給付するものであり，この形が一般的である。

(ii)　**年金保険契約**　　保険金額を年金の形式で順次支払うものである。

(4)　被保険者の数による分類

(i)　**単生保険契約**　　1名の被保険者の生死を保険事故とするものを単生保険契約という。この形態が一般的である。

(ii)　**連生保険契約**　　親子や夫婦などのように，複数の被保険者（2名ないし3名）の生死を保険事故とするものを連生保険契約という。

(iii)　**団体生命保険契約**　　会社の全従業員のように，一定の団体に属する者の生死を保険事故とするものを団体生命保険契約という。保険契約者にはその団体（法人）がなる。

(5)　その他の分類

一定期間経過後の利益配当の有無によって，保険契約者を保険会社の利益配当に参加させる利益配当付保険とそのような配当のない無配当保険契約に分類される。また，保険会社が保険契約の申込みに際して，被保険者の危険測定のために，被保険者の告知書のみによって選択する方法，告知書に加えて，会社の指定する医師の診査や定期健康診断の結果，あるいは医師の診断書を利用する方法と，告知書に加えて生命保険面接士の観察報告書を併用する方法がある。かつては，告知書のみによるものを無診査保険契約，それ以外の方法によるものを有診査保険契約といっていたが，現在の保険実務ではこのような分類を行っていない。

現在の生命保険商品は複雑であり，基本となる保険契約に各種の特約が付加される形を取っている。たとえば，終身保険契約を基本契約として，一定期間だけ死亡保障を厚くする定期死亡特約を付加し，病気やケガに備えて，手術給付金や入院給付金の特約を付加することなどがこれである。

V　生命保険契約の定額保険性と被保険利益

1　定額保険性

生命保険契約は，主契約であるか特約であるかにかかわらず，すべて定額保険である。これは，契約に際してあらかじめ定めた保険事故が発生した場合，保険会社は約定された一定額の保険給付を行うのであって，損害保険契約のように，保険事故の発生によって生じた実際の損害をてん補するために，給付される保険金の額が計算されるということもない。特約である入院給付金や手術給付金も実際に医療費としてどれだけの支払が伴ったのかに関係なく，あらかじめ定めた契約の内容にしたがって給付がなされる。

2　生命保険契約と被保険利益

損害保険契約は損害のてん補を目的とした契約であり，被保険者が被保険利益を有することが要求される（3条）。これに対して生命保険契約は定額保険であり，被保険利益の存在は要求されていない。そのため，契約成立の有効要件として被保険利益の問題が起こることはなく，保険価額も存在しないことから，原則として超過保険や重複保険そして一部保険の問題も生じない。

保険契約者と被保険者が同一人である自己の生命の保険契約を考えると，自分の生命を保険に付すことが自由であることは確かであり，契約の締結そのものには何らの制限もない。しかし，いったいどれだけの金額の生命保険に加入することが可能なのかということが問題となりうる。もっとも，生命保険契約において被保険利益の存在を要求するアメリカやイギリスなどの英米法系の国においては，自己の生命の保険契約については「何人も自分自身の生命および健康について無限大の被保険利益を有する。」とされており，保険契約者が保険料を支払うことができる範囲であれば，どれだけ高額な契約を締結してもかまわない。もっとも，保険契約者の収入や生活状況等と不釣合いな保険契約の加入には，モラル・リスクの存在が疑われることとなり，保険会社も慎重な対応をすることになる。なお，英米法系の国においては，他人の生命の保険契約の場合は，被保険者と保険契約者または保険金受取人との間に被保険利益がなければ契約は無効であるとされている。しかし日本では，英米法系のような被保険利益の存在を要求せず，被保険者の同意によってこれを制限するという手法を採用している。

Ⅵ　他人の生命の保険契約

1　法規制の必要性

他人の生命の保険契約のうち，死亡を保険事故とする他人の死亡の保険契約には，賭博保険の危険性，保険金殺人の危険性，人格権侵害の危険性などを内包すると指摘され，各国の法制も自由に契約を締結することは認めていない。規制の形態としては，保険法38条のように被保険者の同意を要求するもの（同意主義）と，被保険者と保険契約者または保険金受取人との間に，一定の身分関係または経済的関係に基づく被保険利益を必要とするもの（利益主義）とに大きく分かれる。ドイツやフランスなどのいわゆる大陸法系は被保険者の同意を要求し，アメリカやイギリスなどのいわゆる英米法系では，被保険利益の存在を要求する。もっとも，アメリカの多くの州では，被保険利益に加えて被保険者の同意を要求している。この他に，わが国の明治44年改正前商法のように一定の親族関係にある者に限定するもの（親族主義）もある。なお，生命保険の実務では，契約の引受けに際して保険契約者と被保険者との関係を考慮するが，その内容は英米法系における被保険利益とは厳密には一致しない。

2　被保険者の同意

同意の法的性質

保険法38条の規定は，当該被保険者の同意がなければ，その効力を生じないと規定しており，同意は契約の効力発生要件としている。したがって，同意が必要とされる時期は契約締結時である必要はなく，契約締結後であってもよい。しかし，保険金が支払われるためには，少なくとも保険事故発生前には被保険者の同意が必要である。被保険者の同意を契約の成立要件ではなく，効力発生要件とした理由は，団体保険と個別保険の同意を同一に取り扱うためである。契約の成立要件とすると，締結時に同意を得る必要があるが，団体保険の場合は，最初に締結された契約には含まれていない従業員などを，自動的に被保険者に追加する形式であるため，当初は被保険者でなかった者を途中入社によって被保険者とすることを認めるには，効力発生要件とするしか方法がない。保険法は団体保険契約の規定を別に設けることはせず，同意を効力発生要件と規定した。

ここでは，個別保険の契約締結後に長期間にわたって同意がない状態を認めて良いのかという点が問題となる。成立した保険契約が長期間同意のないままであることが不健全であるのは間違いなく，事後の同意でよいとしても，成立と同意の時期が多少前後してかまわないという程度のことであると考えるべきであろう。

POINT 3　団体定期生命保険契約と被保険者の同意

最判平成 18 年 4 月 11 日民集 60 巻 4 号 1387 頁（百選 55）

【事実】

Y 株式会社（被告・控訴人＝被控訴人・上告人＝被上告人）は，複数の生命保険会社との間で保険金受取人を Y，被保険者を従業員全員とする団体定期生命保険契約を締結した。Y は，労働組合の執行部役員に対して，口頭で，従業員への給付制度の財源対策として団体定期生命保険契約へ加入すると説明し，これをもって従業員全員の同意に代えていた。しかし，Y も労働組合も契約の周知を図ったことはなく，従業員も被保険者となっていることの認識を有していなかった。実は，Y の各契約の主な動機は，各保険会社との関係を良好に保ち，融資を容易に得ることを意図したものであった。Y は，この保険契約からの配当金や保険金を保険料の充当に用いるのみであり，平成 6 年中に死亡した 3 名の従業員について受領した保険金の額は各々 6090 万円～6120 万円であったが，X ら従業員の遺族（原告・控訴人＝被控訴人・上告人＝被上告人）が Y から受領したのは，退職金を合計して各々 888 万 3000 円～1288 万円であった。X らが，夫の死亡により保険金請求権を相続したとして，保険金相当額の支払を求めた。第 1 審は X らの請求を一部認容し，原審も一部を変更したのみで第 1 審の判断を肯定した。XY 双方が上告した。

【判旨】（一部破棄自判，一部棄却）

「Yが被保険者である各従業員の死亡につき6000万円を超える高額の保険を掛けながら，社内規定に基づく退職金等としてXらに支払われたのは1000万円前後にとどまること……〔Yの〕このような運用が，従業員の福利厚生の拡充を図ることを目的とする団体定期保険の趣旨から逸脱したものであることは明らかである。しかし，他人の生命の保険については，被保険者の同意を求めることでその適正な運用を図ることとし，保険金額に見合う被保険利益の裏付けを要求するような規制を採用していない立法政策が採られていることにも照らすと，死亡時給付金としてYから遺族に支払われた金額が，本件各保険契約に基づく保険金の額の一部にとどまっていても，被保険者の同意があることが前提である以上，そのことから直ちに本件各保険契約の公序良俗違反をいうことは相当でな」い。

このような団体定期生命保険をめぐる訴訟が，平成9年以降多数提起され，保険金相当額を退職金・弔慰金として遺族に引き渡すことを命じるもの（名古屋地判平成10年9月16日金判1051号16頁等）などがある。本判決は，そのような中で，会社による保険金の取得を肯定するものである。ここでのポイントは，保険金受取人は，被保険者の生命に保険金額に見合う被保険利益を必要としないと判示したことである。被保険者の同意が有効である以上，保険契約に従った保険金の支払がなされるのは当然であり，団体定期生命保険制度の趣旨に反した運営がなされたとしても，それをもって公序良俗違反とはいえないとしている。

3　被保険者の同意の方式

被保険者の同意については，さらにいくつかの論点がある。まず同意の方式であるが，書面によることが必要なのか，それとも口頭によることで足りるかという点である。保険法の制定過程では，書面によることが強く主張されたが，立法としてこれを規定の中に盛り込むことは見送られた。したがって，解釈としては書面による同意である必要はないとしても，明示的な同意ではなく，黙示的な同意でも足りるのかという点で分かれうる。この点については，団体保険と個別保険を分けた解釈を行い，個別保険については明示的な同意が必要であると解すべきである。団体保険と異なり，明示的な同意を要求しても困難は生じないし，被保険者の同意を明確なものとすべきだからである。

4　同意の内容

次に同意の内容についても明確な規定を保険法は有していない。したがって，内容の定まらない将来の保険契約について包括的に同意をすることが可能かなどの点は，論点として残っている。また，同意がなされる前に，保険契約について被保険者はどの程度の内容（保険金額，保険期間，保険契約者，保険金受取人）を認識して同意することが必要であるかの点も同様である。

これらについてどう考えるべきであろうか。同意の内容については，内容が未確定の保険契約について包括的に同意が与えられても，それは同意として有効ではないという点に争いはない。他方で，下級審裁判例の中には，多少の包括性のある同意は許されるとしたものがある。同意に際しての被保険者の認識については，締結される生命保険契約の内容について，どの程度の認識が必要かという問題がある。保険契約者と保険金受取人についてはその認識が不可欠であることはもちろんであるが，保険金額や保険期間については，実際に締結された契約内容と認識の間に若干のずれがあっても，同意の効力は有効であると解されてきた。もっとも，その実際上のずれがどの程度であれば有効であるか，換言すればどの程度のずれからは同意が無効となるのかは線を引き難い。少なくとも，実際に締結された保険契約の保険金額ないし保険期間では，被保険者が同意をしなかったであろうと明らかに考えられる場合には，同意は無効と解せざるをえない。

5　同意の相手方

同意の相手方については，保険契約者であるのか，それとも保険者であるのかという問題があるが，この点についても保険法は規定を設けていない。通説的見解は，被保険者の意思が明確に表れれば十分であると考えるので，保険契約者に対する同意で足りると解することになる。しかし，被保険者保護の観点からは，同意の相手方を保険者に限定することにも理由はある。もっとも，現実の生命保険契約の申込みに際しては，保険会社に対する契約申込書に被保険者の同意欄が設けられており，保険者に対する同意の表示と理解できる。

6　未成年者の同意

未成年者を被保険者とする他人の死亡の保険契約締結に際しての被保険者の同意について，保険法は特に規定を設けていないため解釈による。通説的見解は，被保険者が満 15 歳未満の意思無能力者である場合には，親権者等の法定代理人の同意が必要であり，満 15 歳以上の意思能力者である場合には，被保険者本人および法定代理人の同意が必要であると解している。なお，共同親権者が存在する場合には，一方の親権者の同意で足りるのかという問題が論点となるが，身分行為に準じたものとして考えれば，未成年者の婚姻に対する親権者の同意（民 737 条）と同様に解するべきである。なお，未成年者を被保険者とする他人の死亡の保険契約については，金融審議会の「保険の基本問題に関するワーキング・グループ」において検討が加えられ，15 歳未満の未成年者を被保険者とする死亡保険契約については，業界の自主規制として対応することが確認されており，実務上は 1000 万円を引受上限金額とすることが多いようである。

7　同意の撤回

被保険者がいったん与えた同意を後日撤回することが可能かについては，契約成立前であれば撤回が可能であることについて争いはない。同意の意思表示に瑕疵がある場合については，民法の一般原則に従って，契約の無効・取消しが可能である。それでは契約成立後に同意の撤回が認められるであろうか。

同意の任意撤回に関しては，保険契約を著しく不安定にすると同時に，被保険者が死亡した場合に，保険会社が被保険者に代わってローンの返済を行う団体信用生命保険等においては，実際に保険契約者・保険金受取人の利益が害されるおそれがある。したがって，契約成立後の同意の任意撤回は原則として認められない。もっとも，同意の撤回に保険契約関係者がすべて同意している場合は可能である。保険法 58 条は，同意の撤回に代替するものとして，一定の事由に該当する場合には，被保険者は保険契約者に対して当該死亡保険契約の解除を請求することができるとしている。この解除請求権を利用することによって，同意の撤回と同様の効果が期待されるところから，同意の任意撤回を認める実益は少ない。

Ⅶ　第三者のためにする生命保険契約

1　民法の第三者のためにする契約との違い

保険契約者以外の者が保険金受取人として指定される生命保険契約を第三者のためにする生命保険契約という。保険法42条は，保険金受取人が生命保険契約の当事者以外の者であるときは，当該保険金受取人は当然に当該生命保険契約の利益を享受すると規定しており，民法の第三者のためにする契約（民537条3項）と異なり，当該保険金受取人による受益の意思表示を必要とせずに，当然に保険給付請求権を取得する。

この第三者のためにする生命保険契約は，民法の第三者のためにする契約の一種であることには違いはなく，通常は保険契約者（要約者）と保険者（諾約者）との間には補償関係が認められるし，保険契約者と保険金受取人（受益者）との間には，対価関係が認められる。つまり，保険契約者と保険金受取人との間には，保険金受取人が保険金を取得することを基礎づける何らかの実質的根拠が存在するのが通常である。そのような実質的関係が欠けているにもかかわらず，保険事故が発生して保険金受取人に対して支払われた保険金は不当利得となり，保険契約者に返還する必要が生じるのかという問題がある。もっとも，対価関係といっても贈与や贈与類似の関係が認められれば，これを肯定するのが原則であるので，この対価関係の有無が問題とされる例はきわめて少ない。

第三者のためにする生命保険契約においては，保険契約者が同時に被保険者となり，指定する保険金受取人は，自己の扶養している親族や相続人など，特別の関係にある者が通例である。これらの者に保険金を取得させることによって，自己の死亡による経済的困窮を防止するという基本的な意図がある。

このように，保険金受取人は保険契約者，被保険者と一定の関係にある者が指定されるのが通例であるが，保険法はこのような制限を加えてはおらず，保険契約者が自分の意思で自由に指定することが認められる。しかし，この受取人指定をめぐって問題が生じたケースがある。

POINT 4　保険金受取人指定と公序良俗

東京地判平成8年7月30日金判1002号25頁

【事実】

不倫関係にあったＡとＹ（被告）は，双方の配偶者と別居のうえ，一時的ではあったが同棲に入った。ＡはＹと同棲していたときに，自己を保険契約者兼被保険者，Ｙを保険金受取人とする生命保険契約をＣ生命保険会社との間で結んでいる。契約に際してＡは，自分には別居中の配偶者がいるが，離婚をしてＹと再婚する予定であると述べている。後に両者は同棲を解消し，それぞれの配偶者のもとへ戻ったが，生命保険契約はそのまま継続され，保険料はＡの口座から支払われていた。なお，Ａは保険金受取人変更のための書類を取り寄せたが，その手続きをとらずに死亡した。そこで，Ａの妻X_1と子X_2，X_3（原告）が，Ｙを相手として保険金受取人指定は公序良俗に反し無効であり，保険金は相続割合に応じてそれぞれに帰属するとして訴えを提起した。

【判旨】（請求認容）

「本件保険契約の受取人をＹとしたことは，ＹとＡとの不倫関係の維持継続を目的としていたものであることは明らかである。また，右保険契約締結時において，確かにＡはＹとの共同生活の継続を願い，Ａの死後のＹの生活の安定を目的として締結されたという面も存するが，右保険契約締結そのものが直ちにその当時のＹの生活を保全するものであったとはいえないし，また，ＹがＢのもとへ戻るという可能性は本件保険契約締結当時引き続き継続しており，Ｙが生計をＡに頼るといった状況は永続的な状況であったと認めることはできない。しかも，現実にその後の関係者の努力により不倫関係の解消といった形で解決されているのであるから，本件保険金がＹの生活を保全するという役割を果たすものでもない。

したがって，右のような事実関係のもとでは，本件保険契約中受取人をＹと指定した部分は公序良俗に反し，民法90条により無効とすべきであり，したがって，受取人はＡ本人と解するべきであるから，本件保険金の支払請求権はＡの死亡により相続人であるX_1が2分の1，X_2及びX_3が4分の1の権利を有するものと認めるのが相当である。」

この事件では，Ｙを保険金受取人と指定した理由が不倫関係の維持継続を目的としていると認定し，公序良俗違反を理由にＹの受取人指定部分を無効としたが，本来保険契約者の自由な意思に委ねられるべき受取人指定が，なぜ公序良俗違反とされるのであろうか。これに類似したものに遺贈があるが，不倫相手に対する遺贈は無効とはされていない。

2　保険金受取人の権利と義務

第三者のためにする生命保険契約における保険金受取人は，保険契約者が別段の意思表示をしない限り，当然に保険金請求権を取得する。この請求権は，保険契約者が取得したものを承継取得するのではなく，自己固有の権利として原始的にこれを取得する。したがって，保険契約者や被保険者の相続人が保険金受取人として指定された場合であっても，保険金請求権は相続財産には含まれず，保険金受取人の固有の財産となる。したがって，保険契約者や被保険者の債権者は，この保険金に対して差押えなどの強制執行をすることはできない。これは，遺族の保護という観点からも重要である。保険金に債権者は手を伸ばせず，保険契約者，被保険者が多額の借金を抱えたまま死亡し，相続人が相続放棄をした場合であっても，遺族は保険金を取得することが認められるのである。このような保険金請求権の性質を固有権性という。

POINT 5　生命保険金請求権の固有権性

大判昭和 11 年 5 月 13 日民集 15 巻 877 頁（生保百選 14）

【事実】

X（原告・被控訴人・被上告人）の父 A は，B 生命保険会社との間で被保険者を A，保険金受取人を被保険者本人とし，被保険者死亡の場合の受取人は A の相続人である長男 X とする生命保険契約を締結していたが，A は死亡し X は保険金 500 円の受取人となった。X は相続に際して限定相続をしたが，A の債権者である Y（被告・控訴人・上告人）は，A に対して有する 242 円の債権について，X が相続したものとして差押命令および転付命令を受け，B 保険会社から自己の債権額の弁済を受けた。X は，家督相続について限定承認をしており，保険金請求権は X の固有の財産であって相続財産ではないから，Y は保険金の中から弁済を受けることはできないとし，Y に対して不当利得であるとして返還を求めた。第 1 審，原審とも X が勝訴した。Y が上告した。

【判旨】（上告棄却）

「生命保険契約に於て保険契約者が自己を被保険者兼保険金受取人と定むると同時に被保険者死亡の時は被保険者の相続人を保険金受取人たらしむべき旨漫然定めたる如き場合に於て，右被保険者死亡したる時は，之に基く保険金請求権は一旦相続財産中に属すべきや否やに付ては解釈上疑義なき能はざるも，右と異なり，上記被保険者死亡の時は其の長男たる相続人某を保険金受取人たらしむべき旨特に其の相続人の氏名を表示して契約したる場合に在つては，被保険者死亡と同時に前示保険金請求権は該保険契約の効力として当然右特定相続人の固有財産に属すべく，其の相続財産たる性質を有すべきものに非ずと解するを相当とす。」

保険契約者が自己を被保険者とし，保険金受取人を本件のように相続人中の特定の者と指定し，あるいは単に相続人と指定した場合，その相続人が受け取るべき保険金は，被保険者の相続財産には含まれず，保険金受取人は固有の権利として保険金請求権を取得するとするのが，この判例によって確定した。そのため，被相続人に多額の借財があった場合には，相続人が限定承認をすれば，被相続人の債権者は保険金請求権に対して権利行使できないし，相続放棄をしても保険金請求権は取得できる。この原則を徹底すれば，仮に多額の借財のある被相続人がすべての財産によって生命保険契約を購入し，保険金受取人を相続人として指定すれば，やはり被相続人の債権者は保険金請求権に手を伸ばすことは認められない。遺族の保護という点からの理論構成ではあるが，疑問を提示する見解も存在する。本件のような第三者のためにする自己の生命の保険契約の実質は贈与であるとの主張も可能であり，解約返戻金の範囲で債権者の権利を認めるべきであるとの見解も有力である。なお，最決平成16年10月29日（民集58巻7号1979頁〔百選72〕）は，原則として死亡保険金請求権は特別受益として考慮されないと判断している。

Ⅷ　被保険者による保険契約者に対する解除請求

1　解除請求権の概要

他人の死亡の保険契約の締結に被保険者が同意した理由は，保険契約者の配偶者であるというような，一定の身分関係にあるのが一般的である。生命保険契約は長期間にわたるのが通例であり，その間に保険契約者と被保険者との身分関係に変動が生じることが予想される。同意を与えた理由が消滅した場合でも，その保険契約が維持されるべきかが問題となる。

同意の任意撤回が認められるのであれば，同意の撤回によって被保険者の地位から離脱することができるが，保険法ではそのような撤回の規定を設けてはいない。同等の効果をもたらす制度として，解除請求権が導入されている。

保険法は，一定の場合に被保険者から保険契約者に対する契約の解除請求を認めている。保険法58条1項柱書は，死亡保険契約の被保険者が当該死亡保険契約の当事者以外の者である場合において，次に掲げるときは，当該被保険者は，保険契約者に対し，当該死亡保険契約を解除することを請求することができると規定し，1号において前条第1号または第2号に掲げる事由がある場合を，2号において前号に掲げるもののほか，被保険者の保険契約者または保険金受取人に対する信頼を損ない，当該死亡保険契約の存続を困難とする重大な事由がある場合を，3号として保険契約者と被保険者との間の親族関係の終了その他の事情により，被保険者が38条の同意をするにあたって基礎とした事情が著しく変更した場合をあげている。そして58条2項は，保険契約者は，前項の規定により死亡保険契約を解除することの請求を受けたときは，当該死亡保険契約を解除することができると規定している。

解除請求事由として規定される58条1項1号は，57条のいわゆる重大事由解除の事由のうち，保険契約者または保険金受取人による故意の事故招致（57条1号）および保険金受取人が当該保険契約の保険給付の請求について詐欺を行い，または行おうとした場合（57条2号）である。これらの行為は保険者の保険契約者等に対する信頼を破壊するだけではなく，被保険者の保険契約者等に対する信頼も失わせる行為でもある。そのような事由が発生した場合には，契約を維持する根拠に乏しく，解除請求を認めるに十分な理由となる。58条1項2号は，57条3号と同じく包括的な規定となっているが，具体的には，保険契約者が保険金取得目的で被保険者を殺害しようとして誤って被保険者以外の者を殺害し，または殺害しようとした場合や，別の生命保険契約などにおいて保険契約者等による保険詐欺が行われたような場合には，本条1項1号には該当しないものの，2号による解除請求が可能となる。57条1号・2号と同程度に保険契約者，保険金受取人と被保険者間の信頼関係を破壊する行為ということになる。

58条1項3号は，保険契約者と被保険者との間に親族関係が終了するなどして，同意を与えた基礎的な状況に変更が生じた場合である。具体的には，離婚等による保険契約者と被保険者間の身分関係の変更や，債務返済完了による債権・債務関係の終了，企業が保険契約者となっている場合の退職などが考えられる。いずれの場合にも，解除請求をするためには，一定の関係の終了に加えて，それによって同意をするにあたって基礎とした事情が著しく変更することが必要となる。

2　保険契約者の解除権行使義務

被保険者は保険契約の当事者ではないため，保険者に対して直接に解除請求を行うことは認められないのが原則である。58条1項柱書は，被保険者が保険契約者に対して解除請求することを認め，58条2項は，保険契約者が1項の規定によって被保険者から解除請求を受けた場合には，当該死亡保険契約を解除することができると規定する。この場合，保険契約者は解除請求をするか否かの判断を自ら行うことができるのか，換言すれば解除請求をしないことが可能であるかが問題となる。

この点については，解除請求の要件を満たす解除請求を受けた保険契約者は，保険契約を解除する義務を負うものと解される。保険契約者がそのような解除請求を受けたにもかかわらず，解除請求に応じない場合には，被保険者が保険契約者を被告として保険契約者の意思表示に代わる裁判を求め（民執177条1項），被保険者の勝訴判決が確定した場合には，その確定の時に解除の意思表示をしたものとみなされる。

3　被保険者による保険者への直接請求

被保険者による解除請求権の行使の相手方は，保険契約者とされているが，被保険者が保険者に対して直接に請求した場合はどうであろうか。生命保険と傷害疾病定額保険とに分けて検討する。

⑴　生命保険

生命保険の場合，解除請求事由としてあげられる保険法57条1号および2号については，保険者がそれを確認できる場合には保険者による解除が可能になるが，刑事事件として実際に捜査が開始されたような場合は別として，被保険者からの訴えだけでは，そのような事実の確認も困難が伴う。しかし，被保険者に対して警察への通報を行うよう助言する必要はあろう。被保険者が主張するような事実が一切確認できない場合は，あくまでも保険契約者を介して解除請求をするよう促す形で対応せざるをえない。58条1項3号事由では，被保険者と保険契約者が離婚をし，被保険者が離婚後の戸籍謄本を添えて保険者に請求してくる場合が典型例として考えられる。しかし，58条3号の規定は，離婚をしたという事実のみを持って解除請求を認めるのではなく，それによって同意をするにあたって基礎とした事情が著しく変更したことが必要である。離婚に際して，将来の養育費等に備えるために保険契約を維持する必要性があるような場合には，解除請求は認められない。ところで，雇用関係の終了や債権・債務関係の終了は，原則としてそのことだけで基礎とした事情が著しく変更したと認めてよいのではないかと考えられる。もっとも，保険会社がこれだけで解除を認めてよいのではない。これらの場合は，保険契約者を相手として保険契約の解除を求める訴訟を提起するよう被保険者に対して促し，裁判の場で被保険者の同意をめぐる事情が著しく変更していないことを，保険契約者の側で立証する必要がある。

(2)　傷害疾病定額保険

生命保険と傷害疾病定額保険との違いは，傷害疾病定額保険の場合は，被保険者の同意が不要とされている契約については，被保険者がその保険契約の存在を知り，契約の継続を望まない場合には無条件で契約の解除請求を認める点である（87条1項1号）。この場合，被保険者からの解除請求権が保険者に対して行使された場合，保険者は解除する必要があると解される。この規定を設けた理由は，被保険者本人が知らないままに保険契約が締結されることの弊害を除去し，被保険者の人格権等を保護する趣旨であり，保険者は被保険者の同意がないことを容易に知り得る契約だからである。

Ⅸ　保険給付請求権の消滅時効

保険給付請求権（保険金請求権）は，これを行使することができる時から3年間行使しないときは，時効によって消滅する（95条1項）。このような短期間の消滅時効の規定を設けた理由は，保険事故が発生してから余りにも長期間経過した後の保険金請求を認めると，時の経過によって保険事故に関する調査が不可能となり，あるいは長期間を要することが予想され，速やかな決裁ができなくなり，保険経営の上にも，数理計算上などの問題が生じるからである。

時効については起算点をどう考えるかという問題がある。

POINT 6　保険給付請求権と消滅時効の起算点

最判平成15年12月11日民集57巻11号2196頁（百選88）

【事実】

Aは，Y生命保険会社（被告・控訴人・上告人）との間で，自己を被保険者，妻X（原告・被控訴人・被上告人）を保険金受取人とする生命保険契約（死亡保険契約）を締結した。その保険契約の約款には，保険金を請求する権利は支払事由が生じた日の翌日からその日を含めて３年間請求がない場合には消滅すると定めてあった。Aは平成４年５月17日に自動車を運転して自宅を出た後，全く行方が分からなくなり，平成８年１月７日に雑木林で白骨化したAの遺体が発見された。平成４年５月頃に運転中の自動車が道路から転落して負傷し，死亡に至ったものと推認される。Yが保険金請求権の時効消滅を主張して保険金の支払を拒んだため，Xは，平成８年11月７日にYに対して保険金の支払を求めて訴えを提起した。第１審，原審ともYの主張が斥けられたため，Yが上告した。

【判旨】（上告棄却）

「……本件約款は，……保険金請求について，本件時効消滅条項による消滅時効の起算点を『被保険者の死亡の日の翌日』と定めていることが明らかである。

しかしながら，本件消滅時効にも適用される民法166条1項が，消滅時効の起算点を『権利ヲ行使スルコトヲ得ル時』と定めており，単にその権利の行使について法律上の障害がないというだけではなく，さらに権利の性質上，その権利行使が現実に期待することができるようになった時から消滅時効が進行するというのが同項の規定の趣旨であること……にかんがみると……当時の客観的状況等に照らし，その時からの権利行使が現実に期待できないような特段の事情の存する場合についてまでも，上記支払事由発生の時をもって本件消滅時効の起算点とする趣旨ではないと解するのが相当である。そして，本件約款は，このような特段の事情の存する場合には，その権利行使が現実に期待することができるようになった時以降において消滅時効が進行する趣旨と解すべきである。」

「……そうすると，本件消滅時効については，Aの死亡が確認され，その権利行使が現実に期待できるようになった平成8年1月7日以降において消滅時効が進行するものと解されるから，Xが本件訴訟を提起した同年11月7日までに本件消滅時効の期間が経過していないことは明らかである。」

改正前商法のもとでの損害保険および生命保険の保険金請求権は，2年で時効消滅するとされていた（改正前商法663条・683条1項）。そして約款で，これを3年に延長するのが通例であった。保険法95条1項は，平成29年改正前民法166条1項と同様に，保険給付請求権の消滅時効の起算点を権利を行使することができる時としており，この解釈が問題となる。

本件約款の通り被保険者が死亡した時を時効の起算点とすると，Aの遺体が発見される前に消滅時効が完成する。受取人Xに権利行使の客観的な可能性がないにもかかわらず，時効消滅することが不合理であることに疑問はない。本件は，原則として保険事故発生の時から進行することとして，特段の事情が存する場合に別の取扱いがなされるという一事例として理解するべきである。保険事故の発生を了知していながら，免責に該当すると誤解して保険給付請求をしなかった場合などは，本判決の対象外であろう。

UNIT 12 保険金受取人

保険金受取人は，保険給付を受ける者として生命保険契約または傷害疾病定額保険契約で定めるものをいう，と定義されている（2条5号）。そして，保険金受取人が生命保険契約の当事者以外の者であるときは，当該保険金受取人は，当然に当該生命保険契約の利益を享受する（42条）。これが第三者のためにする生命保険契約である。

生命保険契約は，通常長期の契約であるから，いったん保険金受取人を指定しても事情の変更により，受取人を変更する必要が出てくることもある。そこで，保険契約者は，保険事故が発生するまでは，保険金受取人を変更できる（43条）。この規定は任意規定であるから，保険約款により，保険金受取人の変更を禁止したり，保険金受取人の変更範囲を一定の者に限定したり，保険者の同意を要する旨を定めることができるのかが問題となる。

Ⅰ　第三者のためにする生命保険契約

1　保険金受取人の権利

第三者のためにする生命保険契約の場合，保険金受取人は当然に当該生命保険契約の利益を享受する。この意味は，民法537条3項に定める第三者のためにする契約の場合，第三者の受益の意思表示が権利の効力発生要件であるが，保険金受取人は受益の意思表示をしなくとも，保険給付等の請求権を取得するということである（42条）。その点を除いては，第三者のためにする生命保険契約は，民法の第三者のためにする契約の一種ということができる。保険金受取人が権利を取得するのは，保険金受取人として指定された時であり，保険金受取人が変更されない場合には保険契約締結時である。

死亡保険金請求権と相続財産

複数いる相続人のうちの１人が，被相続人の生命保険契約の死亡保険金受取人である場合，死亡保険金請求権が特別受益（民 903 条）またはそれに準じたものとして考慮されるかが問題となる。

POINT 1　死亡保険金請求権と特別受益

最決平成 16 年 10 月 29 日民集 58 巻 7 号 1979 頁（百選 72）

【事実】

X_1〜X_3（申立人＝相手方・抗告人・抗告人）とＹ（相手方＝申立人・相手方・相手方）は，いずれもＡとＢの間の子である。Ａは平成２年１月２日に，Ｂは同年 10 月 29 日に，それぞれ死亡した。Ａの法定相続人はＢ，ＸらとＹであり，Ｂの法定相続人はＸらとＹである。

遺産分割の対象となる遺産は，Ａが所有していた各土地であり，ＡとＢの本件各土地以外の遺産については，ＸらとＹとの間において，遺産分割協議および遺産分割調停が成立し，これにより，Ｙは合計 1387 万 8727 円，X_1 は合計 1199 万 6113 円，X_2 は合計 1221 万 4998 円，X_3 は合計 1441 万 7793 円に相当する財産をそれぞれ取得した。なお，ＸらおよびＹは，本件各土地の遺産分割の際に上記遺産分割の結果を考慮しないことを合意している。Ｙは，ＡとＢのために自宅を増築し，ＡとＢをそれぞれ死亡するまでそこに住まわせ，要介護状態になっていたＡの介護をＢが行うのを手伝った。その間，Ｘらは，いずれもＡおよびＢと同居していない。

Ｙは，養老保険契約と養老生命共済契約に係る死亡保険金等を受領した。Ｘらは，Ｙが受領した死亡保険金等が民法 903 条１項のいわゆる特別受益に該当すると主張した。

第１審は，特別受益に該当することを認めた。原審は，上記の死亡保険金等については，同項に規定する遺贈または生計の資本としての贈与に該当しないとして，死亡保険金等の額を被相続人が相続開始の時において有した財産の価額に加えること（以下，この操作を「持戻し」という）を否定した上，本件各土地をＹの単独取得とし，Ｙに対しＸら各自に代償金各 287 万 2500 円の支払を命ずる旨の決定をした。そこで，Ｘらが許可抗告をした。

【決定要旨】（**許可抗告棄却**）

「被相続人が自己を保険契約者及び被保険者とし，共同相続人の１人又は一部の者を保険金受取人と指定して締結した養老保険契約に基づく死亡保険金請求権は，その保険金受取人が自らの固有の権利として取得するのであって，保険契約者又は被保険者から承継取得するものではなく，これらの者の相続財産に属するものではないというべきである（最高裁昭和36年（オ）第1028号同40年2月2日第三小法廷判決・民集19巻1号1頁参照）。また，死亡保険金請求権は，被保険者が死亡した時に初めて発生するものであり，保険契約者の払い込んだ保険料と等価関係に立つものではなく，被保険者の稼働能力に代わる給付でもないのであるから，実質的に保険契約者又は被保険者の財産に属していたものとみることはできない（最高裁平成11年（受）第1136号同14年11月5日第一小法廷判決・民集56巻8号2069頁参照）。したがって，上記の養老保険契約に基づき保険金受取人とされた相続人が取得する死亡保険金請求権又はこれを行使して取得した死亡保険金は，民法903条1項に規定する遺贈又は贈与に係る財産には当たらないと解するのが相当である。もっとも，上記死亡保険金請求権の取得のための費用である保険料は，被相続人が生前保険者に支払ったものであり，保険契約者である被相続人の死亡により保険金受取人である相続人に死亡保険金請求権が発生することなどにかんがみると，保険金受取人である相続人とその他の共同相続人との間に生ずる不公平が民法903条の趣旨に照らし到底是認することができないほどに著しいものであると評価すべき特段の事情が存する場合には，同条の類推適用により，当該死亡保険金請求権は特別受益に準じて持戻しの対象となると解するのが相当である。上記特段の事情の有無については，保険金の額，この額の遺産の総額に対する比率のほか，同居の有無，被相続人の介護等に対する貢献の度合いなどの保険金受取人である相続人及び他の共同相続人と被相続人との関係，各相続人の生活実態等の諸般の事情を総合考慮して判断すべきである。」

本決定は，共同相続人であるXらが，他の共同相続人であるYに対し，Yが受領した養老保険契約と養老生命共済契約の死亡保険金が民法903条1項の特別受益に当たるとして，遺産分割および寄与分を定める処分審判を申し立てたが，原審が死亡保険金等について持戻しを認めずに遺産分割をしたので許可抗告を申し立てた事案について，本件各保険契約に基づき保険金受取人とされた相続人が取得する死亡保険金請求権またはこれを行使して取得した死亡保険金は，同項に規定する遺贈または贈与に係る財産には当たらないと解するのが相当である，として抗告を棄却したものである。

また，本決定は，保険金受取人である相続人とその他の共同相続人との間に生ずる不公平が民法903条の趣旨に照らし到底是認することができないほどに著しいものであると評価すべき特段の事情が存する場合には，同条の類推適用により，当該死亡保険金請求権は特別受益に準じて持戻しの対象となると解するのが相当である，と判示した。その理由として，死亡保険金請求権の取得のための費用である保険料は，被相続人が生前保険者に支払ったものであり，保険契約者である被相続人の死亡により保険金受取人である相続人に死亡保険金請求権が発生することをあげている。そのうえで，上記特段の事情の有無については，保険金の額，この額の遺産の総額に対する比率のほか，同居の有無，被相続人の介護等に対する貢献の度合いなどの保険金受取人である相続人および他の共同相続人と被相続人との関係，各相続人の生活実態等の諸般の事情を総合考慮して判断すべきである，と判示した。したがって，今後遺産分割において，相続人が保険金受取人となっている死亡保険金は，原則として民法903条の特別受益とはならないが，相続人間に著しい不公平があると評価すべき特段の事情がある場合には，特別受益に準じて持戻しの対象となる。

学説では，保険契約者と保険金受取人との実質関係から，保険金請求権の取得は保険料と対価関係に立つものであり，死亡保険金請求権は特別受益であるとする肯定説が多数である。この肯定説のなかでも，①保険金受取人の指定を生前贈与とする見解，②保険金受取人の指定を遺贈ないし死因贈与に準ずる財産の移転である無償処分とみる見解がある。

これに対して，保険金請求権の特別受益性を否定する見解として，死亡保険金などはそれぞれ特別の制度目的から存在するものであるから，直ちに遺贈に準ずるものとして扱うのは問題があり，民法906条の一切の事情の一要素として保険金受取人と相続人の密接な関係を理由に，実質的な衡平から特別受益に当たらないとか，被相続人が数人の相続人のうちある特定の相続人を受取人にしていることの意思重視をさらに強調して，原則として特別受益性を否定すべきであるというものがある。否定する見解は，被相続人である保険契約者が，相続人のなかの1人を保険金受取人としたことを重視するようである。

本決定は，本件死亡保険金請求権が民法903条の特別受益には当たらない理由として，2つの最高裁判決を引用して，次の2点をあげている。すなわち，①被相続人が自己を保険契約者および被保険者とし，共同相続人の1人または一部の者を保険金受取人と指定して締結した養老保険契約に基づく死亡保険金請求権は，その保険金受取人が自らの固有の権利として取得するのであって，保険契約者または被保険者から承継取得するものではなく，これらの者の相続財産に属するものではないこと。また，②死亡保険金請求権は，被保険者が死亡した時に初めて発生するものであり，保険契約者の払い込んだ保険料と等価関係に立つものではなく，被保険者の稼働能力に代わる給付でもないのであるから，実質的に保険契約者または被保険者の財産に属していたものとみることはできないこと。しかし，①の理由については，保険金請求権の特別受益性を肯定する学説もこれを認めているのであるから，特別受益性を否定する理由にはなりえない。また，②については，本決定も実質的に死亡保険金と保険料の対価関係を認めるのであるから，説得力のある理由付けとはいえない。

2　保険金受取人の指定

保険法では，保険金受取人の変更のみを規定しており（43条），指定という概念は用いられていない。これは，保険金受取人の指定がない場合でも，保険事故が発生すれば保険者は誰かに対しては必ず保険金を支払わなければならず，保険金受取人は常にいるということになるから，保険契約の締結時には必ず保険金受取人の指定がなされ，保険契約締結後は保険金受取人の変更がなされるだけであるという整理がなされていることによるものである。

保険金受取人の指定がない場合，保険契約者自身を保険金受取人とする，自己のためにする保険契約であると解される。保険金受取人を単に「被保険者またはその死亡の場合はその相続人」と約定し，被保険者死亡の場合の受取人を特定人の氏名を挙げることなく抽象的に指定している場合でも，保険契約者の意思を合理的に推測して，保険事故発生の時において被指定者を特定しうる以上，上記のような指定も有効であり，特段の事情のないかぎり，上記指定は，被保険者死亡の時における，すなわち保険金請求権発生当時の相続人たるべき者を受取人として特に指定したものと解される。保険契約者と被保険者が異なる場合，単に「相続人」と指定したときには，保険契約者の相続人となるのか，被保険者の相続人となるかについては，見解が分かれている。

保険金受取人の指定について，団体生命保険契約において被保険者の「妻何(なに)某(がし)」と指定されていた場合，その妻が離婚したときに指定の効力を失うかについて争われた次の判例がある。

POINT 2　離婚と保険金受取人の指定

最判昭和58年9月8日民集37巻7号918頁（百選68）

【事実】

X_1 と X_2（原告・被控訴人・上告人）の父であるAの所属する県医師会は，被保険者をA，保険金受取人を「妻，甲野花子（Y_3〔被告・控訴人・被上告人〕）」として，Y_1 生命保険相互会社（被告・控訴人・被上告人）との間で，保険金額を400万円とする団体定期保険契約と，また，Y_2 生命保険相互会社（被告・控訴人・被上告人）との間で，保険金額を500万円とする団体定期保険契約をそれぞれ締結し，本件各契約はその後Aが死亡するまで毎年更新された。

Y_3 は，本件各契約締結当時Aの妻であったが，Bとの不貞行為が原因でAと離婚することを余儀なくされBと婚姻した。

本件各契約が依拠する Y_1，Y_2 の各団体定期保険普通保険約款34条には，保険契約者は，被保険者の同意を得て死亡保険金受取人を指定しまたは変更することができ，併せて右指定または変更はその旨を保険者に書面で通知してからでなければ保険者に対抗することができない旨が定められている。しかし，本件各契約において右約款所定の保険金受取人の変更手続がとられないまま，Aは死亡した。X_1 らは，Y_3 の保険金受取人としての地位は亡Aとの離婚により消滅したとして，Y_1・Y_2 保険会社に対し保険金の支払を求めるとともに，Y_3 に対しては保険金請求権を有しないことの確認を求めて本件訴訟を提起した。

第1審は，Xらの請求を認容したが，原審はXらの請求をすべて棄却した。Xらが上告した。

【判旨】（**上告棄却**）

「生命保険契約において保険金受取人の指定につき単に被保険者の『妻何某』と表示されているにとどまる場合には，右指定は，当該氏名をもつて特定された者を保険金受取人として指定した趣旨であり，それに付加されている『妻』という表示は，それだけでは，右の特定のほかに，その者が被保険者の妻である限りにおいてこれを保険金受取人として指定する意思を表示したもの等の特段の趣旨を有するものではないと解するのが相当である。」

本判決は，あらかじめ妻の身分を有するかぎりにおいてその者を保険金受取人として指定する趣旨を表示したものと解しうるためには，単に氏名のほかにその者が被保険者の妻であることを表示しただけでは足りず，他に右趣旨をうかがわせるに足りる特段の表示がなされなければならないと考えるのが相当である，として，離婚によって保険金受取人の地位を失わせるためには，特段の

表示行為が必要であるという。

本判旨は，保険金受取人の指定解釈について，「妻」と「妻・何某」と「何某」とに分けて考えているが，このような解釈方法はもともと妥当であろうか。保険証券上の表示にこだわりすぎてしまっているのではないかという疑問がある。本判旨のように考えるならば「妻」という語はあってもなくてもよいのではないか，という疑問は依然として残る。さらに，本件のような問題の再発を予防するには，保険業務上，契約者を指導して「妻」という表示と氏名の併用方式をやめることにすればよいと指摘されている。しかし，なぜ併用方式を採っているかという理由もさることながら，単に「妻」あるいは「何某」としただけで，このような問題が解決するわけではない。「妻」と指定された場合にも，保険契約締結のときに指定した妻なのか，または被保険者死亡時の妻なのか，という未解決の問題が残されているからである。

また「何某」とした場合でも，その者が離婚した後，保険金受取人の変更手続がなされないかぎり，絶対的に保険金受取人の地位を失わないとは言い切れないであろう。この点に関連して，本判決に賛成する学説は，保険契約者はいつでも保険金受取人を変更できるのであるから，変更していない場合には，その者に保険金を取得させる意思があったと解して差し支えないという。さらには，婚姻の継続を前提としていたかどうかは，保険金受取人の変更，撤回手続によってのみ明らかにされると考えるのが明快であるという見解がある。しかし，保険金受取人を変更する権利があったのに行使しなかったという一事でもって，この問題を解決すべきではない。離婚した妻が保険金受取人となっている保険契約があることを失念している場合があろうし，また，保険金受取人の指定変更をしようと思っていてもなんらかの事情でそれができなかった場合もあるであろう。このような場合にも，本判決に賛成する学説は，それでも保険金受取人を変更しなかったのであるから，保険金受取人とされている離婚した妻が保険金を取得するというのであろうか。

定型的多数取引である保険契約においては，被保険者等の個別的事情によりその意思を推しはかって保険金受取人を決すべきではなく，すべての契約を通じて一律に解すべきである，との批判もありえよう。しかし，これは対保険会社との関係においてあてはまるとしても，保険金受取人について疑義のある者どうしの争いには適用すべきではなく，保険契約者の意思を合理的に解釈して決すべき問題である。

Ⅱ　保険金受取人の変更

1　変更の手続

生命保険契約は，通常長期の契約であるから，いったん保険金受取人を指定しても事情の変更により，受取人を変更しなければならないこともある。そこで，保険契約者は，保険事故が発生するまでは，保険金受取人を変更できる（43条1項）。また，保険金受取人の変更は，保険者に対する意思表示によってする（同条2項）。保険者に対する意思表示が保険金受取人変更の効力要件である。このように保険法は，保険金受取人変更の効力要件を明確にしたが，改正前商法ではこの点が明らかではなく，次のような判例がある。

POINT 3　念書による保険金受取人の変更

最判昭和62年10月29日民集41巻7号1527頁（生保百選追補3）

【事実】

X（原告・被控訴人・被上告人）は，亡Aと内縁関係にあったところ，Aは，B生命保険会社との間で，Aを被保険者，Xを保険金受取人，災害による死亡のとき一時払保険金2000万円，年賦払保険金が5年間200万円宛均等払の合計1000万円とする生命保険契約を締結した。

Aは，金融業者であるY（被告・控訴人・上告人）に出入りし，Yに対し3000万円には達しないまでもこれに匹敵する額の債務を負担していた。

本件保険契約においては，保険証券の受取人欄の下部欄外に「保険契約者は保険金受取人を指定し，または変更する権利を留保します。」との記載があり，また，AはYに対し「Yの紹介によりB生命の外交員Cに加入した私の生命保険金は私が万一事故の場合には保険金を受取ってください。」と記載した念書を交付した。Aが災害によって死亡したため，B生命はXに対し保険金を支払ったが，Xは，Yの求めに応じてその保険金を任意に交付した。

Xは，YはXから交付された金員を法律上の原因なく不当に利得したものである旨を請求の原因事実として主張して返還を請求した。第1審および原審はXの請求を認容した。Yが上告。

【判旨】（破棄自判）

「商法675条ないし677条の規定の趣旨に照らすと，保険契約者が保険金受取人を変更する権利を留保した場合（同法675条1項但書）において，保険契約者がする保険金受取人を変更する旨の意思表示は，保険契約者の一方的意思表示によつてその効力を生ずるものであり，また，意思表示の相手方は必ずしも保険者であることを要せず，新旧保険金受取人のいずれに対してしてもよく，この場合には，保険者への通知を必要とせず，右意思表示によつて直ちに保険金受取人変更の効力が生ずるものと解するのが相当である。もつとも，同法677条1項は，保険契約者が保険金受取人を変更したときは，これを保険者に通知しなければ，これをもつて保険者に対抗することができない旨規定するが，これは保険者が二重弁済の危険にさらされることを防止するため，右通知をもつて保険者に対する対抗要件とし，これが充足されるまでは，保険者が旧保険金受取人に保険金を支払つても免責されるとした趣旨のものにすぎないというべきである。

本件についてこれをみると，……AがYに対し，本件保険金受取人をXからYに変更する旨の意思表示をしたことによつて直ちに保険金受取人変更の効力が生じたものというべきであるから，YがXから任意に本件預貯金証書等の交付を受け，その払戻金等を取得したことは，Xとの間において不当利得にならないと解するのが相当である。」

本判決については，保険金受取人変更の効力発生が不明であるとか，保険金受取人の保護に欠けるのではないかという批判が学説でも多く，保険金受取人の変更手続に何らかの制限をすべきであるという見解もあった。

保険法では，保険金受取人の変更は，保険者に対する意思表示によってする旨を規定した（43条2項）。この規定は，意思表示の方法を定める規定であるから，絶対的強行規定である。したがって，保険金受取人変更の意思表示の相手方は，保険者に限定される。保険金受取人変更の意思表示の効力時期について，意思表示の通知が保険者に到達したときは，当該通知を発した時に遡ってその効力が生ずる（同条3項）。

2　遺言による保険金受取人の変更

保険金受取人の変更を遺言によりできるかについては，学説や判例が分かれていた。保険法は，保険金受取人の変更は，遺言によってもすることができるとした（44条1項）。遺言による保険金受取人の変更は，その遺言が効力を生じた後，保険契約者の相続人がその旨を保険者に通知しなければ，これをもって保険者に対抗することができない（同条2項）。遺言による保険金受取人変更を制限することが必要な場合があることから，1項は任意規定であり，遺言による保険金受取人の変更を認めないこともできる。しかし，2項は対抗要件を定める規定であるから，絶対的強行規定であり，変更することはできない。

POINT 4　遺言による保険金受取人の変更

東京高判平成10年3月25日判タ968号129頁

【事実】

X（原告・被控訴人）は，弁護士であり，亡Aが平成8年7月15日に行った秘密証書遺言により遺言執行者に選任され，同年8月15日に同人が死亡したことにより遺言執行者に就任した者であり，Y（被告・控訴人）は，生命保険会社である。

Aは，平成6年3月31日，Yとの間で生命保険契約を締結し，同日，保険料全額を支払った（以下，この契約を「本件保険契約」という）。

Aは，平成8年7月15日，秘密証書遺言により，本件保険契約の受取人を遺言執行者であるXに変更し，死亡保険金の分配を別に定める遺言執行合意書に従ってXに委ねるものとした。

Aは，前記のとおり平成8年8月15日に死亡したので，XはYに対し，平成8年12月18日，本件保険契約の受取人がXに変更されたことを通知したが，Yは本件保険契約の受取人は被保険者の法定相続人であると主張して，Xに対する支払を拒んでいる。

XはYに対し，本件保険契約に基づく死亡保険金2500万円およびこれに対する訴状送達の日の翌日である平成9年3月8日から支払済みまで商事法定利率年6分の割合による遅延損害金の支払を求めている。第1審はXの請求を認容した。Yが控訴。

【判旨】（**控訴棄却**）

「保険金受取人変更は，保険契約者の一方的意思表示によって効力が生ずる（最判昭和62年10月29日民集41巻7号1527頁）。この判例は，保険金受取人変更の意思表示の相手方は，保険者又は新旧保険金受取人のいずれに対するものでもよいと判示しており，これを相手方のある意思表示と解しているかのようである。確かにその意思表示は保険金受取人変更の法律効果を受けるべき前示の者のいずれかに対してすることが通例ではあろうが，一方的意思表示と解する限り，これについて常に相手方を要するとする必要はない。その意思表示（効果意思の表示）が外部から明確に確認できるものである限り，単独の意思表示としてすることも許容すべきである。商法675条2項は，保険契約者が，保険金受取人の指定変更権を有する場合において，その権利を行わずに死亡したときは，保険金受取人の権利は確定すると定めている。保険契約者が遺言によってその変更権を行使したときも，その意思表示自体は生前に行われているのであり，死亡までにその権利を行ったものと解するべきである。遺言の性質上，その効力は遺言者の死亡によって生ずることになるが，保険者としては，その通知があるまではその変更を対抗されることはなく（商法677条），そのことによって特段の不利益を受けることはない。」

保険法では，保険契約者の意思を尊重するために，遺言による保険金受取人の変更を認めたものである。遺言による保険金受取人の変更は，遺言の要件（民960条以下）を満たせばその効力が生ずる。しかし，遺言は相手方のない単独行為であるから，保険者としては遺言により保険金受取人変更があったことを直ちに知ることはできないので，遺言の効力が生じる前の保険金受取人に保険金を支払う危険がある。そこで，遺言による保険金受取人の変更は，その遺言が効力を生じた後，保険契約者の相続人がその旨を保険者に通知しなければ，これをもって保険者に対抗することができないものとしている。

3　保険契約の譲渡

がんに罹った保険契約者が，締結している生命保険契約を買取会社に売却した後，保険会社に対して生命保険契約上の保険契約者の地位を買取会社に譲渡することの承認を約款に基づいて求めたが，保険会社が同意を拒否した事案について，裁判所は次のように判示して保険契約者の請求を棄却した。

POINT 5　生命保険契約の買取り

東京高判平成18年3月22日判時1928号133頁（百選77）

【事実】

X（原告・控訴人）は，Y生命保険会社（被告・被控訴人）との間で，保険契約者兼被保険者をX，死亡保険金受取人を妻，死亡生命保険金3000万円，保険料月額1万4342円という内容の生命保険契約を締結した。本件生命保険契約の約款には，保険金受取人の指定，変更について「保険契約者は，保険金受取人を指定し，これを変更することができる。」，保険契約者の変更について，「保険契約者は，Yの同意を得て，保険契約上の一切の権利・義務を第三者に承継させることができる。」という規定がある。

Ｘは，平成５年の長期入院以後，全く稼働することができず，十分な治療費を確保できないばかりか，生活費も十分得られず，困窮した生活を余儀なくされており，本件生命保険契約に基づく保険料の支払にさえ窮し，既に，同契約の医療保障部分を失効させている。

Ｘは，資金捻出の方法を模索し，Ａ社が生命保険契約における保険契約者の地位を買い取る事業を行っていることを知り，本件保険契約者の地位を同社に売り渡す旨の売買契約を締結した。

Ｘの主張は，次のとおりである。⑴本件約款は，保険契約者がその地位を譲渡した場合，同意を拒否すべき正当な利益がない限り，Ｙがこれに同意すべきことを規定したものと解すべきである。⑵Ｘの生活困窮状態，本件生命保険譲渡の必要性，Ｙの不利益の不存在，倫理上の問題の不存在，癌患者および世論の同意，Ｙ本件内規の不適用を考慮すると，Ｙには，本件生命保険譲渡について，同意を拒否すべき正当な利益はない。⑶Ｙには，本件生命保険譲渡について，同意を拒否すべき正当な利益がない以上，本件約款に基づき，Ｘに対し上記同意をすべき義務がある。よって，Ｘは，Ｙに対し，本件約款および信義則に基づき，本件生命保険契約における保険契約者および受取人をＡ社に変更する旨の平成17年１月６日付け「名義変更請求書」に同意するよう求める。

第１審はＸの請求を棄却した。Ｘは，控訴審において，請求の趣旨を，従前の保険契約者と保険金受取人をＡ社に各変更する旨の「名義変更請求書」に同意せよ，から，保険契約者と保険金受取人を変更する旨の書換え手続をせよ，に変えている。

【判旨】（**控訴棄却**）

「以上の諸事情とりわけ，Ｘが現在置かれている窮状に照らせば，Ｘが本件保険契約上の地位の譲渡をＹに対して求める理由は理解できなくもなく，またその必要性は高いということができる。

しかしながら，……Ｙには上記譲渡についての同意を原則として拒否することができるのであり，その形式的理由は契約の性質から導かれるものではあるが，本件事案に鑑みれば，一般的に生命保険契約における保険契約者の地位が売買取引の対象となることによる不正の危険の増大や社会一般の生命保険制度に対する信頼の毀損が実質的な理由として存在する。」

「我が国においては，生命保険買取事業を規制する法令は存在せず，生命保険を業とする生命保険会社は，生命保険契約締結の前提として，保険契約者，被保険者，保険金受取人の間に生命保険を必要とする相当の関係があることを認めているのに加え，生命保険契約における保険契約者の地位が売買取引の対象となることは，場合によっては人命が売買の対象となることに等しい事態もあり得るのであり，ひいては社会一般の生命保険制度に寄せる信頼を損ねる結果になると考え，いずれも，生命保険契約における保険契約者の地位の売買に対しては，内規に定める一定の要件が充足されなければ原則として同意をしないという取扱いをしているものと窺われる。そして，死期が切迫した余命6箇月以内の被保険者の場合についてのみリビングニーズ特約の対象として，それに該当する場合には死亡前の保険金の支払に応じている。また，簡易保険の保険契約者の任意承継については，被保険者の同意は必要とされるが，保険者の同意は必要とされていない（簡易生命保険法57条）。しかし，この点は，保険金額が民間の生命保険の場合よりも少なく，上限も設定されていて（同法20条），モラルリスクや公序良俗に反する場合が少ないからであるとみられる……。

以上によれば，Yは，Xからの本件保険契約上の地位の譲渡についての同意の求めに対し，単に本件個別事情に限定されずに同意を必要とする実質的理由とされるこれらの一般的事情に照らし，上記同意を拒否することができるというべきであり，したがって，Yによる本件同意の拒否は，権利濫用又は信義則違反に該当するとはいえない。」

本判決は，本件事案についてみれば，一般的に生命保険契約における保険契約者の地位が売買取引の対象となることによる不正の危険の増大や社会一般の生命保険制度に対する信頼のき損が実質的な理由として存在する，という。その理由として，①当事者の交渉能力に当初から格段の差が存すること，②生命保険契約譲渡の対価の合理性を判定すべき客観的基準が存在しないので，不当に廉価で生命保険契約を買い取る等の暴利行為を招きやすいこと，③詐欺的取引や暴力団の資金源とされる等の危険性が危惧されること，④米国でも生命保険買取業界は未成熟で競争が少なく，監督機関の監視が行き届かず，ディスクロージャーもほとんどされていないうえに，その代理店も未だ十分に教育や訓練を受けておらず，買取会社の買取資金の出所もほとんど知られていないこと，以上の点をあげている。

この実質的理由について，上記の①から④までは，原審と本判決とでまったく同じである。原審と本判決とで違う点は，原審では，生命保険契約者が，生命保険契約に関して資金を得る方法としては，生命保険金支払請求権に質権を設定し，この担保に基づき融資を受ける方法が広く行われており，保険会社も，通常，これに異議を述べていないので，本件生命保険譲渡が，Xにとって，唯一の資金取得の方法だったとまではいえない，と判示していることであり，本判決はこの点には触れていない。他に資金調達手段があることを保険者が同意しない理由としてあげることは，仮に他の手段がない場合には同意しなければならないという意味にも取られかねないので，本事案においては不要かつ不適切な判断である。

また，本判決は，生命保険会社が同意をしない取扱いをしている理由として，①我が国においては生命保険買取事業を規制する法令は存在せず，②生命保険会社は，生命保険契約締結の前提として，保険契約者，被保険者，保険金受取人の間に生命保険を必要とする相当の関係があることを認めている，③生命保険契約における保険契約者の地位が売買取引の対象となることは，場合によっては人命が売買の対象となることに等しい事態もあり得るので，社会一般の生命保険制度に寄せる信頼を損ねる結果になる，④生命保険契約における保険契約者の地位の売買に対しては，内規に定める一定の要件が充足されなければ原則として同意をしないという取扱いをしているものと窺われる，と判示している。原審も同様の判示をする部分があるが，本判決にあって原審にないものとして，①が追加され，③について「場合によっては」という文言を付加していることである。本判決は，生命保険の買取りを規制する法令がないことが，生命保険会社が同意しない取扱いをしている理由の１つとしている。しかし，それが理由においてどの程度のウエイトを占めているかは明らかではないが，買取りを規制する法令がないことが保険会社が同意をしない重要な根拠となることは明らかである。また，「場合によっては」と付加したのは，本件のように被保険者の死がある程度予想できる場合には人の命の売買と同様になるが，そうでない場合には当然に人の命の売買に当たるとは限らないからであり，妥当である。

本判決・原審ともに，②の生命保険契約締結の前提として，保険契約者，被保険者，保険金受取人の間に生命保険を必要とする相当の関係があることが求められていることを理由としてあげている。生命保険を必要とする相当の関係とは何であろうか。被保険者と保険金受取人との間であれば，被保険者の死亡により保険金受取人が損失を被る可能性はあるが，保険契約者が変わることにより誰にいかなる損失が発生するかは明らかではなく，生命保険を必要とする相当の関係の意味は不明である。

本件は，控訴審も保険契約者の請求を認めなかったので，上告されたが，平成18年10月12日に上告不受理の決定（平成18年（受）第1064号第一小法廷）

がなされた。

4　保険金受取人変更についての被保険者の同意

死亡保険契約の保険金受取人の変更は，被保険者の同意がなければ，その効力を生じない（45条）。これはモラル・リスク防止の観点から，被保険者の同意を必要とするものである。

Ⅲ　保険金受取人の死亡

1　保険金受取人先死亡の場合

保険金受取人が保険事故の発生前に死亡したときは，その相続人の全員が保険金受取人となる（46条）。これは，保険金受取人が死亡したにもかかわらず，保険契約者が保険金受取人を変更しない間に被保険者が死亡した場合，誰が保険金受取人になるかという問題が生じないように，保険金受取人の相続人の全員が保険金受取人となる旨を明らかにしたものである。

保険法制定前には改正前商法676条2項に同様の規定があり，この規定に関して裁判所の以下のような判断がある。

POINT 6　保険金受取人の相続人の範囲

最判平成5年9月7日民集47巻7号4740頁（百選75）

【事実】

Aは，昭和61年5月1日，Y保険会社との間で，保険契約者・被保険者をA，死亡保険金受取人B（Aの母），死亡保険金2000万円とする生命保険契約を締結した。保険契約上の死亡保険金受取人であるBは，昭和62年5月9日に死亡した。Bにはその死亡当時配偶者がいなかったので，Bの死亡により，Bの実子であるXら（原告・控訴人・上告人）とAがその共同相続人となった。Aは，Bの死亡後，新たな死亡保険金受取人を指定することなく，昭和63年11月13日に死亡した。Aの相続人には，Xらのほか，11名の者がいる。Yは，Xら3名は，Aの共同相続人11名と共に，死亡保険金受取人の地位を均等割合にて原始取得したものである，と主張した。Xらは，それぞれ保険契約者たるA死亡当時に生存する死亡保険金受取人Bの相続人はXら3名のみであるから，Xらが本件保険契約上の死亡保険金受取人の地位を取得した，と主張した。第1審および原審はＸの請求を棄却した。Ｘが上告。

【判旨】（上告棄却）

「商法676条２項にいう『保険金額ヲ受取ルヘキ者ノ相続人』とは，保険契約者によって保険金受取人として指定された者（以下「指定受取人」という。）の法定相続人又はその順次の法定相続人であって被保険者の死亡時に現に生存する者をいうと解すべきである（大審院大正10年（オ）第898号同11年２月７日判決・民集１巻１号19頁）。けだし，商法676条２項の規定は，保険金受取人が不存在となる事態をできる限り避けるため，保険金受取人についての指定を補充するものであり，指定受取人が死亡した場合において，その後保険契約者が死亡して同条一項の規定による保険金受取人についての再指定をする余地がなくなったときは，指定受取人の法定相続人又はその順次の法定相続人であって被保険者の死亡時に現に生存する者が保険金受取人として確定する趣旨のものと解すべきであるからである。この理は，指定受取人の法定相続人が複数存在し，保険契約者兼被保険者が右法定相続人の一人である場合においても同様である。」

保険法では，保険金受取人が保険事故の発生前に死亡したときは，その相続人の全員が保険金受取人となる（46条）。全員という意味は，たとえば保険金受取人Ａが保険事故発生前に死亡して，その相続人がＢとＣであり，その後さらにＢが死亡して，その相続人がＤとＥである場合，Ｃ，Ｄ，Ｅが保険金受取人となり，特段の約定のない限り，それぞれが３分の１ずつ保険給付を受ける権利を有することになる。これは最高裁平成５年判決（*POINT 6*）と同様であり，保険金受取人の相続人が均等割合により保険金請求権を取得する。ただし，約款において均等割合ではなく，法定相続分割合とする保険会社もある。

2　同時死亡の場合

保険契約者兼被保険者と保険金受取人が同時死亡の推定（民32条の2）をうけるのは，交通事故や航空機事故あるいは一家心中のような極めて特殊な場合である。このような同時死亡の場合，その死亡保険金請求権が誰に帰属するかについては，改正前商法には規定がなく保険法でも同じである。

同時死亡の場合における保険金請求権の帰属の問題について，従来の下級審裁判例では，改正前商法676条２項の規定の適用または準用により，保険金受取人が先に死亡したものとして，保険金受取人の相続人に保険金請求権が帰属する，と判示している（東京高判昭和58年11月15日判時1101号112頁）。しかし，この保険金受取人の相続人の範囲が問題となる。*POINT 6* の最判平成5年9月7日は，保険金額を受け取るべき者の相続人とは，保険契約者によって保険金受取人として指定された者の法定相続人またはその順次の相続人であって被保険者の死亡時に現に生存する者をいう，と判示した。たとえば，保険契約者兼被保険者が夫であり，保険金受取人が妻である場合，妻が死亡した後保険金受取人を指定しないで夫が死亡すると，保険金受取人の相続人に夫も含まれるので，夫も妻の他の相続人とともに保険金受取人となり，夫の死亡後はその夫の相続人が保険金受取人となる。したがって，東京高裁昭和58年判決のように，同時死亡の場合にも，改正前商法676条2項の規定が適用または準用されるとして，夫の相続人も保険金受取人となるという理論構成も考えられないことではない。しかし，最高裁は，この理論構成を明確に否定した。

POINT 7　保険金受取人と相続人の同時死亡

最判平成21年6月2日民集63巻5号953頁（百選76）

【事実】

Aは，B生命保険会社との間で，被保険者をA，保険金受取人をAの妻であるCとして生命保険契約（以下「本件契約」という）を締結した。Dは，Bの保険契約を包括的に承継し，その後，Y（被告・控訴人・上告人）がDの保険契約を包括的に承継した。

AとCの両名が，一方が他方の死亡後になお生存していたことが明らかではない状況で死亡した。AとCとの間には子はなく，Aの両親およびCの両親は，いずれも既に死亡していた。Aには弟であるE以外に兄弟姉妹はおらず，Cには兄であるX（原告・被控訴人・被上告人）以外に兄弟姉妹はいない。

Cの兄であるXが，改正前商法676条2項の規定により保険金受取人になったと主張して，保険会社であるYに対し，保険金等の支払を求めた。第1審および原審はXの請求を認容した。Yが上告。

【判旨】（**上告棄却**）

「商法676条2項の規定は，保険契約者と指定受取人とが同時に死亡した場合にも類推適用されるべきものであるところ，同項にいう『保険金額ヲ受取ルヘキ者ノ相続人』とは，指定受取人の法定相続人又はその順次の法定相続人であって被保険者の死亡時に現に生存する者をいい（最高裁平成2年（オ）第1100号同

5年9月7日第三小法廷判決・民集47巻7号4740頁)，ここでいう法定相続人は民法の規定に従って確定されるべきものであって，指定受取人の死亡の時点で生存していなかった者はその法定相続人になる余地はない（民法882条)。したがって，指定受取人と当該指定受取人が先に死亡したとすればその相続人となるべき者とが同時に死亡した場合において，その者又はその相続人は，同項にいう『保険金額ヲ受取ルヘキ者ノ相続人』には当たらないと解すべきである。そして，指定受取人と当該指定受取人が先に死亡したとすればその相続人となるべき者との死亡の先後が明らかでない場合に，その者が保険契約者兼被保険者であったとしても，民法32条の2の規定の適用を排除して，指定受取人がその者より先に死亡したものとみなすべき理由はない。

そうすると，前記事実関係によれば，民法32条の2の規定により，保険契約者兼被保険者であるAと指定受取人であるCは同時に死亡したものと推定され，AはCの法定相続人にはならないから，Aの相続人であるEが保険金受取人となることはなく，本件契約における保険金受取人は，商法676条2項の規定により，Cの兄であるXのみとなる。」

本判決は，保険契約者兼被保険者と保険金受取人が同時死亡した場合，改正前商法676条2項の類推適用または約款の規定により，保険金受取人の相続人が保険金受取人になるが，ここでいう法定相続人は民法の規定に従って確定され，保険金受取人の死亡の時点で生存していなかった者はその法定相続人になる余地はなく（民882条)，保険契約者兼被保険者またはその相続人は，保険金受取人の相続人には当たらないと解すべきである，と判示した。この最高裁判決により，同時死亡の場合において，保険金受取人となるのは，指定された保険金受取人の相続人であり，保険契約者兼被保険者自身やその相続人は保険金受取人とはならないことが確定した。前述の例でいうと，夫は妻の相続人とはならないのであるから，夫の相続人が保険金受取人となることはないということである。これは，改正前商法676条2項の規定が，保険金受取人の遺族の生活保障を図っていることから，保険契約者兼被保険者の相続人が保険金受取人となるものではなく，保険金受取人の相続人（保険契約者兼被保険者を除く）のみが保険金受取人となるということであり，同時死亡の場合には，保険契約者兼被保険者の側には，保険金請求権は帰属しないということである。保険契約者の債権者から保険金受取人の遺族を保護する趣旨と解される。

相続法の規定には，同時死亡の場合には相続が生じない原則が明確には規定されていないが，被相続人の子が相続の開始以前（同時を含む）に死亡した場合，子は被相続人を相続せずに，代襲相続が行われる旨が規定されている（民887条2項）。これは，同時死亡の場合には，相続が生じないことを前提とした規定であると解されている。本判決は，民法の相続法における論理的帰結を反映させたものであり，同時死亡に関する従来の裁判例とも整合性がある。

保険法では，保険金受取人が保険事故の発生前に死亡したときは，その相続人の全員が保険金受取人となる（46条）。これは最判平成5年9月7日（*POINT 6*）と同様であり，本判決は同時死亡の場合には相続が生じないとしているので，保険法のもとでも本判決の判断は維持される。

Ⅳ　保険金受取人の権利の取得割合

保険金受取人が保険事故発生前に死亡したときに，その相続人の全員が保険金受取人になる（46条）。この場合において，相続人が2人以上いた場合，約款では相続人の中から代表者を定めてその者のみが請求できる旨が定められているが，46条にしたがえば，本来各受取人は権利の割合を証明して個々に請求できるので，その受取割合が問題となる。

POINT 8　保険金受取人の取得割合

① 生命保険

最判平成5年9月7日民集47巻7号4740頁（百選75）

【事実】

事案は，*POINT 6*と同じである。

【判旨】（上告棄却）

「商法676条2項の規定の適用の結果，指定受取人の法定相続人とその順次の法定相続人とが保険金受取人として確定した場合には，各保険金受取人の権利の割合は，民法427条の規定の適用により，平等の割合になるものと解すべきである。けだし，商法676条2項の規定は，指定受取人の地位の相続による承継を定めるものでも，また，複数の保険金受取人がある場合に各人の取得する保険金請求権の割合を定めるものでもなく，指定受取人の法定相続人という地位に着目して保険金受取人となるべき者を定めるものであって，保険金支払理由の発生により原始的に保険金請求権を取得する複数の保険金受取人の間の権利の割合を決定するのは，民法427条の規定であるからである。」

② 傷害保険

最判平成6年7月18日民集48巻5号1233頁（百選103）

【事実】

X（原告・被控訴人・上告人）の妻であるAは，Y保険会社（被告・控訴人・被上告人）との間において，被保険者をA，事故による死亡保険金を1000万円，保険期間を5年とする積立女性保険契約を締結した。その後，Aは事故により死亡した。右保険契約の申込書の死亡保険金受取人欄に受取人の記入はされていなかったが，同欄には「相続人となる場合は記入不要です」との注記がある。また，保険証券の死亡保険金受取人欄には，「法定相続人」と記載されている。Aの相続人は，XおよびAの兄弟姉妹（代襲相続を含む）の10名であり，Xの法定相続分は4分の3である。Yは，右死亡保険金を各相続人に均等の割合で100万円ずつ支払った。ところが，Xは，自己が受け取るべき保険金は法定相続分の750万円であるとして，受領済みの100万円を控除した650万円の支払をYに求めて本件訴訟を提起した。第1審はXの請求を認容したが，原審はXの請求を棄却した。

Xの上告論旨は，本件保険契約当事者の合理的意思は，法定相続人が法定相続分に応じて死亡保険金を取得するものであったと推認すべきであり，原判決の認定は経験則に違背する誤ったものであるというにある。

【判旨】（破棄差戻）

「保険契約において，保険契約者が死亡保険金の受取人を被保険者の『相続人』と指定した場合は，特段の事情のない限り，右指定には，相続人が保険金を受け取るべき権利の割合を相続分の割合によるとする旨の指定も含まれているものと解するのが相当である。けだし，保険金受取人を単に『相続人』と指定する趣旨は，保険事故発生時までに被保険者の相続人となるべき者に変動が生ずる場合にも，保険金受取人の変更手続をすることなく，保険事故発生時において相続人である者を保険金受取人と定めることにあるとともに，右指定には相続人に対してその相続分の割合により保険金を取得させる趣旨も含まれているものと解するのが，保険契約者の通常の意思に合致し，かつ，合理的であると考えられるからである。したがって，保険契約者が死亡保険金の受取人を被保険者の『相続人』と指定した場合に，数人の相続人がいるときは，特段の事情のない限り，民法427条にいう『別段ノ意思表示』である相続分の割合によって権利を有するという指定があったものと解すべきであるから，各保険金受取人の有する権利の割合は，相続分の割合になるものというべきである。」

従来の下級審裁判例では，相続割合とするものもあるが，均等割合とするのが多数である。そして，最高裁は平成4年判決（最判平成4年3月13日民集46巻3号188頁）と *POINT 8* ①において，保険金受取人の権利割合が直接の争点ではないが，相次いで均等割合の立場を採った。両判決により，最高裁は均等割合の立場を採ることを明確にしたかのような感があった。ところが，*POINT 8* ②は，相続割合とする旨を明言したのである。ただ前者の判決は，両方とも指定されていた受取人が保険契約者よりも先に死亡し受取人を再指定しない間に保険契約者兼被保険者が死亡した事案についてのものである。したがって，約款により保険契約者が保険金受取人を相続人と指定した *POINT 8* ②の事案とは異なることに注意しなければならない。

学説においても，均等割合とする見解と相続割合とする見解が現在も鋭く対立している。しかし，これらの見解において，本件のように相続人と指定した場合と受取人の再指定がない場合とを峻別して論じているか明らかでないものもある。もっとも受取人の再指定がない場合には，保険約款または保険法46条により死亡した受取人の相続人が受取人になるので，受取人は相続人であるという点において同じと考えるのであろうか。いずれにしても，受取人を相続人と指定した場合に，それが民法427条の別段の意思表示として受取割合をも含むのかどうかが問題となる。

均等割合とする見解ではその根拠として，死亡保険金は相続人の固有財産であって相続財産ではないことをあげたり，また，保険契約者の意思解釈として受取割合も相続分によるとまで解するのは困難であることをあげる。

保険金受取人の保険金請求権が固有財産として相続人に属することを理由とする点については，たしかに保険金受取人の権利は相続財産ではないが，それが直ちに頭数による均等割合になるというのも合理的な根拠とはいえない。この問題は，相続人という指定がいかなる意味をもつかである。すなわち相続人という指定が受取人の範囲を単に指定するだけなのか，またはその配分割合をも含むものなのかである。

均等割合とする見解では，その範囲のみということになり，相続割合とする見解ではその配分割合をも含むということになる。また，受取人の権利割合は，保険契約者の意思により決定されるべきであり，保険契約者の意思が推定できる場合にまで，均等割合にするのはその意思に反することになる。さらに，結論の具体的妥当性の問題として，均等割合であると，多数の代襲相続人がある場合には1人あたりの金額が極少額になるため不合理となることが指摘されている。

相続割合とする見解では，それが保険契約者の意思と具体的衡平に合致する，保険契約者の通常の意思に合致する，あるいは保険契約者の意思を合理的に推測すべきであることなどがあげられている。受取割合はまさに保険契約者の意思の問題であるということになる。したがって，相続人の種類と順位は相続分と密接不可分であり，相続人という指定は受取割合は相続分によるとの保険契約者の意思表示が含まれている。要するに，相続人という指定は，もちろん受取人の権利は相続によって取得するものではないが，その配分は相続法の手続によるという保険契約者の意思にほかならない。

相続割合とする見解に対しては，相続財産ではない権利を相続分の割合によって取得する法律上の根拠を見い出しがたい，という批判がある。しかし，相続人という指定が受取割合をも含む保険契約者の意思表示と解されるから，それが民法427条の別段の意思表示となるのである。

受取人を相続人と指定した場合と受取人が死亡し再指定がない場合とで，受取人の権利割合が異なってよいかについては，保険契約者の意思にその根拠を求めるのであるから，異なる結論になっても差し支えない。

V　介入権

保険契約者の債権者が，保険契約者の財産にみるべきものがない場合，保険契約者の生命保険契約の解約返戻金に着目するのは当然のことである。しかし，保険契約者側からすれば，被保険者でもある保険契約者が死亡した場合には，保険金受取人のために保険金が必要になることもある。したがって，保険金受取人の保護のためには，保険契約者の債権者は解約返戻金請求権を差し押さえることができないという見解にもそれなりの理由がある。債権者が，保険契約者の解約返戻金請求権を差し押さえて，保険契約を解除することができるかについて争われたのが，次の判例である。

POINT 9　債権者による解約権の行使

最判平成 11 年 9 月 9 日民集 53 巻 7 号 1173 頁（百選 93）

【事実】

X（原告・被上告人）は，A を債務者，Y 生命保険会社（被告・上告人）を第三債務者として，裁判所に対して，差押債権目録の差押債権により債権差押命令の申立てを行ったところ，裁判所は，その旨の債権差押命令を発し，右命令正本は，A に対してそれぞれ送達された。

A は，Y との間で，生命保険契約を締結しているところ，本件保険契約においては，保険契約者はいつでも保険契約を解約することができ，その場合，保険者たる Y は，保険契約者に対し，所定の解約返戻金を支払う旨の特約があった。

本件は，A に対し確定判決を有する X が，A が Y との間で締結した生命保険契約の解約返戻金支払請求権を差し押さえた上，差押債権者の取立権に基づき当該保険契約を解約して，第三債務者たる Y に対し，解約返戻金の支払を求めたものである。第 1 審は X の請求を認容した。Y が飛躍上告。

【判旨】（上告棄却）

「金銭債権を差し押さえた債権者は，民事執行法 155 条 1 項により，その債権を取り立てることができるとされているところ，その取立権の内容として，差押債権者は，自己の名で被差押債権の取立てに必要な範囲で債務者の一身専属的権利に属するものを除く一切の権利を行使することができるものと解される。

生命保険契約の解約権は，身分法上の権利と性質を異にし，その行使を保険契約者のみの意思に委ねるべき事情はないから，一身専属的権利ではない。

また，生命保険契約の解約返戻金請求権は，保険契約者が解約権を行使することを条件として効力を生ずる権利であって，解約権を行使することは差し押さえた解約返戻金請求権を現実化させるために必要不可欠な行為である。したがって，差押命令を得た債権者が解約権を行使することができないとすれば，解約返戻金請求権の差押えを認めた実質的意味が失われる結果となるから，解約権の行使は解約返戻金請求権の取立てを目的とする行為というべきである。他方，生命保険契約は債務者の生活保障手段としての機能を有しており，その解約により債務者が高度障害保険金請求権又は入院給付金請求権等を失うなどの不利益を被ることがあるとしても，そのゆえに民事執行法 153 条により差押命令が取り消され，あるいは解約権の行使が権利の濫用となる場合は格別，差押禁止財産として法定されていない生命保険契約の解約返戻金請求権につき預貯金債権等と異なる取扱いをして取立ての対象から除外すべき理由は認められないから，解約権の行使が取立ての目的の範囲を超えるということはできない。」

本判決は，解約返戻金請求権を差し押さえた債権者は，保険契約を解除できると判示した。また，保険契約者の破産管財人も，保険契約を解除することができる（破53条）。解除権者には，条文上明記されている差押債権者や破産管財人のほか，解約返戻金請求権につき質権の設定を受けた質権者や債権者代位権を行使する者などが含まれる。

死亡保険契約や傷害疾病定額保険契約は，長期契約であることが通常であり，一度その契約が解除されると，被保険者の年齢や健康状態によっては，新たな保険契約を締結できない可能性がある。また，生命保険契約が遺族等の生活保障の機能があることを考慮して，差押債権者等が保険契約を解除しようとする場合，保険契約を存続させることを保険金受取人に認める必要性がある。

保険法は，保険契約者の保険契約が保険金受取人の生活保障の機能を有することから，差押債権者等が死亡保険契約または傷害疾病定額保険契約を解除しようとした場合，差押債権者等が解約返戻金相当額を取得することによって，不利益を被らないようにしたうえで，保険金受取人に限って，介入権を行使することにより保険契約を継続できるようにした（60条以下・89条以下）。

介入権の手続については，解除権者が保険契約を解除できる場合，解除権者がする解除は，保険者がその通知を受けた時から1か月を経過した日に，その効力を生ずる（60条1項・89条1項）。この1か月の期間が経過するまでの間に，保険契約者・被保険者の親族または被保険者である保険金受取人（介入権者）が，保険契約者の同意を得て，通知の日に保険契約の解除の効力が生じたとすれば保険者が解除権者に対して支払うべき金額を解除権者に対して支払い，かつ，保険者に対してその旨の通知をしたときには，解除権者の解除はその効力を生じない（60条2項・89条2項）。

UNIT 13 生命保険の免責事由

保険者は，保険期間内に保険事故が発生した場合に保険金を支払う義務がある。しかし，保険法では，生命保険について，次に掲げる場合には，保険者は保険給付を行う責任を負わないとしている（51条）。

①　被保険者が自殺をしたとき。
②　保険契約者が被保険者を故意に死亡させたとき。
③　保険金受取人が被保険者を故意に死亡させたとき。
④　戦争その他の変乱によって被保険者が死亡したとき。

なお，51条2号・3号の括弧書きは，1号から3号までの適用順位を明らかにしている。たとえば保険契約者兼被保険者が自殺した場合，1号と2号の免責事由に該当するが，この場合には1号の免責事由が適用されることになる。また，保険契約者と保険金受取人が共謀して被保険者を故意に殺害した場合，2号と3号の免責事由に該当するが，この場合には2号の免責事由が適用される。これは保険料積立金の払戻しの有無に影響があり，免責事由に該当して保険契約が終了する場合，保険者は保険料積立金を保険契約者に払い戻さなければならないが，保険契約者が被保険者を故殺した場合には払い戻さなくてもよいからである（63条1号）。

改正前商法では，決闘その他犯罪または死刑の執行によって死亡した場合も保険者の免責事由としていた（改正前商法680条1項1号）。しかし，犯罪行為をした者に対する制裁は，本人にのみ負わせるべきであること等の理由から，保険法では犯罪免責は法定の免責事由とはしていない。

I　被保険者の自殺（1号）

1　自殺の意義

保険者は，被保険者の自殺については保険給付の責任を負わない（51条1号）。被保険者の自殺を免責事由としている趣旨は，生命保険契約に基づく信義則に反していること，および生命保険契約が不当の目的に利用される可能性がその射倖契約性のゆえにあるので，これらの弊害を防ぐためである。

自殺とは，故意に自己の生命を絶つことであるが，自己の生命を絶つことを意識して，目的としてその生命を絶つことである。意思無能力者や統合失調症その他の精神障害中や心神喪失中に被保険者が自己の生命を絶つ場合には，生命を絶つ意識がないので，生命保険の免責である自殺とはいえない。また，正当防衛や人命救助による行為によって死亡した場合も自殺にはあたらないが，自らの行為によらずに他人をして殺害させた嘱託殺人の場合は自殺にあたる。なお，自殺免責の通用にあたっては，保険金の取得の意図があるか否かは問わない。精神病による自殺は，自殺免責の自殺といえるかが争われた判例がある。

POINT 1　精神病による自殺

大判大正5年2月12日民録22輯234頁（百選81）

【事実】

判例集からは不明であるが，上告理由によれば次のようである。

原審（秋田地裁）は，被保険者が麻痺狂という精神病により縊死を遂げた事実を認めたのであるが，商法旧431条（改正前商法680条，51条）の規定にいう自殺は，その原因如何を区別していないので，被保険者が精神病により自殺した場合でも保険者は当然その責任を免れるとして，X（原告・上告人）の請求を排斥した。Xは，次のように述べて上告した。

商法431条には，被保険者の死亡に対し，保険者が保険金の支払義務を免れるべき例外の場合として「被保険者カ自殺決闘其他ノ犯罪又ハ死刑ノ執行ニ因リ死亡シタルトキ」と規定し，その自殺の原因如何につき何らの制限を設けていないことは原判決の説明のとおりである。同条の規定は，もともと保険制度の原則に鑑み，保険契約当事者間における危険の分配および利益の保護を公平なものとするために設けられたものにほかならない。同条にいわゆる自殺とは，被保険者が故意により自らその生命を絶つ場合のみを指称したものと解すべきである。過失によって自ら死地に陥った場合や精神病により自ら死亡という結果を発生させた場合は，同条にいわゆる自殺に包含すべきではない。同条２号・３号には「保険金額ヲ受取ルヘキモノカ故意ニテ被保険者ヲ死ニ致シタルトキ」または「保険契約者カ故意ニテ被保険者ヲ死ニ致シタルトキ」との規定があるにもかかわらず，同条１号には単に自殺と規定されているにすぎないことをもって，いわゆる自殺は必ずしも故意の場合に限るべきものではないとの見解もあるが，同条１号において単に自殺と規定し，それが故意に基づく場合であることを特に明言しなかったのは，自殺という文言自体が当然にその故意に基づく場合であることを意味するからにほかならない。しかるに，原判決は本件被保険者の死亡は全く精神病による縊死であることを認定しながら，これをもってなお同条にいわゆる自殺であるとして，保険者に責任がない旨を論定したものであり，上記法則の解釈を誤った不法の裁判である。

【判旨】（破棄差戻）

「……商法第431条第1項第1号〔保険法51条1号〕にいわゆる自殺とは，被保険者が故意に自己の生命を断ち死亡の結果を生ぜしむる行為を指称するものにして，死亡の結果が過失行為に基因するか若くは精神病其の他の原因に依り精神障碍中に於ける動作に基因し，被保険者が自己の生命を断たんとするの意思決定に出でざる場合を包含せざるものとす。従て被保険者が後者の原因に依り死亡したるときは，保険者は同条の規定に依り保険金支払の責を免るるを得ざるや勿論なりとす。本件に於て原審は被保険者Aの死亡は，癲癇狂なる精神病に依り自ら縊死を遂げたるものにして，自殺なることは……診断書中略を綜合して之を認定するに十分なりと判示し，Aの死亡が精神病者なるに拘らず尚ほ自己の意思決定に依る自殺に基くものなりと認定し，従て理由に矛盾齟齬あるかはたまた精神病に因り精神障碍中に於ける縊首なる動作に基くものなりと認定しながら之を自殺なりと解釈し，従て法規の解釈を誤れる失当あるや右判示に依りては之を明かにするを得ざるを以て，原判決は此点に関し法規の解釈を誤るか又は理由齟齬の不法あり破毀を免れざるものとす。」

被保険者の死亡が自殺かどうか，自殺であるとしても精神障害中の自殺であるかは，事実認定の問題であり，またその立証責任がどちらにあるかはきわめて難しい問題である。通説・判例では，被保険者の自殺は保険者の免責事由であるから，保険会社に立証責任があり，精神障害中の自殺であることの立証責任は保険金受取人にあるものと解している。実際の裁判で自殺免責が争われる場合，主契約保険金についてのみの場合と主契約と災害の場合に割増の保険金が支払われる災害関係特約の保険金の両方が争われる場合がある。災害関係特

約における故意による事故かが争われる場合には，自殺（故意）と同時に重過失免責も保険会社は主張することが多く，裁判所の自殺免責を認容する判断に微妙な影響を及ぼしているという見解がある。

自殺の認定においては，死亡現場における具体的状況や死亡に至った経緯が各事案ごとに個別具体的に検討されるが，被保険者の会社経営上の窮状，勤務先における転職・配置換えなどの環境の変化による心理的負担，短期間の多数保険加入，家庭環境・経済状況の困窮，死体検死医の自殺との記載などがその判断要素となる。

被保険者が統合失調症，うつ病などの精神病に罹っている場合，被保険者の死亡の結果につき，被保険者の自由な意思決定が排除されていたと認定される場合がある。しかし，うつ病に罹患している場合であっても，被保険者の自由な意思決定は排除されないとして保険者の免責を認めた裁判例もあり，精神病の症状が軽度の場合に自由な意思決定が排除されていると認定されるかは微妙である。自由な意思決定による自殺なのか，または自由な意思決定によらない自殺なのかは，まさに事実認定の問題である。

2　自殺免責条項

⑴　意　義

生命保険の約款では，責任開始からある一定期間（2年または3年）経過後の自殺については，保険者は保険金を支払うものとしている。これを自殺免責条項というが，一定期間経過後の自殺の場合には，通常において生命保険契約とは無関係な動機，目的による自殺であり，専らまたは主として保険金の取得を目的としたものとはいえないと推定されるから，これに対して保険金の支払がされたとしても，自殺免責規定の趣旨を没却するものではないとの判断によるものである。

⑵　免責期間経過後の自殺が免責とされる場合

上記のように，一定期間の自殺については，通常免責されない。しかし，下級審裁判例において，保険金取得を専らまたは主とした目的の自殺については，原則に戻り免責であると判示するものがある（岡山地判平成11年1月27日金法1554号90頁，山口地判平成11年2月9日判時1681号152頁など）。この問題について，最高裁は次のように判示した。

POINT 2　自殺免責期間経過後の自殺

最判平成16年3月25日民集58巻3号753頁（百選82）

【事実】

X会社（原告・控訴人・上告人）は，平成6年6月1日，Yら保険会社（被告・被控訴人・被上告人）との間で，Xの代表取締役Aを被保険者，Xを保険金受取人として，各生命保険契約を締結した（以下，「平成6年契約」という）。

Aは，平成7年10月31日，Xが屋上防水補修工事を請け負っていた集合住宅用建物の屋上から転落し，脊髄損傷等により死亡した。これは自殺によるものと認定されている。Xは，Yらに対して平成6年契約に基づく各保険金およびその遅延損害金の支払を求めて本件訴訟を提起した。第1審はXの請求を認容した。原審は，Xの平成6年契約に基づく主契約の死亡保険金の請求を棄却した。Xが上告した。

【判旨】（破棄差戻）

「上記の期間を1年とする1年内自殺免責特約は，責任開始の日から1年内の被保険者の自殺による死亡の場合に限って，自殺の動機，目的を考慮することなく，一律に保険者を免責することにより，当該生命保険契約が不当な目的に利用されることの防止を図るものとする反面，1年経過後の被保険者の自殺による死亡については，当該自殺に関し犯罪行為等が介在し，当該自殺による死亡保険金の支払を認めることが公序良俗に違反するおそれがあるなどの特段の事情がある場合は格別，そのような事情が認められない場合には，当該自殺の動機，目的が保険金の取得にあることが認められるときであっても，免責の対象とはしない旨の約定と解するのが相当である。そして，このような内容の特約は，当事者の合意により，免責の対象，範囲を一定期間内の自殺による死亡に限定するものであって，商法の上記規定にかかわらず，有効と解すべきである。」

本判決を引用して特段の事情について判示したものがある。東京地判平成16年9月6日（判タ1167号263頁〔保険金受取人の母親が被保険者に自殺を強要〕）は，被保険者の自殺前後の被保険者および保険金受取人の母親の行動は，自殺関与罪にも該当する可能性のある行為であり，刑法の解釈によれば，その働きかけの程度や態様いかんによってはこれが殺人罪を構成する行為と評価されることもある，と判示した。また，被保険者の行方不明後には，これを利用して積極的に自己の経済的利益を図っているので，保険金受取人の母親の行動は本判決のいう犯罪行為に類する違法性の高い態様の行為であり，本件の場合には，被保険者の自殺に関して第三者が違法不当な働きかけを行った場合に，保険金受取人がその第三者と何らの関係がない場合であれば格別，本件のように密接な関係がある場合には，このことを考慮に入れたうえで公序良俗違反の有無を判断するのが相当である，と判示した。そのうえで，本件においては，被保険者の自殺に関し犯罪行為に類する行為が介在し，当該自殺による死亡保険金の支払を認めることが公序良俗に違反するおそれがあるなどの特段の事情が認められる，と判示した。

また，大阪高判平成18年2月16日（生命保険判例集18巻105頁）は，車に飛び込むという被保険者の自殺自体が反社会性の強いものであり，かつ被保険者の自殺に関して保険金受取人と経済的利益を共通にする長男の自殺幇助（有罪判決）という犯罪行為が介在しているうえ，自殺を交通事故死として保険金を取得することを選択し，保険金請求の準備行為を行っているので，保険金受取人と長男の行為は社会的に是認されないから，被保険者の自殺に関し犯罪行為等が介在し，被保険者の自殺による死亡保険金の支払を認めることが公序良俗に反する特段の事情がある場合に当たる，と判示した。この事件では，前掲東京地判平成16年9月6日と同様に，保険金受取人には特段犯罪行為に関係するものが何もないが，経済的利益を共通にする長男の自殺幇助を捉えて，保険金受取人にも特段の事情があるという結論を導いている。

Ⅱ　保険金受取人の被保険者故殺（3号）

保険者は，保険金受取人が故意に被保険者を死亡させた場合，保険給付の責任を負わない（51条3号）。この趣旨は，生命保険契約に基づく信義則に反していること，また，その者が保険金を取得することは公益に反するからである。

1　保険金受取人に保険金取得の目的がない場合

保険金受取人の被保険者故殺の免責の趣旨が，上記のようであるとすると，保険金受取人に保険金取得目的がない場合，とくに被保険者と保険金受取人が心中したときには，保険金受取人には取得目的がないから，免責とする必要はないようにも思われる。しかし，最高裁は，このような考えを採らない旨を判示している。

POINT 3　保険金受取人が被保険者と共に死亡した場合

最判昭和42年1月31日民集21巻1号77頁（百選83）

【事実】

Y生命保険会社（被告・被控訴人・被上告人）は，昭和32年3月4日訴外Aとの間に，被保険者A，保険金額50万円，保険期間右同日以降昭和52年3月3日までの20年，A死亡の場合の保険金受取人訴外B，保険料1か年金2万2850円の生命保険契約を締結した。Aが昭和34年7月13日死亡し，Bも同日続いて死亡した。X（原告・控訴人・上告人）がBの相続人としてその権利義務一切を包括的に承継した。Aは，Bの妻であるが，その死亡の原因はBの殺害によるものである。Bは，会社事業の行詰り等から生きる希望を失って一家無理心中をはかり，殺意をもって妻であり，かつ，前記被保険者であるAを死亡せしめたものである。第1審および原審はXの請求を棄却した。Xが上告。

【判旨】（請求棄却）

「商法680条1項2号〔保険法51条3号〕，2項〔保険法51条柱書〕は，保険金額を受け取るべき者が故意に被保険者を死に致したときは，保険者は保険金額を支払う責に任ぜず，ただ積立保険料を保険契約者に払い戻すことを要すると規定している。同条の立法理由は，被保険者を殺害した者が保険金額を入手することは，公益上好ましくないし，信義誠実の原則にも反し，保険の特性である保険事故の偶然性の要求にも合わないところにあると考えられる。したがつて，保険金受取人が被保険者を殺害し，その直後に自分も自殺を遂げた本件の場合のように，殺害当時殺害者に保険金取得の意図がなかつたときにも，前記法条の適用があり，保険者は保険金額支払の責を免れると解するのが相当である。」

2　保険金受取人が法人である場合

最高裁は，保険金受取人に保険金取得の目的がない場合においても，*POINT 3*のように免責を認める旨を判示した。保険金受取人が法人の場合にはどうなるか。法人であるので，保険金取得目的がないことは当然である。法人の場合には，どのような場合に免責となるのであろうか。

POINT 4　法人の代表者による被保険者故殺

最判平成14年10月3日民集56巻8号1706頁（百選84）

【事実】

X有限会社（原告・被控訴人・被上告人），Y生命保険会社（被告・控訴人・上告人）と

の間で，被保険者をXの代表取締役A，保険金受取人をX，保険期間を契約日から10年間，死亡保険金を普通死亡のとき7000万円，災害による死亡のとき1億2000万円とする内容の集団扱定期保険契約を締結した。免責条項として，被保険者が，保険契約者または保険金受取人の故意により死亡した場合には，Yは死亡保険金を支払わない旨の条項がある。Aの妻であり，X株式会社の取締役であるBは，Aの女性関係に悩んでいたが，自宅において，故意にAの頭部を殴打し，Aは，頭部打撲による脳挫傷で死亡した。なお，Bは，Aを死亡させた直後に自殺した。第1審および原審はXの請求を認容した。Yが上告。

【判旨】（上告棄却）

「保険契約者又は保険金受取人が会社である場合において，取締役の故意により被保険者が死亡したときには，会社の規模や構成，保険事故の発生時における当該取締役の会社における地位や影響力，当該取締役と会社との経済的利害の共通性ないし当該取締役が保険金を管理又は処分する権限の有無，行為の動機等の諸事情を総合して，当該取締役が会社を実質的に支配し若しくは事故後直ちに会社を実質的に支配し得る立場にあり，又は当該取締役が保険金の受領による利益を直接享受し得る立場にあるなど，本件免責条項の趣旨に照らして，当該取締役の故意による保険事故の招致をもって会社の行為と同一のものと評価することができる場合には，本件免責条項に該当するというべきである。」

裁判官深澤武久の反対意見は，次のとおりである。

「私は，取締役が故意に保険事故を招致した場合に，取締役の当該行為をもって会社の行為と同一のものと評価することができるときは，本件免責条項に該当するとの法廷意見の基準に賛成するが，本件事案においては，公益や信義誠実の原則という本件免責条項の趣旨に照らして，Bが故意にAを死亡させた場合をもってXの行為と同一のものと評価することができる場合には当たらないとする法廷意見に賛同することはできない。」

本判決の結論は，裁判官全員一致ではなく，しかも裁判長が反対意見であるというように，裁判官の間でも見解が対立するきわめて困難な問題である。法人による被保険者故殺については，従来下級審ながら裁判例もあり，いかなる場合に保険金受取人による被保険者故殺となるかについて，学説においても少なからず議論がある。

本判決は，その判旨のなかで最判昭和42年（*POINT 3*）を引用して，改正前商法680条1項2号の立法趣旨に言及したうえで，保険会社の抗弁を認めなかった。しかし，両判決は夫婦の無理心中により被保険者が死亡し保険金請求がなされている点においてきわめて類似した事案であり，ただ法人契約ではないという違いがあることにより，その結論はまったく異なるものとなった。

法人の被保険者故殺が問題となった従来の下級審裁判例では，殺害者が会社を支配しうるかどうかがその判断基準として認定されてきた。しかし，本判決の事案では，殺害者がその後死亡しているのであるから，すでに死亡している者に支配云々というのは道理に合わない。従来の裁判例で支配が問題となっていたのは，殺害者が生きており，会社を支配することにより，保険金についても支配を及ぼしうる可能性をいうものに過ぎない。要するに，広義の保険金取得の目的があったことを認定するためのものであった。しかし，保険金取得目的を問題にするのは疑問である。とくに殺害者が死亡した場合には，保険金取得目的を問題にするならば，取得目的がないことになり，常に保険者は保険金を支払うことになる。この結果が不合理であることは，いうまでもないことである。

保険金受取人の被保険者故殺の免責の立法趣旨について，最判昭和 42 年（*POINT 3*）は，①公益上好ましくないこと，②信義誠実の原則にも反すること，③保険の特性である保険事故の偶然性の要求にも合わないこと，以上の 3 点をあげている。①の公益上好ましくないというのは，保険金受取人が被保険者を故殺して保険金を取得する場合だけでなく，その保険金受取人の相続人にも取得させることが公益に反するという意味である。このように解することにより，保険金受取人が保険金取得を目的としていない場合にも，保険者は免責されるという最判昭和 42 年の結論を支持することができる。法人の被保険者故殺については，故殺者の会社の支配可能性を判断基準とするのは上記のとおり理論的に妥当ではなく，本判決の事案のような同族会社においては，保険金受取人の被保険者故殺の免責の立法趣旨である公益の観点から，故殺者の相続人が代表取締役となっている会社の保険金請求を認めるべきではないであろう。

3　保険金受取人の範囲

保険金受取人とは，保険給付を受ける者として生命保険契約または傷害疾病定額保険契約で定めるものをいう（2 条 5 号）。この場合の保険金受取人とは，保険契約者から保険金受取人として指定された者だけではなく，被保険者の死亡によって保険金を受け取るべき地位にある者をいう。したがって，相続や譲渡により事実上保険金を受け取る地位にある者もこれに含まれる。そのため，故殺者が被相続人に発生した保険給付請求権を相続した場合，故殺者がその権利を行使したり譲渡できるかが問題となる。

POINT 5　故殺者が保険金受取人の相続人の場合

東京高判平成18年10月19日判タ1234号179頁（百選86）

【事実】

Aは，自らを被保険者として，Y損害保険会社（被告・控訴人）との間で，死亡保険金を2000万円とするクレジットカード付帯の傷害保険契約を締結していた。本件保険契約に係る傷害保険普通保険約款３条１項２号には，保険金を支払わない場合として，「保険金を受け取るべき者（中略）の故意。ただし，その者が死亡保険金の一部の受取人である場合には，他の者が受け取るべき金額については，この限りでありません」との記載がある。

Aは，駐車場において死亡しているのが発見された。Aの法定相続人は，父Bと母Cである。したがって，Aの死亡による保険金請求権は，両人にそれぞれ1000万円帰属することになる。その後Cは，保険金請求権を行使しないまま死亡した。同人の法定相続人は，夫のBと兄弟姉妹であるX（原告・被控訴人）らである。したがって，Cの保険金請求権は，Bが４分の３（750万円），Xらがそれぞれ12分の１（83万3333円）の割合で相続により取得したことになる。しかし，Bは，Aの殺害行為につき逮捕され，第１審裁判所において有罪判決を受けた。

Xらは，Yに対し，保険金の支払を求めたところ，Yは，Xらが相続した部分250万円の支払をしたが，残余の750万円の支払をしなかった。Xらから委任を受けたZは，勾留中のBと面談し，CのYに対する保険金請求権の相続分750万円をXらに譲渡する同意を得た。そこで，Xらは，それぞれYに対し，Cの有する保険金請求権1000万円のうち，Bが相続した分について保険金請求した。原審はXらの請求を認容した。Yが控訴。

【判旨】（控訴棄却）

「いったん発生した保険金請求権を相続した者が保険事故を招致した者であるときについて，本件保険約款は何らの規定も置かず，商法その他の法令においても特段の定めを置いていないから，本件保険約款の趣旨も含め，民法の一般条項に照らして，事故招致者において当該保険金請求権を行使することを妨げる特段の事情がない限り，上記の原則に従い，事故招致者であっても，いったん発生した保険金請求権を相続し，その行使又は処分をすることができ，また，保険金受取人の相続債権者あるいは事故招致者固有の債権者が保険金請求権を差し押さえることも可能であるというべきである。」

本判決は，故殺者であっても，いったん発生した保険金請求権を相続し，その行使または処分をすることができる，と判示した。しかし，保険金受取人の被保険者故殺の免責の趣旨が，被保険者を殺害した者が保険金を入手することは，公益上好ましくないし，信義誠実の原則にも反し，保険の特性である保険事故の偶然性の要求にも合わないからであること（最判昭和42年1月31日民集21巻1号77頁〔百選83〕〔*POINT 3*〕）を考慮するならば，本判決の結論には疑問が残る。

保険金受取人の被保険者故殺の免責の趣旨からすれば，保険事故を惹起せしめた故殺者については，いかなる場合であろうと，自ら保険金請求権を行使したりこれを受領することは許されない。本件のように他の保険金受取人に一旦発生した保険金請求権を相続により取得する場合をも免責にするのが本号の解釈となる。まさにこのように解さなければ，本号の立法趣旨にも反することになる。

したがって，仮に本判旨のように故殺者が保険金請求権を相続できるものとしても，それを行使することはできないと解すべきである。本判決は，本件保険約款3条1項2号ただし書の趣旨について，保険金受取人が複数ある場合には，受取人の中に故殺者がいても，他の者の保険金請求権には影響しないものとし，保険金受取人の事故招致については，属人的な考え方をとっている。改正前商法680条1項2号ただし書も同様の趣旨であるが，これは故殺者に保険金請求権は発生するが，故殺者はそれを行使できないという考えに基づくものである。これとは逆に保険金請求権は発生しないとするならば，他の受取人がその分を取得することになる。このように故殺者の保険金請求権につき属人的な考えを採るのであれば，故殺者は保険金受取人の保険金請求権を相続するが，故殺者自身には本号の免責の抗弁が付着しているので，その権利を行使できないのはもちろんのこと，譲渡もできないことになる。

保険金を受け取るべき地位にある者が被保険者を故意に死亡せしめることが故殺であり，嘱託に基づく場合もこれにあたる。また，被保険者の殺害を幇助したとか教唆した場合もこれにあたるし，作為・不作為を問わない。これに対して過失によって死亡せしめた場合にはもちろん故殺にあたらない。保険金を受け取るべき者が数人ある場合に，そのうちのある者が被保険者を死亡せしめた場合には，保険者は，他の受取人の部分については保険金を支払わなければならない。

なお立法論として，保険金を受け取るべき地位にある者が被保険者を死亡せしめることを法定免責としていることの当否が問題となる。被保険者を死亡せしめた当の保険金を受け取るべき者の地位にある者が，保険金を取得することは信義則上また公益上許されないが，その者が保険金受取人に指定されていたならば，指定がなされなかったものとして，また，相続や譲渡により事実上保険金を受け取る地位にある場合には，その相続または譲渡がなかったものとして処理するのが妥当である。

Ⅲ　その他の免責

1　保険契約者の被保険者故殺（2号）

保険者は，保険契約者が故意に被保険者を死亡させた場合，保険給付の責任を負わない。保険契約者が被保険者を故意に死亡せしめることは，保険契約の当事者として信義則に反する行為であるからである。

2　戦争その他の変乱による被保険者の死亡（4号）

戦争その他の変乱によって被保険者が死亡した場合には，保険者は保険金の支払の責任を負わない。これは，保険料算定の基礎とされる通常の危険に含まれないという技術的理由に基づくものである。約款では，被保険者が戦争その他の変乱により死亡しまたは高度障害状態となった場合には，その被保険者数の増加が保険の計算の基礎に影響を及ぼすときは，死亡保険金または高度障害保険金を削減して支払うと規定するもの（ただし，責任準備金を下回らない）が多い。

3　地震や津波による免責

これまでの法定免責の他に，保険約款では地震や津波を免責とするものがある。地震や津波による損害は，通常，損害が甚大となるので，保険者はそのような危険を引き受けないのである。火災保険では地震保険が自動付帯であるが，保険料が高くなるので自動付帯とはせずに，任意選択としていることがある。この場合には，地震による火災は免責となる。自動車の車両保険でも，特約のない限り，地震や津波による損害は免責となる。

生命保険では，主契約の死亡保険金は，地震や噴火，津波は免責ではないが，支払保険金が膨大なものになるので，削減払いする旨の約款もある。これに対して，災害死亡保険金や障害給付金は，地震等が免責となっている。しかし，地震等により死亡したり障害状態になった場合でも，これらの事由により死亡または障害状態となった被保険者の数の増加が，特約の計算の基礎に影響が少ないと保険会社が認めたときは，その程度に応じて災害死亡保険金等を全額またはその金額を削減して支払う旨を約款で定めているものが多い。

平成23年3月11日の東日本大震災の場合，生命保険会社は，災害死亡保険金等についても削減払いを適用せずに，全額保険金を支払うことにした。

UNIT 14 傷害疾病保険

保険法では，損害保険と生命保険のほかに，傷害疾病定額保険についての規定が新設された。損害てん補方式の傷害疾病保険は，傷害疾病損害保険契約として損害保険契約の一種とされており（2条7号），人保険であることによる特則（34条・35条）がある。これに対して，傷害疾病定額保険契約は，損害保険ともまた生命保険とも異なる契約類型であるから，これらとは別の章を設けて規定されている。

保険法では，生命保険契約は，保険契約のうち，保険者が人の生存または死亡に関し一定の保険給付を行うことを約するもの（傷害疾病定額保険契約に該当するものを除く）をいう，と定義している（2条8号）。傷害疾病定額保険契約は，保険者が人の傷害疾病に基づき一定の保険給付を行うことを約するものをいう（2条9号）。この保険の例としては，自動車保険の搭乗者傷害保険がある。

生命保険契約および傷害疾病定額保険契約は，いわゆる定額保険という点で共通している。その意味では，どちらにも人の死亡に関して保険給付を行うものが含まれている。そこで，これらのうち死亡の原因を一定の傷害や疾病に限定しているものを傷害疾病定額保険契約とし，このような限定がないものを生命保険契約とすることとされた。このことを明確にするために，生命保険契約の定義では，括弧書きにより，傷害疾病定額保険契約に該当するものを除くとしている。

傷害疾病損害保険は，損害保険のうち，保険者が人の傷害疾病によって生ずることのある損害（当該傷害疾病が生じた者が受けるものに限る）をてん補することを約するものをいう（2条7号）。この保険の例としては，自動車保険の人身傷害補償保険がある。

このように傷害疾病損害保険は，損害保険であり，損害保険一般についての規定が適用されるが，傷害疾病損害保険は，人についての保険であり，生命保険や傷害疾病定額保険とも類似のものがある。生命保険や傷害疾病定額保険ではモラル・リスク防止の観点から，保険契約における被保険者の同意を契約の効力要件としている（38条・67条）。そして，被保険者の同意を効力要件とした趣旨から，被保険者に対して保険契約の解除請求を認めている（58条・87条）。しかし，傷害疾病損害保険では被保険者が保険給付を受けるので，被保険者の同意を必要としていない。そのため，被保険者が傷害疾病損害保険契約の当事者以外の者であるときは，被保険者は，保険契約者に対し，保険契約者との間に解除権を行使しないなどの別段の合意がある場合を除いて，保険契約の解除を請求できる（34条1項）。

疾病保険は，人の疾病の結果としての死亡や入院・手術等について保険金が支払われるものである。健康保険等の社会保障保険の補完的なものとして，近時契約件数が伸びている保険である。疾病保険も定額給付方式と損害てん補方式があり，生命保険の場合には主契約の特約として締結されるものが多いが，近時は単独の医療保険としての契約も急増している。生命保険の疾病関係特約では，被保険者が責任開始後に発病した疾病により入院・手術した場合，入院給付金，手術給付金が支払われるものがある。

I　傷害保険の保険事故

傷害保険契約では，被保険者が急激かつ偶然な外来の事故によって身体に傷害を被ったときに保険金が支払われる。したがって，傷害保険の保険事故となるためには，①事故の急激性，②事故の偶然性，③事故の外来性の3つが要件となる。

1　急激性

急激とは，傷害の発生を回避ができないほどに急迫した状態であり，事故が突発的に発生して，原因となった事故から傷害が発生するまでの経緯が直接的であり時間的に間隔のないことをいう。この事故の急激性は，自然現象である身体の衰弱や病気などが原因となっている傷害を除外する趣旨である。なお，生命保険の災害関係特約では，不慮の事故とは偶発的な外来の事故と定義しており，この急激性を除外しているが，傷害の解釈に違いがあるわけではない。

2　偶然性

偶然とは，傷害の原因または結果の発生が予見できないことをいう。被保険者の意思に基づかないという意味であり，いわば故意の裏返しである。

損害保険の普通傷害保険の偶然性について立証責任が議論されるのは，普通傷害保険契約の保険約款には，①被保険者が急激かつ偶然な外来の事故によってその身体に被った傷害に対して保険金を支払う旨が定められ（傷害保険普通保険約款2条1項），他方で，②被保険者の故意，自殺行為によって生じた傷害に対しては保険金を支払わない旨が定められているからである（傷害保険普通保険約款3条1項1号・3号）。

また，生保の災害割増特約については，①対象となる不慮の事故とは偶発的な外来の事故で，かつ，分類提要といわれる事故原因の分類項目によるものとされ，②災害死亡保険金を支払わない場合として，被保険者の故意または重大な過失を定めている。

上記の①と②は，同じことを裏表から述べるに等しく，偶然性の立証責任は権利根拠規定として保険金支払を請求する者に，被保険者の故意・自殺の立証責任は権利障害規定として保険者にあるように読めるので，約款文言上いずれが立証責任を負うかが明らかではない。

POINT 1　偶然性の立証責任

最判平成13年4月20日判時1751号171頁

【事実】

X_1 会社（原告・控訴人・上告人）は，Y_1 ないし Y_4 保険会社（被告・被控訴人・被上告人）らとの間で，いずれもAを被保険者とし，保険金受取人を X_1 または被保険者の法定相続人である X_2 ないし X_5 とする普通傷害保険契約をそれぞれ締結した。Aは，工事現場の5階建て建物の屋上から転落し，脊髄損傷等により死亡した。そこで，X_1 らが Y_1 らに対して保険金請求をしたが支払を拒否された。

第1審は，本件転落は，偶然な外来の事故とは認められず，自殺によるものと認められるから，Y_1 らの支払責任を発生させる支払責任条項の要件には該当しない，と判示して X_1 らの請求を棄却した。原審も，保険契約の支払責任条項に定められている偶然な外来の事故に該当する事故発生の事実については，支払責任条項の文理解釈からしても，また立証の難易等からする当事者間の公平という観点からしても，保険金の請求者である X_1 らにその立証責任があるものと解するのが相当である，と判示して請求を棄却した。そこで，X_1 らが上告した。

【判旨】（上告棄却）

「本件各約款に基づき，保険者に対して死亡保険金の支払を請求する者は，発生した事故が偶然な事故であることについて主張，立証すべき責任を負うものと解するのが相当である。けだし，本件各約款中の死亡保険金の支払事由は，急激かつ偶然な外来の事故とされているのであるから，発生した事故が偶然な事故であることが保険金請求権の成立要件であるというべきであるのみならず，そのように解さなければ，保険金の不正請求が容易となるおそれが増大する結果，保険制度の健全性を阻害し，ひいては誠実な保険加入者の利益を損なうおそれがあるからである。本件各約款のうち，被保険者の故意等によって生じた傷害に対しては保険金を支払わない旨の定めは，保険金が支払われない場合を確認的注意的に規定したものにとどまり，被保険者の故意等によって生じた傷害であることの主張立証責任を保険者に負わせたものではないと解すべきである。」

亀山継夫裁判官の補足意見は，本判決によって疑義が解消された後もなおこのような状況が改善されないとすれば，法廷意見の法理を適用することが信義則ないし当事者間の衡平の理念に照らして適切を欠くと判断すべき場合も出てくると考えるものである，という。

本判決は，普通傷害保険の保険金請求者が偶然性の立証責任を負うと判示した初めての最高裁判決である。第二小法廷は，同じ日に同一事件である生命保険の災害割増特約の不慮の事故についても，請求者が立証責任を負うと判示した（平成10年（オ）第897号。民集55巻3号682頁〔百選97〕）。これらの最高裁判決により，従来から下級審裁判例の判断が分かれ，学説においても見解が対立していた傷害保険の偶然性の立証責任は，請求者が立証すべきことが確定したものといえる。

本判旨は，請求者が立証責任を負う根拠として，①保険金の支払事由が急激かつ偶然な外来の事故であるから，発生した事故が偶然な事故であることが保険金請求権の成立要件であり，また，②そのように解さなければ，保険金の不正請求が容易となるおそれが増大する結果，保険制度の健全性を阻害し，ひいては誠実な保険加入者の利益を損なうおそれがあることをあげる。①は，故意や自殺行為を保険者の免責事由としていることの整合性を単に確認的注意的に規定したものにとどまるというのみで，その理由が明らかにされていない。また，②は，モラル・リスクを回避する趣旨から立証責任の配分を論じるものであり，請求者の立証責任についての負担を考慮していないと批判される。

学説では，従来から見解が鋭く対立している。保険者が被保険者の故意を立証しなければならないという見解がある。急激かつ外来の出来事により傷害を被ったという事実があれば，死亡・傷害といった結果は経験則上元来は被保険者が自ら望むことではないから，偶然性の存在は事実上推定されること，また，被保険者の故意が保険者の免責事由となっている趣旨は，保険者が故意を立証できなければ偶然性が間接的に証明されるということが根拠となっている。

これに対して，偶然性は請求者が証明しなければならないという見解も多い。傷害保険契約の保険事故は，身体の損傷それ自体ではなく，急激かつ偶然な外来の事故による身体の損傷であるから，保険金を請求する側において傷害の原因を立証しなければならず，また傷害の原因と傷害，傷害事故とその結果としての死亡等の事実との因果関係を立証しなければならないという。しかしそうすると，故意を免責としていることをどのように説明するのかということが問題となる。この点について，保険者の免責事由の存在についての立証責任は，当事者の合意により保険契約者等に転換されたとみることができるという見解があるが，擬制的な感は否めない。本判決は，保険金が支払われない場合を確認的注意的に規定したものにとどまり，被保険者の故意等によって生じた傷害であることの立証責任を保険者に負わせたものではないと述べるのみで，その理由を明らかにしていないという批判がある。

この最判平成13年の判例変更はありうるかということが，傷害疾病定額保険の法定免責事由が定められたことを契機として，問題提起されるようになった。本判決は，保険金請求権者に立証責任を負担させなければ，保険金の不正請求が容易になり保険制度の健全性および誠実な保険契約者の利益が害されることになり問題である，という理由を挙げている。しかし，保険者が被保険者の故意による保険事故招致を立証することが困難であることは，傷害保険契約と損害保険契約とでそれほど違いがないとすれば，それにもかかわらず損害保険契約に関する一連の判例（最判平成16年12月13日民集58巻9号2419頁〔百選28〕，最判平成18年6月1日民集60巻5号1887頁〔百選43〕）では，保険者に故意の事故招致の主張立証責任を負担させており，明らかに裁判所の姿勢に一貫性が欠けることになっていることは否定しがたいものといわざるをえないので，その意味で最判平成13年は見直されてしかるべきではないかという見解がある。今後さらに議論されるべき問題である。

3　外来性

外来とは，傷害の原因が身体の外部からの作用によるものをいう。傷害の原因が外部であれば，傷害そのものが身体の外に発生する必要はなく，たとえば，物を持ち上げようとしてぎっくり腰になった場合も含む。この外来性は，身体の疾患等内部的原因に基づくものを排除するためであり，傷害を疾病から区別する概念である。この被保険者の身体の基礎疾患と傷害の原因事故が時間的に連続的な関連性を有して被保険者が死亡することがあり，この場合に保険者が保険金支払義務を負うのかという傷害保険における困難な問題がある。

POINT 2　外来性の意義

①　誤嚥事故

最判平成19年7月6日民集61巻5号1955頁（百選98）

【事実】

Y（被告・控訴人・上告人）は，中小企業を対象とした災害補償共済事業等を行う財団法人であり，X（原告・被控訴人・被上告人）は，被共済者をX代表者Bの夫であるA（大正11年生まれ）と定めて，Yの会員となった。Aは，平成15年8月，医師からパーキンソン病と診断された。パーキンソン病の患者には，えん下機能障害の症状が出ることがあるが，Aについては飲食に支障はなく，医師から食事に関する指導等はされていなかった。Aは，昼食のもちをのどに詰まらせて窒息し，直ちに病院でそ生処置を受けたが，低酸素脳症による意識障害が残り，常に介護を要する後遺障害状態になった。

Yは，本件事故はAの疾病を原因として生じたものであるから，Aは外来の事故で傷害を受けたものであるとはいえないなどと主張した。第1審および原審は，Xの請求を認容したので，Yが上告した。

【判旨】（上告棄却）

「本件規約は，補償費の支払事由を被共済者が急激かつ偶然の外来の事故で身体に傷害を受けたことと定めているが，ここにいう外来の事故とは，その文言上，被共済者の身体の外部からの作用（以下，単に「外部からの作用」という。）による事故をいうものであると解される。そして，本件規約は，この規定とは別に，補償の免責規定として，被共済者の疾病によって生じた傷害については補償費を支払わない旨の規定を置いている。

このような本件規約の文言や構造に照らせば，請求者は，外部からの作用による事故と被共済者の傷害との間に相当因果関係があることを主張，立証すれば足り，被共済者の傷害が被共済者の疾病を原因として生じたものではないことまで主張，立証すべき責任を負うものではないというべきである。

これを本件についてみるに，前記事実関係によれば，本件事故がAの身体の外部からの作用による事故に当たること及び本件事故と傷害との間に相当因果関係があることは明らかであるから，Aは外来の事故により傷害を受けたというべきである。」

②　自動車事故

最判平成19年10月19日判時1990号144頁（百選41）

【事実】

Aは，建設業を主たる目的とするB株式会社の代表取締役であった。Bは，Y保険会社（被告・被控訴人・被上告人）との間で，自動車総合保険契約を締結し，人身傷害補償を5000万円とする人身傷害補償特約が付加されていた。

Aは，普通乗用自動車を運転してBの事務所を出発したが，その約3分後，本件車両ごとため池に転落して死亡した。Aの死因は，溺死であった。

本件事故の現場は，緩やかな下り坂の先の三叉路の交差点である。下り坂の前方にはため池があったが，Aは，下り坂を直進し，三叉路を左右に曲がることなく，急ブレーキ等の回避措置も取らずそのままため池に転落した。なお，本件事故はAの自殺によるものではない。また，Aは，狭心症との診断を受け冠動脈バイパス手術を受けた後，狭心症発作予防薬等を定期的に服用していた。

Xら（原告・控訴人・上告人）は，いずれもAの法定相続人であり，Yに対して人身傷害補償特約に基づく保険金を請求した。

第1審と原審は，Xらの請求を棄却したため，Xが上告した。

【判旨】（破棄差戻）

「本件特約は，急激かつ偶然な外来の事故のうち運行起因事故及び運行中事故（以下，併せて「運行事故」という。）に該当するものを保険事故としている。本件特約にいう『外来の事故』とは，その文言上，被保険者の身体の外部からの作用による事故をいうと解されるので（最高裁平成19年（受）第95号同年7月6日第二小法廷判決・裁判所時報1439号6頁〔民集61巻5号1955頁〕参照），被保険者の疾病によって生じた運行事故もこれに該当するというべきである。本件特約は，傷害保険普通保険約款には存在する疾病免責条項を置いておらず，また，本件特約によれば，運行事故が被保険者の過失によって生じた場合であっても，その過失が故意に準ずる極めて重大な過失でない限り，保険金が支払われることとされていることからすれば，運行事故が被保険者の疾病によって生じた場合であっても保険金を支払うこととしているものと解される。

このような本件特約の文言や構造等に照らせば，保険金請求者は，運行事故と被保険者がその身体に被った傷害（本件傷害除外条項に当たるものを除く。）との間に相当因果関係があることを主張，立証すれば足りるというべきである。

前記事実関係によれば，本件事故は，Aが本件車両を運転中に本件車両ごとため池に転落したというものであり，Aは本件事故によりでき死したというのであるから，仮にAがため池に転落した原因が疾病により適切な運転操作ができなくなったためであったとしても，Yが本件特約による保険金支払義務を負うことは，上記説示に照らして明らかである。」

③　吐瀉物の誤嚥

最判平成25年4月16日判時2218号120頁

【事実】

Y損害保険会社（被告・控訴人・被上告人）は，Aとの間で，同人を被保険者とする普通傷害保険契約を締結していた。本件保険契約に適用される傷害保険普通保険約款には，次の定めがあった。

ア　Yは，被保険者が急激かつ偶然な外来の事故によってその身体に被った傷害に対して，保険金を支払う。

イ　Yは，被保険者の脳疾患，疾病又は心神喪失によって生じた傷害に対しては，保険金を支払わない。

ウ　Yは，被保険者が上記アの傷害を被り，その直接の結果として，事故の日からその日を含めて180日以内に死亡したときは，死亡保険金を支払う。

エ　死亡保険金が支払われる場合において，死亡保険金受取人の指定がないときは，被保険者の法定相続人を死亡保険金受取人とし，その法定相続分の割合により支払う。

Aは，平成20年12月24日，飲酒を伴う食事をした後，鬱病の治療のために処方されていた複数の薬物を服用した。その後，Aは，うたた寝をしていたが，翌25日午前2時頃，目を覚ました後に嘔吐し，気道反射が著しく低下していたため，吐物を誤嚥し，自力でこれを排出することもできず，気道閉塞により窒息し，病院に救急搬送されたが，同日午前3時18分に死亡が確認された。Aの死因は，吐物誤嚥による窒息であった。

Aが服用していた薬物は，いずれもその副作用として悪心および嘔吐があり，その中には，アルコールと相互に作用して，中枢神経抑制作用を示し，知覚，運動機能等の低下を増強するものもあった。

Aの窒息の原因となった気道反射の著しい低下は，上記誤嚥の数時間前から1，2時間前までに体内に摂取したアルコールや服用していた上記薬物の影響による中枢神経の抑制および知覚，運動機能等の低下によるものである。

原審は，本件保険契約における保険金の支払事由である外来の事故は，外部からの作用が直接の原因となって生じた事故をいい，薬物，アルコール，ウイルス，細菌等が外部から体内に摂取され，または侵入し，これによって生じた身体の異変や不調によって生じた事故を含まないとしたうえ，Aの窒息の原因となった気道反射の著しい低下は，体内に摂取したアルコールや服用していた上記薬物の影響による中枢神経の抑制および知覚，運動機能等の低下によるものであるから，Aの窒息は外部からの作用が直接の原因となって生じたものとはいえないと判断して，X（原告・被控訴人・上告人）らの請求を棄却した。Xらが上告した。

【判旨】（**破棄差戻**）

「本件約款は，保険金の支払事由を，被保険者が急激かつ偶然な外来の事故によってその身体に傷害を被ったことと定めている。ここにいう外来の事故とは，その文言上，被保険者の身体の外部からの作用による事故をいうものであると解される（最高裁平成19年（受）第95号同年7月6日第二小法廷判決・民集61巻5号1955頁参照）。

本件約款において，保険金の支払事由である事故は，これにより被保険者の身体に傷害を被ることのあるものとされているのであるから，本件においては，Aの窒息をもたらした吐物の誤嚥がこれに当たるというべきである。そして，誤嚥は，嚥下した物が食道にではなく気管に入ることをいうのであり，身体の外部からの作用を当然に伴っているのであって，その作用によるものというべきであるから，本件約款にいう外来の事故に該当すると解することが相当である。この理は，誤嚥による気道閉塞を生じさせた物がもともと被保険者の胃の内容物であった吐物であるとしても，同様である。

以上と異なり，Aの窒息は外来の事故による傷害に当たらないとした原審の判断には，判決に影響を及ぼすことが明らかな法令の違反がある。論旨はこの趣旨をいうものとして理由があり，原判決は破棄を免れない。そして，保険金支払の可否を判断すべく，更に審理を尽くさせるため，本件を原審に差し戻すこととする。」

POINT 2 ②の判決は，自動車保険の人身傷害補償特約における「外来の事故」について，「外来の事故」とは，その文言上，被保険者の身体の外部からの作用による事故をいうと解されるとして，①の最判平成19年7月6日を引用したうえで，被保険者の疾病によって生じた運行事故もこれに該当する，と判示した。本判決が原審の判断として述べている箇所は，原審が第1審の争点

に対する判断を引用しているものであり，原審の独自の判断ではないが，従来の裁判例と同様に被保険者の身体疾患を保険事故の外来性の判断要素としている。

第1審は，本件事故の原因について，Aは自動車を運転中に既往症である労作性狭心症による発作等の同人の身体疾患に起因した意識障害により，自動車の適切な運転操作ができない状態に陥り，この影響下で発生した疑いが強いというべきであるから，Aの死亡が外来の事故であると認定することはできない，と判示した。そのうえで，溜池へ転落した（溺水）ことにより溺死という結果を招来したとしても，溜池へ転落した原因（溺水の原因）は，Aの身体疾患に起因するものである疑いが強いから，外部からの物理的な作用に基づくものであることを認めるに足りる証拠がない以上，Aが外来の事故による傷害の直接の結果として死亡したものということはできない，と結論づけている。原審や第1審は，被保険者の直接の死亡原因が溺死であっても，その溺死の原因が身体疾患に起因するものであるから，外部からの物理的な作用が明らかでない以上，外来性がないというのである。

これに対して，本判決は，本件の被保険者Aの死亡原因が何であるかを明らかにしていない。医師が作成した死体検案書において，直接死因として溺死と記載されているが，その溺死の原因が外部からの物理的作用としての運行事故によったものなのか，あるいは身体疾患によったものであるかは明らかではない。原審と第1審は，後者であるとして，外来の事故を否定している。本判決は，「仮にAがため池に転落した原因が疾病により適切な運転操作ができなくなったためであったとしても」と述べているので，直接の死亡原因が溺死であって，それが運行事故によるのであれば，外来の事故ということになる。

しかし，このような判旨の理論構成は，身体疾患が死亡原因に影響を与えている可能性を全く否定するものであり，疑問である。本件の場合には，Aは勾配約5メートルの緩やかな下り坂を，事故直前まで車のアクセルを踏み込んで走行しており，ガードパイプを突き破るまで回避行動をとっておらず，しかも救出されるまでシートベルトを着用したままであったというのである。このような状況であれば，事実認定の問題ではあるが，原審や第1審のように，疾病以外の外部からの物理的な作用がAに及んだとはいえないであろう。

POINT 2 ③の判決は，吐瀉物の誤嚥について外来性を認めたものである。本

判決は，*POINT 2*①の最判を引用して，外来の事故とは，その文言上，被保険者の身体の外部からの作用による事故をいうものである，と判示している。しかし，胃の内容物であった吐物が体外に出る前に気道閉塞を生じさせ，窒息死した場合にも身体の外部からの作用による事故というのは，一般人の理解を超えていると言わざるを得ない。しかも，被保険者の窒息の原因となった気道反射の著しい低下は，体内に摂取したアルコールや服用していた薬物の影響による中枢神経の抑制および知覚，運動機能等の低下によるものであるから，外部からの作用ではなく内部である被保険者の身体の作用によるものといえるであろう。また，本件傷害保険には，疾病免責があるから，仮に吐瀉物の誤嚥について外来性があるものとしても，その原因が鬱病の治療のために処方されていた複数の薬物の服用と飲酒であるから，疾病免責が適用され保険者は免責を主張できるのである。

POINT 3　風呂での溺死と外来性

大阪高判平成17年12月1日判時1944号154頁（百選99）

【事実】

A（71歳）は，B保険会社がC信販株式会社との間で団体傷害保険契約を締結していた被保険者である。Bは第1審係属中にY（被告・控訴人）に営業を譲渡して，Yが本件保険契約にかかるBの一切の権利義務を承継している。

Aは，湯船に膝を立てたままの状態で座って，首をうなだれた状態で死亡していた。湯船の湯量はAの脇くらいまでであり，顔が湯に浸かっていることはなかった。浴室の窓は少し開いており，テレビは電源が入ったまま放映された状態であった。

Aの死体解剖および死体検案が行われ，死体検案書は，Aの死亡時刻を「平成15年6月30日午後ころ（推定）」，直接死因を「溺死（推定）」，発病（発症）または受傷から死亡までの期間を「短時間」，死因の種類は「溺水」で「不慮の外因死」であるとしており，医師は，Aの左右の肺重量，胸腔内貯留液の性状および量，頭蓋蝶形骨洞貯留液の存在，内因死と判断できる明らかな所見の欠如から上記判断を行った。

Xら（原告・被控訴人）4名は，いずれもAの子であり，法定相続人である。Xらの主張は，Aの死因は溺水による不慮の外因死すなわち溺死であるから，死亡保険金30万円，追加保障プランに基づく死亡保険金1072万円の合計1102万円を支払う義務があるというものである。

第1審は，Aの死因は溺死と認定したうえで，Aの溺死は，Aの身体の外部からの作用によるものであり，疾病による身体の事故に該当せず，外来性の要件を満たすと認めるのが相当である，と判示してＸの請求を認容した。Ｙが控訴した。

【判旨】 **（控訴棄却）**

「死体解剖の結果では，心臓，肺及び脳に疾患を示す異常等はないことが明らかになっており，また，上記心不全，胸水，気管支喘息との診断も，実際に上記診断のような疾患があったものとは認められないところであるから，Ａが，脳梗塞，脳虚血，心筋梗塞，虚血性心不全等による急性の心停止ないし意識障害を起こしたことが明らかであるとは認められない。

もっとも，浅い浴槽において溺死するためには，少なくともＡに意識障害を生じていたものと考えられるが，証拠……によれば，湯船に浸かることは，高温異常環境に身を置くことであるから，熱中症を意識障害の原因として考慮に入れるべきであるとされていること，Ａのような高齢者については，特段の疾患がない健常人であっても，加齢により，心肺機能ないし循環機能が低下しているものと考えられることから，入浴による温度や圧力変化により，急激な血圧上昇又は下降，静脈環流の増大，心拍出量の増加等が原因となって，一時的にでも意識障害を生じることが考えられる。このようなことからすると，その結果，湯船に鼻と口がつかり，水を気道内に吸引して窒息する事態が生じ得ることは十分に考えられるから，内部的な疾患がなければ浴槽において溺死することはないとまではいえないものと認められる。」

「したがって，Ａの溺死は，その間接の原因がその身体の内部に原因するもの（疾病等）であることが明らかであるとはいえないから，外来の事故による死亡に該当すると認められる。」

本判決は，傷害保険の外来性について，身体の内部に原因とするもの（疾病等）を除外する趣旨であるとしたうえで，Ａの溺死は，その間接の原因がその身体の内部に原因するもの（疾病等）であることが明らかであるとはいえないから，外来の事故による死亡に該当すると認められる，と判示した。Ａの死体解剖の結果によれば，心臓，肺および脳に疾患を示す異常等はないことが明らかであるから，Ａは疾病により急性の心停止ないし意識障害を起こしたものでないとしている。そのうえで，浅い浴槽において溺死するためには，少なくともＡに意識障害を生じていたものと考えられるが，湯船に浸かることは，高温異常環境に身を置くことであるから，熱中症を意識障害の原因として考慮に入れるべきであるとされていること，Ａのような高齢者については，特段

の疾患がない健常人であっても，加齢により，心肺機能ないし循環機能が低下しているものと考えられることから，入浴による温度や圧力変化により，急激な血圧上昇または下降，静脈環流の増大，心拍出量の増加等が原因となって，一時的にでも意識障害を生じることが考えられる。このようなことからすると，その結果，湯船に鼻と口がつかり，水を気道内に吸引して窒息する事態が生じ得ることは十分に考えられるから，内部的な疾患がなければ浴槽において溺死することはないとまではいえない，と判示した。

しかし，A の直接死因が溺死と認められるとしても，本件においてはそれを外来の事故と認めることはできない。A が 71 歳という高齢であること，死亡約１か月半前にはクリニックで心不全，胸水，気管支喘息等の症状で入院を勧められていること，平成２年の心電図検査で異常の可能性を指摘されていることからすると，A は浴槽内で心不全発作等をおこして死亡したか，または，直接死因が溺死とすれば，入浴中に心不全発作等により意識喪失状態に陥り，その結果風呂水を吸引して溺死したと考えるのが通常である。したがって，本件の事故の原因は，もっぱら被保険者の身体の内部にあることとなるから，保険事故の外来性の要件を欠くものである。

Ⅱ　責任開始期前発病不担保条項

医療補償保険は，被保険者が傷害または疾病を被り，その直接の結果として入院を開始したときに保険金を支払うものである。被保険者が傷害や疾病を原因として入院を開始したことが保険事故となっている。「傷害や疾病の直接の結果として」という意味は，入院の原因について傷害や疾病が主要なものであれば保険金支払の対象になるということである。したがって，医療補償保険は入院の原因が傷害や疾病であればてん補の対象になるので，傷害か疾病かの区別は問題にならない。しかし，この保険は，疾病という発生の有無および発生時点の不明確な事象をも担保しかつ高額な保険金を支払うものであるから，その性質上逆選択やモラル・リスクを誘発する可能性が高いことが指摘されている。そこで，ある保険会社の医療補償保険約款４条１項では，「当会社は，被保険者が保険期間中に入院を開始した場合に限り，保険金を支払います。」と規定し，その２項では，「前項の規定にかかわらず，この保険契約が初年度契約である場合において，入院の原因となった身体障害を被った時が保険期間の開始時より前であるときは，当会社は，保険金を支払いません。」と規定している。この規定は，責任開始期前発病不担保条項（始期前発病）といわれている。

始期前発病の規定は，保険契約者または被保険者が発病を知っているか否かにかかわらず，身体障害の発生が保険期間前であるという事実さえあれば免責となる。保険契約者等がすでに身体障害またはその原因発生を知っていたときは，契約は無効となる。この始期前発病の規定は，告知義務制度を補う機能を果たしているのであり，この両制度により，疾病危険を担保する保険事業の健全性と保険団体構成員の利益と公平を実現しうるといわれている。

このような始期前発病について，次の判例がある。

POINT 4　責任開始期前発病不担保条項

大阪地堺支判平成16年8月30日判時1888号142頁（百選107）

【事実】

X（原告）は，平成8年11月15日（保険期間開始日），Y損害保険会社（被告）との間で，Xを被保険者とする介護費用保険契約を締結した。本件契約では，被保険者が要介護状態となり，その要介護状態が支払対象期間の開始日からその日を含めて180日を超えて継続した場合には，保険者から定められた医療費用，介護費用保険金が支払われる。

Xは，平成13年10月20日（当時71歳），単身赴任先のマンション内で，意識不明の状態で倒れているのを妻により発見された。Xは，直ちに病院に運ばれたが，同病院で右視床出血による左上下肢完全麻痺，右上下肢不全麻痺で寝たきりの要介護状態であることが判明した。

Xは，保険期間開始日に先立つ平成2年7月12日（当時60歳），左被殻出血を発症して入院し，同年8月18日退院し，同年9月ころから社会復帰していた。本件契約には「保険期間開始前に，傷害，疾病その他の要介護状態の原因となった事由が生じた場合」には保険者は保険金の支払を免れる旨の定めがある（介護費用保険普通保険約款第3条3項1号）。

Xは，本件契約に基づく保険金の支払を請求したが，Yが支払を拒んだので，本件訴訟を提起した。

【判旨】（請求認容）

「本件契約において，『保険期間開始前に，傷害，疾病その他の要介護状態の原因となった事由が生じた場合』に保険者を免責するとされているのは，傷害，疾病その他の要介護状態の原因となった事由が，保険期間開始前に生じている場合には，保険期間中に保険事故すなわち要介護状態が生じる蓋然性が高いため，このような場合にも保険金の支払を受けられるとすれば，保険制度の趣旨，すなわち，不確実な危険にさらされた者が，危険率に相応した出捐をすることにより形成された備蓄から，保険事故が発生した場合に支払を受けるという趣旨に反するからである。そうすると，要介護状態の発生を保険事故とする本件契約において，『傷害，疾病その他の要介護状態の原因となった事由』とは，傷害，疾病その他これらに準じる事由であって，かつ，要介護状態を生じる蓋然性が高い事由をいうと解するのが相当である。

本件では，平成２年出血の約１か月後には，CT 検査で出血の吸収が確認され，右視床部を含めて，脳血管について特に病変は指摘されていなかったこと……，血圧管理のため高血圧症の治療を継続する必要があったものの，ろれつや上肢のしびれは回復し，評論家ないし大学教員として活動するなど社会復帰をとげていたこと……，保険期間開始までに『左被殻出血としては治療した。』と主治医から診断されていること，高血圧性脳出血において再出血はまれではないが，それでも 10 パーセント程度，年２パーセントにとどまっていること……が認められる。そうすると，平成２年出血は『疾病』ではあるものの，要介護状態を生じる蓋然性が高い疾病であるとまではいえないから，『傷害，疾病その他の要介護状態の原因となった事由』ということはできないというべきである。」

本判決は，高血圧性脳出血の再出血は 10 パーセント程度，年２パーセントにとどまっており，将来要介護状態となる蓋然性が高い疾病とまではいえないことを理由として，要介護状態の原因となった理由にはあたらないというのである。事実認定の問題ではあるが，判旨は正当である。

1　告知義務と責任開始期前発病不担保条項の関係

始期前発病の条項が設けられた趣旨は，生命保険の約款においてではあるが，保険者が担保すべき高度障害の範囲を限定するとともに，予定事故率を維持するためであり，保険事故が不確定性ないし不可測性を要する意味からも，時期的制限があるといわれている。始期前発病の規定では，告知義務と異なり保険契約者の主観的要件は問題となっておらず，その効果も契約解除ではなく，保険金を支払わないだけで保険契約は存続する。

告知義務制度と始期前発病の条項は，ともに保険事故の偶然性を確保するための制度であるという点において共通性を有している。しかし，両者は適用要件と法的効果を異にしているから，その関係が問題となる。医学的見地から，始期前発病の条項がなかったとしたら，告知義務制度による危険選択しか行えなくなり，実務上，加入時の選択を大幅に強化せざるを得なくなり，その結果，契約の謝絶や特別条件付決定が増加し，加入者の間口を狭めることになってしまうから，告知義務制度とともに始期前発病の条項が機能することにより，逆選択の排除・低廉な保障機能の提供が可能となり，ひいては契約者全体の利益に寄与するという，危険選択の必要性を主張する見解がある。

要するに，告知義務制度は，保険契約締結時において，保険事故発生に影響を及ぼす重要な事項について告知を求めて危険選択を行うことによって予定事故発生率を維持することにより，契約当事者間の衡平を図る制度である。また，始期前発病も，契約締結後に危険選択を行って，告知義務制度によっては果たせない危険の選択を補完しようとする制度であって，両制度は共に予定事故率を維持する機能を有するものであるが，その機能と効果は別々のものであり，別個の制度として理解されている。多くの裁判例も同様の立場である。したがって，医療保障保険の始期前発病の条項も同様の趣旨で定められているのであるから，上記の始期前発病と告知義務の関係についても同じことがいえる。

2　責任開始期前発病不担保条項における因果関係

生命保険の約款では，高度障害保険金は，被保険者の責任開始時以後の傷害または疾病を原因として高度障害になった場合に保険金を支払う旨が定められている。契約責任開始時に既に高度障害状態が生じている場合はもとより，責任開始時には高度障害状態は生じていないが，その原因たる傷害・疾病が既に生じている場合にも，高度障害保険金の客観的要件に該当しないことになり，高度障害保険金の支払の対象とはならない。

生保の約款において責任開始時以後の傷害または疾病を原因とする高度障害状態に限定した理由は，純保険料の算定の基礎となる予定障害率を維持するために，契約自由の原則に従い，保険者が担保すべき障害危険の範囲を責任開始時以後の疾病等に限定したものである。また，始期前発病の条項における時期的制限は，高度障害保険金支払事由の客観的要件を定めるものであるから，高度障害の原因となった高度障害等が責任開始時以前に発生していた場合には，保険契約者が右疾病等を知っていたか否か，告知の有無に関係なく，また保険者が疾病等を知っていたか，過失により知らなかったか否かを問わず，保険者は保険金の支払を拒絶できると解されている。生命保険の高度障害保険金の始期前発病の条項の解釈については，高度障害状態の原因となった疾病がそれのみでは高度障害状態に至らない疾病であっても，それが高度障害の一つの原因となるものであれば，給付責任関始日前に発病している限り保険金を支払わないという判例が確立している。

3　生命保険業界での実務対応

生命保険協会では，ガイドラインを設けて次のような対応をするようにしている。

責任開始前に医学的に原因となる疾病や傷害があれば，契約（責任開始）前事故・発病ルールにより，高度障害保険金・入院給付金等は支払対象にならないことになる。しかしながら，被保険者が契約（責任開始）前の疾病について契約（責任開始）前に受療歴，症状または人間ドック・定期健康診断における検査異常がなく，かつ被保険者または保険契約者に被保険者の身体に生じた異常（症状）についての自覚または認識がないことが明らかな場合等には，高度障害保険金および入院給付金等を支払う。なお，契約（責任開始）前事故・発病ルールの適用にあたっては，信義則の観点からも慎重に判断することが望ましい。

UNIT 15 保険監督法

Ⅰ 保険業法の目的
Ⅱ 保険業
Ⅲ 保険事業の主体
Ⅳ 保険会社
Ⅴ 相互会社の株式会社化
Ⅵ 保険会社の監督と保険契約者の保護
Ⅶ 保険契約者保護のための制度
Ⅷ 少額短期保険業
Ⅸ 保険募集の規制
Ⅹ 保険契約のクーリング・オフ
Ⅺ 消費者契約法と保険契約
Ⅻ 金融商品販売法と保険契約
XIII 金融商品取引法と保険契約

保険事業は政府による監督が行われており，事業主体は内閣総理大臣から免許を得た者に限定されている。私たちの生活に身近な銀行業も同様で，内閣総理大臣の免許が要求されている。また，保険契約の内容も監督の対象であって，契約に際して利用される普通保険約款は内閣総理大臣（実際はその委任を受けた金融庁長官）の認可が必要とされている。

政府による規制は，ある意味で自由競争を制限することである。私たちの資本主義経済社会は自由競争社会であり，競争に敗れて破綻ないしは市場から撤退する企業の存在を当然の前提としており，それとは相容れないようにも思われる。しかし，仮に保険会社が経営破綻して保険金を支払うことができなくなったとすると，老後の生活を維持する目的でその保険会社との間で個人年金保険契約を締結していた者は大打撃を受け，引退後の生活の大幅な見直しが必要となり，場合によっては老後の生活の見込みが立たなくなる可能性すら存在している。これは，銀行の破綻も同じであろう。このように，保険会社の破綻は国民経済に与える影響があまりにも大きすぎるため，破綻が生じないように国が保険事業を監督する必要がある。さらに，万が一破綻した場合に備えて保険契約者を保護するシステムも必要となる。

保険商品の性格からも監督は必要とされる。他の一般的な商品とは異なって，保険商品は直接味わったり，あるいは手にとったりして内容を吟味することができない。さらに，最近の保険商品は，単純な保障だけではなく，様々な特約が用意され，中には高度に金融商品化したものもあり，私たちが簡単には理解できない構造となっている。そのため，保険商品の内容やその販売方法にも一定の規制を加えなければ，保険契約者が不測の損害を被るおそれがある。

I 保険業法の目的

まずはじめに保険業法の目的を考えてみよう。保険業法1条は,「この法律は,保険業の公共性にかんがみ,保険業を行う者の業務の健全かつ適切な運営及び保険募集の公正を確保することにより,保険契約者等の保護を図り,もって国民生活の安定及び国民経済の健全な発展に資することを目的とする。」と規定している。この第1条の規定には,保険業法の存在理由,保険業法の目的達成の手段そして保険業法の目的という3つの要素が含まれている。そして,保険契約者の保護が図られることによって,国民生活の安定などがもたらされるとする。

保険監督の重要な目的については,保険契約者の利益の保持と保険契約の継続的履行可能性の配慮(保険契約が維持されること)であって,保険会社の破綻というような具体的危険だけではなく,保険会社の財務内容の悪化等による将来の破綻可能性のような抽象的危険に対する予防的保護も任務であるとする保護説が,現在の保険監督についての支配的な考え方である。保険制度に対する信頼の保持が保険監督の任務であり,保険契約者の保護のために保険監督機関の権限が行使される。具体的には,金融庁が,保険会社の財務的基礎の継続的な監督・監視のために各種の権限を行使することになる。

II 保険業

1 保険業の定義

保険業法に基づく保険監督の対象となるのは,保険業である。保険業とは,人の生存または死亡に関し一定額の保険金を支払うことを約し保険料を収受する保険,一定の偶然の事故によって生ずることのある損害をてん補することを約し保険料を収受する保険その他の保険で,第3条第4項各号または第5項各号に掲げるものの引受けを行う事業をいう(保険業2条1項柱書)。具体的には,生命保険業(同3条4項1号),損害保険業(同3条5項1号)に加え,生命保険業と損害保険業のいずれもが営むことのできるものとして,傷害疾病保険がある(同3条4項2号・5項2号)。傷害疾病保険業を特に第3分野の保険という

（UNIT 14 参照）。

保険とは何かについての規定を，保険法も保険業法も設けていないが，一般的には同種の危険（財産上の需要が発生する可能性，たとえば火災による家屋の喪失など）に曝された多数の経済主体を一つの団体として見ると，個々にとっては偶然に発生する事象でありながら，全体としてみると大数の法則（たとえば，一定の確率の下に火災が発生する）が成り立つ。そこで，それに属する各経済主体が，それぞれの危険率に応じた出捐をなすことによって共同的備蓄を形成し，現実に事象（火災など）が発生し，経済的な需要が生じた経済主体が，その備蓄から支払を受ける方法で需要を充足する制度，などと説明される。保険業法との関係では，ある事業が保険にあたるとすれば，保険業法が適用されることから，重要な意義を有している。

POINT 1　ファイナイト再保険と保険料への課税

東京地判平成 20 年 11 月 27 日判時 2037 号 22 頁（百選 1）

【事実】

X 社（日本の保険会社）は，日本国内で引き受けた地震保険に関する危険について，A 社（X のアイルランドの子会社）との間で ELC 再保険契約（①契約）を締結した。A はさらに B 再保険会社との間でファイナイト型再保険契約（②契約）を締結した。X は①契約の保険料を全額損金として計上したが，国税庁は X が A に支払った再保険料のうち，②契約のファイナイト型再保険契約の保険料のうちの一定額（EAB 繰入額，保険事故の発生の有無にかかわらず A が受領できるもの）に相当する額は，預け金であるから損金に算入することはできず，②契約における預け金の運用収益（EAB 加算額）に相当する額（EAB 加算額相当額）は，X の益金であるとして，更正処分を行った。X がその処分を不服として訴えを提起した。

【判旨】（一部認容，一部棄却）

「たしかに，本件ファイナイト再保険契約の再保険料のうちの EAB 繰入額は預け金としての性格を有するものとも解し得るが，前記のとおり，本件 ELC 再保険契約及び本件ファイナイト再保険契約を中心とする一連のスキームは，X が，保険事故が生じた場合にグループ会社を含めて単年度決算収支の著しい悪化を回避しつつ，利益を最大にすることを目的として採用したものとして十分に経済的な合理性が認められるのであるから，そもそも本件ファイナイト再保険契約とは，全く異なる当事者間における全く異なる内容の契約である本件 ELC 再保険契約に基づいてXが支払った金員の損金該当性について，本件ファイナイト再保険契約に基づいて支出された金員の損金該当性と全く同一に判断しなければならない理由はない。」

ファイナイト型保険は，通常は保険者が引き受けることのできないような大規模・算定困難なリスクへの対処方法として採用されている。いくつかの特徴があるが，本件で問題とされた再保険契約にはEAB（成績勘定残高）の取決めがあり，そこへの繰入れ相当額は保険事故の発生・不発生に関係なくA社が受領できるものであり，X社がA社に対して支払った再保険料のうち，A社がB社に支払った再保険料の中でEAB繰入れ相当額が損金に算入されるかが争われた。通常の損害保険の保険料は，全額が損金に算入されている。裁判所はXの主張の通り損金算入を認めたが，仮にX社がA社との間で締結した再保険契約が，A社がB社と締結した内容と同じファイナイト型であった場合には，保険料の損金算入が否定される保険事故が発生しない場合，保険者は被保険者へ保険料を返還する必要はなく，保険料のうちEAB繰入れ相当額はリスクの対価とはなっていない。むしろ預託金の性格を有しているからである。

2 保険業の免許

保険業の免許は，生命保険業免許（保険業3条4項）と損害保険業免許（同条5項）の2種類であり（同条2項），傷害疾病保険は生命保険業免許の会社と損害保険業免許の会社の両者がこれを販売することが認められている。しかし，1つの会社が2つの免許を取得することはできない（同条3項）。これを生損保兼営の禁止という。兼営が禁止されるのは，生命保険と損害保険では引き受けるリスクや保険期間が異なり，生命保険業の契約者を，不安定で正確な予測のできない損害保険の巨大リスクの引受けによる損失から保護する必要があるからである。しかし，問題とされる損害保険のリスクについては，共同保険や再保険によってリスクを分散しており，さらに，リスクの測定もかなり正確に行われている。また，保険期間が長期間の積立型の損害保険商品もあり，生命保険業と損害保険業との間では実質的な差異がなくなっている。

保険会社は子会社を利用することによって生命保険会社の子会社が損害保険業の免許を取得し，損害保険会社の子会社が生命保険業の免許を取得して，実質的には生損保の兼営を行っている。これを子会社方式による相互参入という。このような状況から，生損保兼営禁止原則を厳格に維持することについては疑問がある。

Ⅲ　保険事業の主体

保険業を行うためには内閣総理大臣の免許が必要である。個人ではこの免許を受けることはできず，資本の額または基金の額が10億円以上の株式会社または相互会社でなければならない（保険業6条，同法施行令2条の2）。ただし，少額短期保険業については，内閣総理大臣の登録を受けるだけで足りる（保険業272条1項）。

保険会社はその商号または名称中に，生命保険会社または損害保険会社であることを示す文字として内閣府令で定めるものを使用しなければならない（保険業7条1項）。生命保険会社を示すものとしては「生命保険」（保険業法施行規則13条1項）が，損害保険会社を示すものとしては「火災保険」，「海上保険」，「傷害保険」，「自動車保険」，「再保険」，「損害保険」が規定されており（同条2項），損害保険会社の場合はこれらの文字の一つだけを使用すれば足りる。もっとも，「火災海上保険」というように，複数の文字を組み合わせることは差し支えない。なお，保険会社でない者は，上記の文言を商号または名称に用いてはならない（保険業7条2項）。

保険事業に類似するものとして大規模共済がある。農業協同組合法や消費生活協同組合法などは各組合が行うことのできる事業の一つとして，組合員の共済に関する事業を掲げている。大規模共済は実質的には保険と異ならないが，保険業法の規定する保険の事業主体として協同組合は規定されていない。保険法は保険と共済を規制の対象としているが，保険業法は両者を同一のものとしては取り扱わず，共済を保険業法の規制対象とはしていない。共済の監督機関は，根拠となる協同組合法を所管する主務官庁である。

なお，平成22年の保険業法の改正によって，平成17年の保険業法改正時に共済事業を行っていた一般社団・財団法人で，一定の要件に該当するものは，行政庁（公益法人の場合は旧主務官庁，そのほかは金融庁）の認可を受けて特定保険業を行うことができる（保険業法の一部を改正する法律の一部を改正する法律）。

これは，共済事業の根拠規定を有しない共済が，少額短期保険業者へ転換することが資金の面などで難しいために，行っていた共済事業を廃業せざるを得ないという事態を回避することを目的としている。この改正によって，共済であっても保険業法の規制対象となるものが出現した（もっとも，法律上は認可特定保険業者である）。

Ⅳ　保険会社

株式会社と相互会社

(1)　商　号

株式会社形態の保険会社は，商号中に株式会社であることを示す文字を用いなければならないが（会社6条2項），相互会社も同様にその名称中に「相互会社」という文字を用いることが要求される（保険業20条）。

相互会社は，保険業を営む法人だけに認められる企業形態である。相互会社とは，保険業を行うことを目的として保険業法に基づいて設立された保険契約者をその社員とする社団をいうと定義されている（保険業2条5項）。これは，同じリスクに直面している人々が集まり，互いにリスクを引き受け合うという思想のもとに設立される会社である。保険契約者は同時に相互会社の社員としての地位を取得する。もっとも，相互会社の社員は協同組合の組合員のような出資の義務を負担するものではなく，相互会社の基金とは関係を持たない。つまり，社員資格が終了しても相互会社基金に対しては何らの権利関係も有しない。相互会社は社員相互の保険が目的であり，株式会社のように社員に対して剰余金を分配することも目的とはしておらず，営利を目的としていないから，営利法人ではない。相互会社による保険は営業的商行為ではなく，相互会社は固有の商人ではなく（商4条1項），擬制商人ともならない（同条2項）。相互会社の組織等に関しては，保険業法は会社法の規定を大幅に準用している。

(2)　株式会社と相互会社の相違点

株式会社と相互会社を比較すると次のようになる。

①　株式会社は営利法人であるが，相互会社は非営利法人である。

②　株式会社の出資者は株主であるが，相互会社の出資者は基金拠出者であ

る（保険業23条）。相互会社と保険契約を締結することによって保険契約者は相互会社の社員となるが，基金に対する出資は行わない。

③　株式会社の社員は株主であるが，相互会社の社員は保険契約者である。

④　株式会社の利益は株主に帰属するが，相互会社の場合は社員に帰属する（保険業55条の2）。

⑤　会社の意思決定機関は，株式会社の場合は株主総会であるが，相互会社の場合は社員総会である（保険業37条）。もっとも，実際は社員総代会制度を採用している（同42条）。

⑥　株式会社の運営は，取締役・取締役会が担うが，相互会社も同様に取締役・取締役会が運営を担当する。

V　相互会社の株式会社化

株式会社への組織変更

保険相互会社は，利潤を目的とせず保険契約者相互の扶助という考えから始まった。会社の収益は契約者に契約者配当という形で還元する。しかし，資金の調達という視点から見れば，新たな基金の募集や社債の発行による道はあるものの，純粋な意味での自己資本の調達ではない点に弱みがある。さらに，競争力の一層の増強や自己資本力の増強のためには，株式会社化も考慮すべきではないかとの指摘もあった。そこで平成7年の保険業法改正において，相互会社の株式会社への組織変更の規定が新設され（保険業85条～96条の16），その後，株式会社化する相互会社が出現している。

相互会社の株式会社化における論点の一つに，相互会社の社員に対する新株式会社の株式の割当てがある。相互会社の社員は，株式会社へ組織変更することによって株主となるが，その際，何を基準としてどのように株式を割り当てるのかという問題がある。相互会社の社員がどれだけ会社の資産形成に貢献したのかという点を基準に，その貢献度に応じて株式を割り当てることとなっているが，創業から100年以上を経過した相互会社の資産形成には，すでに死亡した過去の契約者の貢献も確実に存在していたはずであり，割当ての対象をどうするのかという問題点も提示される。

Ⅵ　保険会社の監督と保険契約者の保護

1　政府による監督内容の実際

保険会社は，免許を得て保険事業を開始した後も，免許申請の際に金融庁に提出した基礎書類に定めた事項または特定保険料等に関する届出，健全性維持のための措置としてのソルベンシー・マージン基準などの一連の監督に服する。ここで，その監督内容を検討する。

保険会社は，事業方法書，普通保険約款等を変更するときには，内閣総理大臣の審査および認可を受けなければならない（保険業123条1項・124条）。また，保険会社は，保険契約者等の保護に欠けるおそれが少ないものとして，内閣府令で定められた保険商品または料率の変更に関しては，内閣総理大臣への届出を行わなければならず，内閣総理大臣が届出を受理した後，内容を審査し届出を受理した日の翌日から90日以内に変更命令ないしは撤回命令を出さない限り，届出内容が自動的に認められる（同125条1項・4項）。

保険会社の重要事項に関する監督としては，定款変更には内閣総理大臣の認可が必要とされる。さらに，届出事項としては，特定従属会社または新事業分野を開拓する会社を子会社とするとき，資本金の額または基金の総額を増額しようとするとき，その他内閣府令で定める場合などには，それらを内閣総理大臣へ届け出なければならない（保険業127条1項2号～8号）。

内閣総理大臣は，保険会社の業務の健全かつ適切な運営を確保し，保険契約者等の保護を図るため必要と認めるときは，業務または財産の状況に関し，報告または資料の提出を請求することができる（保険業128条1項）。さらに，必要な限度において，保険会社の子会社に対して業務または財産の状況に関し，参考となる報告または資料の提出を請求することができる（同条2項）。

内閣総理大臣は，保険会社の業務の健全かつ適切な運営を確保し，保険契約者等の保護を図るため必要と認めるときは，金融庁の職員を保険会社の営業所等に立ち入らせ，業務もしくは財産の状況に関し質問させ，または帳簿書類等を検査させることができる（保険業129条1項）。この立入り検査は，報告・資料の徴収権とともに，実体的監督主義に基づくものであり，この違反には罰則の適用がある（同317条3号）。

2　ソルベンシー・マージン比率

保険会社の財政面の監督については，保険会社の経営の健全性を測る指標のひとつであり，保険金等の支払能力の充実の状況を示すソルベンシー・マージン比率が重要な意味を有している。この比率は，保険会社の資本金，基金，準備金その他の内閣府令で定めるものの額の合計額（いわゆるソルベンシー・マージン）（保険業130条1号，同施行規則86条）と，保険会社が引き受けている保険に係る保険事故の発生その他の理由により発生しうる危険であって通常の予測を超えるものに対応する額として内閣府令で定めるところにより計算した額（リスクの合計額）（保険業130条2号，同施行規則87条）を用いて計算される（保険業130条）。

ソルベンシー・マージン比率は，ソルベンシー・マージンを，リスクの合計額の2分の1に相当する額で除すことによって計算され（平成11年1月13日金融監督庁・大蔵省告示第3号），このソルベンシー・マージン比率が高いほどリスクへの対応力が高く，保険会社の体力も強いと判断される。200％を基準とし（平成12年6月29日内閣府令・財務省令45号），これに満たない場合には内閣総理大臣による早期是正措置が発動される（保険業132条1項）。しかし，200％以上であったにもかかわらず破綻した生命保険会社が出現したことや，リーマン・ショックの教訓などから見直しが行われた。平成23年3月31日から，ソルベンシー・マージン算入の厳格化やリスク計測の厳格化等を内容とする改正保険業法施行規則が施行された。

Ⅶ　保険契約者保護のための制度

1　任意の保険契約者保護システム

保険会社が事業継続を行うことが困難になった場合，保険会社が任意で保険契約者保護の対応をとる場合と，内閣総理大臣がその監督権限に基づいて保険契約者保護のための強制的な措置をとる場合がある。

2　保険契約の包括移転

保険会社が事業の全部または一部の継続をすることが困難となった場合，他の保険会社との間で契約を締結して，責任準備金を同じくする保険契約を他の保険会社に包括して移転することができる（保険業135条1項）。これを保険契約の包括移転といい，事業の一部廃止などの場合に，保険会社の任意に基づいて，保険契約者等の保護のために行われる。

包括移転に際しては，移転会社と移転先の会社との間で包括移転契約を締結して，保険契約と共に移転する保険会社の財産移転に関する事項も定める必要がある（保険業135条3項）。

保険契約の移転は，移転会社および移転先会社にとっても，株主や保険契約者に重大な影響を及ぼす事項であり，両方の会社の株主総会または社員総会の特別決議が必要である（保険業136条1項・2項）。移転決議がなされると，移転会社はその決議をした日から2週間以内に，包括移転契約の要旨等を公告しなければならない（同137条1項）。移転対象契約者で移転に異議のある者は，申立期間内に異議を述べることができる（同条2項・3項）。異議を述べた者の数が移転対象契約者の総数の5分の1を超え，かつ，異議を述べた者の保険契約に関する債権の額に相当する金額として内閣府令で定める金額が移転対象契約者の当該金額の総額の5分の1を超えるときは，保険契約の移転はできない（同条3項）。異議を述べた者や金額が5分の1を超えないときは，移転対象契約者全員が移転の承認をしたものとみなされる（同条4項）。

保険契約移転の効力発生には，内閣総理大臣の認可が必要である（保険業139条1項）。

3　内閣総理大臣の命令による契約者の保護

保険会社の業務および財産の状況に照らして保険業の継続が困難と認められる場合，あるいは業務の運営が著しく不適切であり，保険業の継続が保険契約者等の保護に欠ける事態を招くおそれがあると認められるときは，内閣総理大臣は，保険会社に対して，①契約条件の変更の承認（保険業240条の2～240条の13），②業務停止等の命令（同241条），③保険契約の包括移転または合併の協議その他必要な措置の命令（同条）を下すことができる。さらに③の場合は，強制的な保険金額の削減等の契約条件の変更が行われる。

保険会社の業務および財産の状況に照らして保険業の継続が困難となる蓋然性がある場合，保険会社の事業継続のためには，保険金額の削減その他の契約条件の変更を行うことが必要であり，保険契約者の保護のためこの変更がやむを得ない場合に行われる（保険業 240 条の 2 第 1 項）。保険会社はその旨を内閣総理大臣に届け出て，承認を受けなければならない。この承認を受けた場合，保険会社に対する保険契約の解約に関する業務停止が命ぜられるため，契約の解約と解約返戻金の払戻しはできなくなる。

契約条件の変更には一定の限度があり（保険業 240 条の 4 など），その変更内容について内閣総理大臣の承認を得た後，その変更について株主総会または社員総会（総代会）の特別決議を得る必要がある。なお，保険契約者は株主総会等で決議された変更の内容に異議があるときは，一定期間内に異議を述べることができる。一定期間内に変更対象契約者総数のうち 10 分の 1 を超える者から異議が述べられ，かつ異議を述べた変更対象契約者の保険契約に関する債権の額に相当する金額として内閣府令で定める金額が変更対象契約者の当該金額の総額の 10 分の 1 を超える場合には，契約条件の変更はできない（同 240 条の 12 第 4 項）。

②および③の内閣総理大臣が発する命令には，業務の停止，合併等の協議の命令，または，内閣総理大臣が選任した保険管理人による業務および財産の管理命令がある（保険業 241 条）。このうち，業務の停止命令は，合併等の協議を開始するに先立ち，保険会社が新規契約を募集したりすることがないように命じるものである。内閣総理大臣は，合併・保険契約の移転・保険会社または保険持株会社による株式の取得等を協議するように命令を出すが（同条 1 項），命令を受けた保険会社は，合併等の協議の相手方をさがし，協議を行わなければならない。ここでの合併や保険契約の移転は，任意の合併（同 159 条以下），保険契約の移転（同 135 条以下）とは異なり，内閣総理大臣による強制的な行政処分である。

保険管理人による管理の命令は，保険会社の業務および財産を，内閣総理大臣が選任した保険管理人の支配の下において，保険契約その他の取引および財産の処分を行わせるものである。この保険管理人は，破産法の破産管財人に類似した地位を占めることとなり，保険管理人の下で，再建の可能性等が検討される。保険管理人は法人であると個人であるとを問わないが，これまでは，同種の営業を行う保険会社が保険管理人に選任されている（たとえば第百生命の保険管理人として第一生命が選任された）。

4 保険契約者保護機構

保険会社の経営破綻に備える制度のひとつとして保険契約者保護機構（保護機構）がある。これには，生命保険契約者保護機構と損害保険契約者保護機構の2つがあり，少額短期保険業者の破綻に備えた保護機構はない。

銀行が破綻した場合には，預金保険機構から1000万円を上限とした保険金の支払が行われるが，保険契約者保護機構のシステムはこれとは異なり，保険契約者の保護を図るために，破綻した保険会社の契約を他の保険会社（救済保険会社）または新設される保険会社（承継保険会社）に引き継ぐ方法を採用している。つまり，契約を存続させる手法をとる。もっとも，保険金額が削減される場合が十分にありうる。保護機構は，救済保険会社に対する資金援助，承継保険会社の経営管理，保険契約の引受け，補償対象保険金の支払に係る資金援助および保険金請求権等の買取り等を行う（保険業259条）。

保険会社は，免許を受ける保険会社を会員とする保護機構の1つに，会員として加入することが強制されている（保険業265条の3第1項）。この機構からの任意の脱退は認められておらず，保険業の免許の取消しまたは失効によって脱退することとなる（同265条の4第1項）。

保険契約者保護の資金は，会員である保険会社から事業年度ごとに納付される負担金をもって充てる。なお，各会員が納付すべき負担金の額は，各会員について，年間の収受保険料額に負担金率を乗じて得た額および事業年度末の責任準備金に負担金率を乗じて得た額の合計額である（保険業265条の34第1項）。

5 破綻処理の実際

保護機構による資金援助には，救済保険会社が出現する場合と出現しない場合とがある。

救済保険会社が出現した場合，破綻した保険会社の保険契約をすべて救済保険会社に包括移転し，保護機構が救済保険会社に対して資金援助を行う。この資金援助には，金銭の贈与による援助と破綻保険会社の資産の買取りがあり，買取りの対象となるのは，保険契約の移転等に関する破綻保険会社の資産に限られる（保険業266条3項）。

資金援助は，破綻保険会社と救済保険会社が連名で申し込むが，その前に保険契約の移転についての認定を内閣総理大臣から得ることが必要である。内閣総理大臣は，①保険契約の移転が行われることが，保険契約者等の保護に資すること，②保護機構による資金援助が，保険契約の移転等が円滑に行われるために不可欠であること，③保険契約の移転等が行われることなく，その業務の全部の廃止または解散が行われる場合には，保険業に対する信頼性が損なわれるおそれがあること，以上が認められるときには契約移転の適格性の認定を行う（保険業268条1項・3項）。

これに対して，救済保険会社が出現しない場合，保護機構が子会社（承継保険会社）を設立して保険契約を引き継ぐ場合と，保護機構自身が保険契約を引き継ぐ場合とに分かれる（保険業270条の3の2第6項）。

前者の場合は，保護機構が出資する保険業を営むことを目的とする子会社（株式会社）が設立され，破綻保険会社の契約が移転される（保険業270条の3の2第6項1号・270条の3の3・270条の3の4第1項）。後者の場合は，破綻保険会社の契約は保護機構へ移転され，保護機構が保険契約の管理および処分に必要な範囲において，保険業を行うことになる（同270条の6第1項）。なお，子会社または保護機構へ移転された契約は，それを承継する保険会社が現れた場合には，再度移転される。

Ⅷ　少額短期保険業

保険業を営む者は，内閣総理大臣の免許を受けた者に限られているが，特例として内閣総理大臣の「登録」を受けた者については，少額短期保険業を行うことが認められている（保険業272条1項）。この新しい保険事業者の制定には，平成18年の改正保険業法の施行に伴い，廃業を余儀なくされる一部の共済を少額短期保険業者として認め，その共済事業を保険業として継続させる意図がある。

少額短期保険業とは，保険業（保険業2条1項）のうち，保険期間が2年以内の政令に定める期間（損害保険は2年，そのほかの保険は1年）であって，保険金額が1000万円を超えない範囲において政令で定める金額以下の保険のみの引受けを行うものをいう（同条17項，保険業法施行令1条の6）。この少額短期保険業者は，その収受する保険料が政令で定める基準を超えない，小規模事業者でなければならない（保険業272条2項）。そして，少額短期保険業者が引き受けることのできる保険の種類には制限があり，生存保険や満期返戻金を伴う保険など，保険事業者による積極的な資産運用が必要とされるものは認められていない。

少額短期保険業者が提供できる保険の内容であるが，死亡保険，重度障害保険については300万円，特定重度障害保険については600万円，傷害死亡保険については300万円，損害保険については1000万円が，それぞれ保険金額の上限とされている（保険業法施行令1条の6）。

少額短期保険の保険契約者の保護システムとしては，保険会社のような保護機構はない。これは，少額短期保険事業が提供する保険契約が少額でかつ短期間のものに限定されるところから，仮に破綻が生じたしても深刻な経済的影響を与えるとは考えられないからである。なお，少額短期保険業者は，保険契約者等の保護のため必要かつ適当なものとして政令で定める額の金銭を本店または主たる事務所の最寄りの供託所に供託しなければならない（保険業272条の5第1項）。この供託金が，破綻の際の保険契約者等への優先弁済の原資となる。そのため，少額短期保険業者は，供託または供託金の一部または全部に代わる契約を締結していなければ，少額短期保険業を開始することができず，さらに必要に応じて供託金を追加する責任がある（同条8項）。

Ⅸ　保険募集の規制

1　募集規制の理由

保険は他の金融商品と同様に目に見えるものではなく，一般大衆にとって容易に理解できる内容のものではない。保険事故が発生した時に初めて具体的な保険給付が行われるため，保険商品の真の価値はその時にならなければ分からないことになる。保険商品を購入しようとする人々の経済的状況や家族状況はそれぞれ異なり，自分のニーズに適合した保険商品の選定はかなり難しい。また，生命保険などは比較的長期にわたる契約であり，あまり深く認識はしていないものの，一旦購入すると他の保険商品へ切り替えることは不可能ではないにしろ，様々な制約が伴うし，毎月の保険料は高額でなくとも，最終的にはかなり高額な商品を購入する結果となる。そのため，保険契約の申込みをする者に対して，その商品内容を理解するために必要な情報と説明が十分になされる必要がある。

保険契約は，見込み客に対して保険募集人による契約の勧誘（申込みの誘引）が行われ，それによって保険契約者となろうとする者が保険者に対して契約の申込みを行う。インターネットによる保険契約の申込みも増加傾向にあるが，長期間にわたる生命保険契約では，保険募集人の関与が一般的である。保険募集人は，その収入の多くを契約成立に対する報酬に依存しており，契約を獲得するために，保険契約の利点のみを強調し，不利益となる情報を告げない危険性などがある。そのため，保険契約者の利益を守るための募集規制が必要となる。

2　保険募集規制の手段

保険契約者の利益を守るための募集規制は，保険募集を行うことができる主体の規制（保険業 275 条以下）と募集行為の規制（同 300 条以下）の 2 つからなる。そして，この規制の効果を発揮させるために，募集人等の登録の取消しなどの行政処分のほかに，刑罰規定まである。さらに，違法な行為を行った募集人の所属会社は，損害賠償責任まで負担する（同 283 条）。

3　保険募集の主体規制

保険契約の募集を行うことができる者は，保険業法によって制限されており，誰もが自由に保険募集を行うことができるわけではない。生命保険募集人，損害保険代理店，少額短期保険募集人および保険仲立人等は，内閣総理大臣の登録を受けなければ募集を行うことができない（保険業 275 条）。

生命保険募集人は，生命保険会社の役員（代表権を有する役員，監査役，監査委員を除く），使用人，生命保険会社の役員または使用人の使用人，生命保険会社の委託を受けた代理店，生命保険代理店の役員および使用人で，登録を受けた者に限定される（保険業 275 条 1 項 1 号・276 条）。このうち，生命保険会社に雇用されながら募集を行う使用人を，保険外務員と特に呼ぶ場合がある。この者は契約の締結権を有せず，契約締結の媒介（申込みの勧誘）のみを行う。

損害保険募集人のうち，損害保険会社の役員（代表権を有する役員，監査役，監査等委員，監査委員を除く）および使用人は，登録を受ける必要がないが，損害保険会社の委託を受けて，その損害保険会社のために保険契約の締結または媒介を行う損害保険代理店，損害保険代理店の役員および使用人は，登録または届出を受けた者に限定される（保険業275条1項2号・276条・302条）。

少額短期保険募集人には，特定少額短期保険募集人と少額短期保険募集人がある。特定少額短期保険募集人とは，少額短期保険募集人のうち，損害保険契約，疾病・傷害保険契約および海外旅行傷害保険契約の保険募集を行う者で，少額短期保険業者の委託を受けた者でないものをいう（保険業275条1項3号括弧書き）。少額短期保険募集人とは，少額短期保険業者の役員，使用人，または少額短期保険業者の委託を受けた者もしくはその者の役員，使用人で，その少額短期保険業者のために保険契約の締結の代理または媒介を行う者をいう（同2条22項）。

生命保険募集人，損害保険代理店および少額短期保険募集人（登録が不要な者を除く）を特定保険募集人という。これらの募集人は，内閣総理大臣の登録を受けなければならず，登録申請があった場合に内閣総理大臣はそれぞれの募集人の登録簿に登録をし，その旨を所属保険会社等に通知しなければならない。この登録は無条件ではなく，一定の事由に該当する者は登録を拒否される（保険業279条1項1号～11号）。

生命保険募集人は，重ねて他の生命保険会社の募集人となることはできない。これを一社専属主義というが，生命保険募集人の教育の強化と所属保険会社の責任の明確化を目的としていた。長い間この一社専属性が維持されてきたが，一定の要件を満たし，保険契約者等の保護に欠けるおそれのない場合には，一社専属性は適用しないこととされている（保険業282条3項）。

保険業法による保険募集人の類型は以上であるが，生命保険会社と損害保険会社のいずれも代理店を擁することが認められている。この代理店は，一定の保険者から継続的に委託を受けて，その保険者のための保険契約締結の代理または媒介を業とする独立の商人であり（会社16条），保険代理商である。この保険代理商には，契約締結代理権のある締約代理商と媒介のみの媒介代理商がある。損害保険の募集は，「損害保険代理店」という契約締結代理権のある締約代理商によって行われる例が多い。この場合，告知受領権との関係で問題が生じるケースがある（詳しくはUNIT 4 Ⅱ 2参照）。生命保険の場合は，法律上の制限はないが，実際には契約締結代理権のない「生命保険代理店」のみが存在しており，これは告知受領権を有さない。この代理店には，一社専属の代理店と，複数の保険者の代理を行う乗合代理店がある。

銀行による保険の窓口販売は，銀行が保険代理商として保険契約の締結の代理または媒介を行うものである。平成19年から銀行による保険の窓口販売が全面解禁されているが，銀行が優越的な地位を利用して顧客に対して圧力をかけ，保険商品の購入を迫る危険性がある。そこで保険業法施行規則において，特定の保険商品について融資先に対する保険募集の制限を加えるなどの弊害防止策を講じている（保険業法施行規則212条以下）。

保険法は，保険媒介者という名称を告知義務（28条2項2号）の規定で用いているが，この媒介者とは，保険契約締結の代理権を与えられていない者を意味する。

POINT 2　損害保険代理店と保険料の帰属

最判平成15年2月21日民集57巻2号95頁（百選108）

【事実】

X保険会社（原告・被控訴人・被上告人）の損害保険代理店を営むA社は，保険契約者から収受した保険料のみを保管するための専用普通預金口座をY信用組合（被告・控訴人・上告人）に開設し，口座名義人を「X社代理店A社B」としていた。Aは保険契約者から収受した保険料をそのまま本件預金口座に入金し，毎月Xからの請求書に従い代理店手数料を控除した残額をXに送金していた。預金口座の届出印と通帳はAが保管していた。Aは二度目の不渡りを出すことが確実になったため，通帳と届出印をXに交付した。XはYに対して預金の払戻しを請求したが，YはAに対する貸付債権と本件預金債権を対等額で相殺し，払戻しを拒絶した。Xは預金の払戻しを求めて訴えを提起したところ，第1審・原審ともXが勝訴したため，Yが上告した。

【判旨】（**破棄自判**）

「金融機関である上告人との間で普通預金契約を締結して本件預金口座を開設したのは，Aである。また，本件預金口座の名義である『X火災海上保険（株）代理店A甲野太郎』が預金者としてAではなくXを表示しているものとは認められないし，XがAにYとの間での普通預金契約締結の代理権を授与していた事情は，記録上全くうかがわれない。

そして，本件預金口座の通帳及び届出印は，Aが保管しており，本件預金口座への入金及び本件預金口座からの払戻し事務を行っていたのは，Aのみであるから，本件預金口座の管理者は，名実ともにAであるというべきである。

さらに，受任者が委任契約によって委任者から代理権を授与されている場合，受任者が受け取った物の所有権は当然に委任者に移転するが，金銭については，占有と所有とが結合しているため，金銭の所有権は常に金銭の受領者（占有者）である受任者に帰属し，受任者は同額の金銭を委任者に支払うべき義務を負うことになるにすぎない。そうすると，Xの代理人であるAが保険契約者から収受した保険料の所有権はいったんAに帰属し，Aは，同額の金銭をXに送金する義務を負担することになるのであって，Xは，AがYから払戻しを受けた金銭の送金を受けることによって，初めて保険料に相当する金銭の所有権を取得するに至るというべきである。したがって，本件預金の原資は，Aが所有していた金銭にほかならない。

したがって，本件事実関係の下においては，本件預金債権は，Xにではなく，Aに帰属するというべきである。」

損害保険代理店のうち，締約代理店は契約締結を行うと同時に保険料を徴収し，保険会社の保険料領収証を発行する。そのため，保険会社は保険料領収後に発生した保険事故に対して，保険金を給付しなければならない。本件の場合，保険会社は保険料を得ることができないにもかかわらず，保険事故が発生した場合には保険金を給付しなければならない結果となる。

4　所属保険会社等の責任

生命保険募集人または損害保険募集人が，保険募集について不法行為を行い，保険契約者等に損害が発生した場合には，所属保険会社が賠償責任を負担する（保険業283条）。ここでいう「保険募集について」とは，募集行為そのものに限定されず，募集行為と密接な関係のある行為であると理解されている。

5　保険仲立人

保険仲立人とは，保険契約の媒介者であり，生命保険募集人，損害保険募集人，少額短期保険募集人が所属会社のために行う保険契約の締結の媒介以外のものを行う者である（保険業2条25項）。保険会社の使用人ではなく，また保険代理商でもない独立の商人である。いわゆる保険ブローカーであるが，保険会社から独立しており，その代理人となることは認められず，同時に顧客の代理人となることもできない。あくまでも中立的な地位に立ち，顧客の保険に対するニーズを調べたうえで，複数の保険会社と交渉して保険契約の条件等を提示させ，最終的には顧客の判断に委ねる。

保険仲立人は，特定保険募集人と同様に内閣総理大臣の登録を受けなければならず（保険業286条），その登録が無条件でない点も同じである。

保険仲立人がその業務を行おうとする場合には，自己の商号や権限，損害賠償に関する事項等，一定の事項を記載した書面を顧客に対して交付しなければならない（同294条4項・5項）。

保険仲立人は，特定の保険会社に所属しないところから，保険募集人の場合とは異なって，保険会社は保険仲立人の不法行為の賠償責任を負担しない。そのため，事前に必要な情報を顧客に対して開示させる必要がある。また，顧客から求められた場合には，保険契約の締結の媒介に際して保険仲立人が受け取る報酬その他の対価の額などを明らかにする必要がある（保険業297条）。これは，保険契約が成立した場合の保険仲立人の手数料は，保険契約者からではなく保険者から支払われるため，保険仲立人が自己の利益を優先して，報酬の高い契約を媒介しようとする危険性があり，報酬を開示させることによって，顧客の利益を害する危険性を除去するためである。

保険仲立人は，顧客のため誠実に保険契約締結の媒介を行わなければならない（保険業299条）。この誠実義務は，顧客にとって最善の保険が入手できるように専門家として助言を行い，媒介を実行することを意味する。そして，仮にそのような保険が入手できない場合には，顧客に対して迅速に適切な事後処理をすることの助言を与えることについて，幅広い配慮が求められる義務である。この義務は，一般にベストアドバイス義務と呼ばれるものであり，このような義務が課される理由は，保険仲立人と顧客の間に利益相反が生じる可能性があり，顧客の利益を犠牲にして自己の利益を追求することを防止するためにある。

この保険仲立人の制度は，外国の制度に倣い平成7年の保険業法改正によって導入されたが，生命保険および損害保険の両方の領域で契約締結の媒介を行っている。

6　保険募集行為の規制

保険商品はますます複雑化・多様化しており，顧客自らがそのニーズに適合する商品を選定することは容易ではないことから，平成 26 年の保険業法改正により，保険募集人に情報提供義務および意向把握義務が課されている。保険募集人は，保険募集にあたって，保険契約の内容など，保険契約者が商品選択の判断の参考となるような情報（契約の概要や注意喚起すべき情報）の提供を行わなければならない（保険業 294 条）。また，保険募集人は，保険募集にあたって，顧客の意向を把握し，その意向に沿った保険商品の推奨とその説明を行うとともに，締結しようとしている保険契約が顧客の意向と合致していることを顧客自らが確認する機会を提供しなければならない（同 294 条の 2）。

保険募集人は，自己または会社の利益を優先して，顧客にふさわしくない契約を締結させるなど，商品選択の場面において，不適切な行為に出る危険性がある。保険業法は，保険募集人が行うおそれのある不適切な行為を類型化して禁止している。

⑴　虚偽告知の禁止

顧客に対して虚偽のことを告げる行為を「不正話法」と呼び，契約者の判断を誤らせる典型的な行為として禁止される（保険業 300 条 1 項 1 号前段）。生命保険の加入に際し，実際には中途解約した場合の解約返戻金が払込保険料の総額を下回るにもかかわらず，全額が戻るような内容の勧誘などがこれにあたる。

⑵　重要事項の不告知の禁止

保険契約の重要な条項を告げない行為も，契約者の判断を誤らせる可能性があるので，重要事項の不告知として禁止される（保険業 300 条 1 項 1 号後段）。何が重要事項であるかが問題となるが，保険契約の締結に際して保険契約者が合理的な判断を下すために必要な事項を意味する。保険種類ごとに異なるが，保険料や保険金，免責条項などが重要な事項であると理解されている（UNIT 1 Ⅳ参照）。

⑶　不告知教唆および告知妨害の禁止

保険契約者または被保険者が保険会社等に対して重要な事項について虚偽のことを告げることを勧める行為（保険業 300 条 1 項 2 号），保険契約者または被保険者が保険会社等に対して重要な事実を告げるのを妨げまたは告げないことを勧める行為（同項3号）は，保険契約において保険契約者または被保険者が負担する重要な義務である告知義務の履行を妨げる行為である。告知義務違反があった場合，保険者は契約の解除ができるが，保険媒介者が告知妨害および不告知教唆を行った場合は，原則として保険者による解除を制限している（保険28条・55条など）。

(4)　不当な乗換募集の禁止

保険契約者または被保険者に対して，不利益となるべき事実を告げずに，すでに成立している保険契約を消滅させて新たな契約の申込みをさせ，または新たな保険契約の申込みをさせてすでに成立している保険契約を消滅させる行為（保険業300条1項4号）は，新規契約に移行することが必ずしも保険契約者の利益にならない場合が考えられるため禁止される。

(5)　特別利益の提供の禁止

保険契約者または被保険者に対して，保険料の割引，割戻しその他特別の利益の提供を約し，または提供する行為（保険業300条1項5号）は，契約者平等に反し，不公正な競争を誘発するなどの危険があるため禁止される。

(6)　不当な比較情報の提供の禁止

保険契約者もしくは被保険者または不特定の者に対して，一の保険契約の内容につき他の保険契約の内容と比較した事項であって誤解させるおそれのあるものを告げまたは表示する行為（保険業300条1項6号）は，保険契約者の判断を誤らせる危険があるために禁止される。

(7)　不当な配当予想等の禁止

保険契約者もしくは被保険者または不特定の者に対して，将来における契約者配当または社員に対する剰余金の分配その他将来における金額が不確実な事項として内閣府令に定めるものについて，断定的判断を示し，または確実であると誤解されるおそれのあることを告げ，もしくは表示する行為（保険業300条1項7号）は，保険契約者の判断を誤らせる危険があるために禁止される。

(8)　特定関係者を通じた特別利益提供の禁止

保険契約者または被保険者に対して，これらの者に当該保険会社等または外国保険会社等の特定関係者が特別の利益の供与を約し，または提供していることを知りながら，当該保険契約の申込みをさせる行為（保険業300条1項8号）

は，特別利益提供の禁止規定（同項5号）を潜脱する行為であるから禁止される。

(9)　保険契約者の保護に欠けるおそれのある行為の禁止

以上のほか，保険契約者等の保護に欠けるおそれがあるものとして内閣府令で定める行為（保険業300条1項9号）は禁止される。具体的には，保険契約者を威迫するなどして申込みをさせる行為（保険業法施行規則234条1項2号）や，抱合せ販売（同項3号）などがこれである。

X　保険契約のクーリング・オフ

保険契約も他の訪問販売や割賦販売などと同様に，クーリング・オフの対象となるが，一定の場合にはクーリング・オフは認められない。このクーリング・オフは，悪質な募集に対する消費者保護の点から認められるのではなく，保険商品が非常に複雑な内容のものであるところから，保険契約申込者に対する熟慮の機会を与えるところにある。

申込者等が，保険契約の申込みの撤回等に関する事項を記載した書面を交付された場合において，その交付を受けた日と申込みをした日のいずれか遅い日から起算して8日を経過したとき（保険業309条1項1号）には，クーリング・オフは認められないが，当該書面が交付されない場合には，保険契約の申込みから8日を経過しても申込みの撤回が可能となる。この他には，事業者が営業等と関連する保険契約を申し込んだとき（同項2号），公益法人等からの申込み（同項3号），保険期間が1年以下であるとき（同項4号），自賠責保険のような強制加入の保険契約（同項5号）なども，クーリング・オフの対象外である。また，申込者が保険会社等の営業所や事務所などで保険契約の申込みをした場合などで，申込者の保護に欠けるおそれがないと認められる場合（同項6号）も，クーリング・オフの対象外である。

保険契約の申込みの撤回等は，撤回等に係る書面を発したときに効力が生じる（保険業309条4項）。クーリング・オフがなされた場合，保険会社等は損害賠償や違約金等を請求することができず（同条5項本文），すでに受領している金銭があるときには速やかにこれを返還しなければならない（同条6項本文）。申込みに際して当該保険契約に関連して金銭を受領した保険募集人等も，これを返還しなければならない（同条7項）。なお，保険契約の申込みを撤回する時点で，すでに保険金の支払事由が生じている場合には，その申込みの撤回は効力を有せず，保険者は保険金を支払わなければならないが，撤回を行った者が，撤回の当時すでに保険金の支払事由が生じたことを知っている場合には，クーリング・オフの効力が生じる（同条9項）。

XI 消費者契約法と保険契約

保険契約者が消費者契約法に規定する消費者に該当する場合（消費者契約2条1項）には，保険契約にも消費者契約法の規定が適用される。

保険契約に消費者契約法が適用される具体的な例としては，契約を結ぶ際の重要事項についての不実告知または不利益事実の不告知や断定的判断の提供が保険者側からなされ，保険契約者が誤認して申込みを行った場合には，契約の取消しができる（消費者契約4条）。また，保険契約の約款の規定が，民法，商法，保険法などの任意規定よりも消費者に不利な条項であり，民法1条2項の信義則に反して，消費者の利益を一方的に害する内容である場合には，不当条項であるとしてこれを無効とする（同10条）。

POINT 3 消費者契約法10条と無催告失効条項

最判平成24年3月16日民集66巻5号2216頁

（原審：東京高判平成21年9月30日判タ1317号72頁）（百選79）

【事実】

X（保険契約者。原告・控訴人）は，Y生命保険会社（被告・被控訴人）との間で複数の生命保険契約を締結していたが，保険料の不払により保険契約を失効させた。しかし，本件失効までの猶予期間が翌月1か月間のみというのはあまりにも短期間であり，保険料が一定期間不払であることを理由に，無催告で保険契約が失効するという本件保険約款の条項は，公序良俗に反して無効であること，および消費者契約法10条にも違反するなどとして，本件保険契約のいずれもが存在することの確認を求める訴訟を，XがYを相手に提起した。第1審はXの請求を棄却したため，Xが控訴した。原審は，本件無催告失効条項は消費者契約法10条の規定により無効になるというべきであり，本件無催告失効条項によって本件各保険契約が失効することはないとして，Xの請求を認容した。Yが上告。

【判旨】（破棄差戻）

「イ　……本件各保険契約においては，保険料は払込期月内に払い込むべきものとされ，それが遅滞しても直ちに保険契約が失効するものではなく，この債務不履行の状態が一定期間内に解消されない場合に初めて失効する旨が明確に定められている上，上記一定期間は，民法541条により求められる催告期間よりも長い1か月とされているのである。加えて，払い込むべき保険料等の額が解約返戻金の額を超えないときは，自動的にYが保険契約者に保険料相当額を貸し付けて保険契約を有効に存続させる旨の本件自動貸付条項が定められていて，長期間にわたり保険料が払い込まれてきた保険契約が1回の保険料の不払により簡単に失効しないようにされているなど，保険契約者が保険料の不払をした場合にも，その権利保護を図るために一定の配慮がされているものといえる。

ウ　さらに，Yは，本件失効条項は，保険料支払債務の不履行があった場合には契約失効前に保険契約者に対して保険料払込みの督促を行う実務上の運用を前提とするものである旨を主張するところ，仮に，Yにおいて，本件各保険契約の締結当時，保険料支払債務の不履行があった場合に契約失効前に保険契約者に対して保険料払込みの督促を行う態勢を整え，そのような実務上の運用が確実にされていたとすれば，通常，保険契約者は保険料支払債務の不履行があったことに気付くことができると考えられる。多数の保険契約者を対象とするという保険契約の特質をも踏まえると，本件約款において，保険契約者が保険料の不払をした場合にも，その権利保護を図るために一定の配慮をした上記イのような定めが置かれていることに加え，Yにおいて上記のような運用を確実にした上で本件約款を適用していることが認められるのであれば，本件失効条項は信義則に反して消費者の利益を一方的に害するものに当たらないものと解される。

(4)　そうすると，原審が本件約款に定められた猶予期間の解釈を誤ったものであることは明らかであり，本件約款に明確に定められている本件失効条項について，Yが上記……ウのような運用を確実にしていたかなど，消費者に配慮した事情につき審理判断することなく，これを消費者契約法10条により無効であるとした原審の判断には，判決に影響を及ぼすことが明らかな法令の違反があるというべきである。」

本判決は，原判決を破棄し原審に差し戻した。差戻控訴審（東京高判平成24年10月25日判タ1387号266頁）は，Yにおいては，本件各保険契約締結当時，同契約の中で保険契約者が保険料の支払を怠った場合についてその権利保護のために配慮がされているうえ，保険料の払込みの督促を行う態勢が整えられており，かつ，その実務上の運用が確実にされていたとみることができるから，本件失効条項が信義則に反して消費者の利益を一方的に奪うものとして消費者契約法10条後段により無効であるとすることはできないと判示して，控訴を棄却した。Xは，Yによる本件各保険契約の復活の不承諾は失効前の病気を理由とするものであり，かつ，Xは払込猶予期間経過後わずか数日で保険料の払込みをしたのであるから，Yの不承諾は信義則に反し，権利の濫用に当たると主張したが，差戻後の控訴審はこの主張も認めなかった。

XII　金融商品販売法と保険契約

金融商品の販売等に関する法律2条1項4号は，保険をその規制対象としている。金融商品販売業者は，元本割れの可能性のある保険商品の販売に際しては，金利，通貨の価格，金融商品市場における相場その他の指標の変動によって，元本欠損が生じるおそれがあること，その指標，当該金融商品の販売に係る取引の仕組みのうち重要な部分などの，「重要事項」について説明をすることが要求されている（金融商品販売3条1項）。販売業者がこの説明義務を履行せず，そして保険契約者が元本割れの損害を被った場合には，販売業者は無過失の損害賠償責任を負担する（同5条）。保険契約者は説明がなかったことと元本欠損額を立証するだけで足り，説明義務違反と損害額との因果関係の立証は不要である（同6条）。なお，ここで要求される説明の方法および程度は，顧客の知識，経験，財産の状況および当該金融商品の販売に係る契約を締結する目的に照らして，当該顧客に理解されるために必要な方法および程度によるものでなければならない（同3条2項）。顧客の属性を考慮することが要求されている。

なお，同法は令和2年6月12日法律50号により「金融サービスの提供に関する法律」に改称される。本改正により新たな定義規定（新2条）が設けられたことに伴い，上記の各条文は1箇条ずつ繰り下げられる。改正法は，公布日から1年6か月以内の政令で定める日に施行される予定である。

XIII　金融商品取引法と保険契約

金融商品取引法は，保険を直接の規制対象とはしていない（保険業は金融商品取引業には含まれていない。金融商品取引 2 条 8 項参照)。しかし，外貨建て保険，外貨建て年金，変額保険，変額年金などは，金利，通貨の価格，金融市場の相場変動によって，中途解約や満期などの際に元本を下回るおそれがある投資性の強い保険である。このような保険商品についても，金融商品取引法が規定するような利用者保護ルールが必要とされるのはもちろんである。そこで，投資性の強い保険（具体的には内閣府令で定める特定保険契約。保険業法施行規則 234 条の 2）の販売については，「市場リスクを有する保険」として，金融商品取引法の利用者保護ルールが準用される（保険業 300 条の 2)。具体的には，①広告等の規制（金融商品取引 37 条)，②契約締結前・契約締結時の書面交付義務（同 37 条の 3・37 条の 4)，③一定の場合における不招請勧誘，再勧誘の禁止など（同 38 条 3 号～6 号・9 号)，④損失補てんなどの禁止（同 39 条〔ただし，3 項ただし書・4 項・6 項・7 項は準用しない〕)，⑤適合性の原則等（同 40 条）が，準用される規制である。

保険業法 300 条の 2 は，金融商品取引法を準用するという形で，このような利用者保護ルールを規定している。なお，特定投資家を相手とする場合には一定の規制を免除するという規定も，特定保険契約に準用されている（保険業 300 条の 2，金融商品取引 45 条)。

事項索引

あ 行

か 行

さ 行

た　行

な 行

は 行

ま 行

や 行

ら 行

判例索引

＊行末の頁数が太字のものは，*POINT* の標題判例であることを示す。
＊『保険法判例百選』等の判例百選に収録されているものについては，その項目番号を掲げた。

大審院

最高裁判所

高等裁判所

地方裁判所

ポイントレクチャー保険法〔第3版〕
Insurance Law in Highlights, 3rd ed.

2011年12月25日　初　版第1刷発行
2017年 4 月30日　第2版第1刷発行
2020年10月30日　第3版第1刷発行

著　者　甘利公人
　　　　福田弥夫
　　　　遠山　聡

発行者　江草貞治

〔101-0051〕東京都千代田区神田神保町2-17
発行所　株式会社 有斐閣
電話　(03)3264-1314〔編集〕
　　　(03)3265-6811〔営業〕
http://www.yuhikaku.co.jp/

印刷・株式会社精興社／製本・牧製本印刷株式会社

ISBN 978-4-641-13846-9